JN233998

知的障害の心理学

発達支援からの理解

小池敏英・北島善夫

北大路書房

目 次

1章 知的障害に関する基礎知識　　1

1節 知的障害の定義　2
1　障害概念について　2
2　知的障害の定義　4
（1）日本での定義の変遷　4／（2）アメリカ精神遅滞学会による定義　5

2節 知的障害の分類　9
1　知的障害の2分類法　9
（1）内因性—外因性　9／（2）生理型—病理型　9／（3）先天性—後天性　10
2　生理型知的障害と統計モデル　10
（1）多因子遺伝と知的障害　10／（2）統計モデルと発生率　10

3節 知的障害のアセスメント　13
1　知能に関するアセスメント　13
（1）ビネー式知能検査　13／（2）ウェクスラー式知能検査　14／（3）K-ABC　15／（4）知能検査が困難な子どもで可能な検査　16
2　言語に関するアセスメント　16
（1）音声言語の理解と表出に関する検査　17／（2）コミュニケーションの発達アセスメント　17
3　社会生活に関するアセスメント　18
（1）新版S-M社会生活能力検査　18／（2）本人によるアセスメントと社会生活の支援　18
4　アセスメントを行ううえでの留意点　19

2章 知的障害における心理機能と発達支援　　23

1節 知覚　24
1　複雑図形の視知覚　24
（1）複雑図形の模写と再生　24／（2）複雑図形の分節化　24／（3）図形の方向弁別　26
2　視知覚能力のプロフィール　26
3　視覚と触覚による弁別　28
◇発達支援の視点◇　28
（1）視知覚課題の反復練習とプロフィールの改善　28／（2）書字能力と視知覚能力との関連　30

2節 学習　34
1　刺激−反応の学習　34

2　刺激クラスの学習　*36*
　　（1）弁別学習課題　*38*／（2）見本合わせ課題　*40*
　　◇発達支援の視点◇　*42*
　　（1）刺激－反応の学習　*42*／（2）刺激クラスの学習　*44*
3節　音声言語　*52*
　　1　語彙理解と1語文の発話　*52*
　　2　1語文発話の特徴　*54*
　　3　統辞文発話の特徴　*56*
　　◇発達支援の視点◇　*58*
4節　言語のコミュニケーション機能　*62*
　　1　音声言語獲得の前段階　*62*
　　2　言語獲得と社会的相互作用　*64*
　　◇発達支援の視点◇　*68*
5節　言語の行動調整機能　*72*
　　1　直接教示について　*72*
　　2　先行教示について　*76*
　　◇発達支援の視点◇　*78*
6節　言語の概念機能　*82*
　　1　認知論的立場からのアプローチ　*82*
　　2　行動主義のアプローチ　*86*
　　◇発達支援の視点◇　*88*
　　（1）認知論的立場のアプローチ　*88*／（2）行動主義のアプローチ　*90*
7節　数概念　*98*
　　1　数の保存概念　*98*
　　2　数の初期概念　*100*
　　◇発達支援の視点◇　*104*
　　（1）数の保存概念　*104*／（2）数の初期概念　*104*
8節　記憶　*108*
　　1　感覚情報貯蔵と符号化　*108*
　　2　短期記憶　*110*
　　3　長期記憶と記憶方略　*110*
　　4　メタ記憶　*114*
　　5　空間的位置の記憶　*114*
　　6　ワーキングメモリ　*114*
　　◇発達支援の視点◇　*116*
9節　問題解決　*120*
　　1　認知課題における問題解決　*120*
　　2　社会的場面における問題解決　*122*

◇発達支援の視点◇　*124*
　　（1）認知課題における問題解決の支援　*124*／（2）社会的場面における問題解決の支援　*126*／（3）問題解決の制約と促進　*128*
10節　注意　*130*
　　1　持続的注意　*130*
　　2　注意の配分　*132*
　　◇発達支援の視点◇　*136*
11節　動機づけ　*140*
　　1　社会的剥奪　*140*
　　2　正と負の反応傾向　*142*
　　3　成功・失敗とパフォーマンス　*142*
　　4　強化子ヒエラルキー　*144*
　　5　外的指向性　*146*
　　6　自己概念　*146*
　　◇発達支援の視点◇　*148*
12節　運動　*152*
　　1　バランス運動の発達　*152*
　　（1）バランス能力の特徴　*154*／（2）反射の特徴および始歩期との関係　*154*／（3）行動調整機能との関係　*154*
　　2　フィットネス　*156*
　　◇発達支援の視点◇　*156*
　　（1）運動スキーマの形成に関する支援　*158*／（2）行動調整機能に関する支援　*158*

3章　知的障害に関連する諸障害　*165*

1節　てんかん　*166*
　　1　てんかんとは　*166*
　　2　てんかんの特徴　*168*
　　◇発達支援の視点◇　*170*
2節　自閉症　*174*
　　1　自閉症とは　*174*
　　2　自閉症の特徴　*176*
　　◇発達支援の視点◇　*177*
3節　ダウン症　*183*
　　1　ダウン症とは　*183*
　　2　ダウン症児の特徴　*185*
　　（1）合併症　*185*／（2）発達障害　*187*
　　◇発達支援の視点◇　*189*
4節　学習障害　*192*

1　学習障害とは　*192*
   2　学習障害の特徴　*194*
   ◇発達支援の視点◇　*196*
 5節　注意欠陥・多動性障害　*200*
   1　注意欠陥・多動性障害とは　*200*
   2　AD/HD児の特徴　*202*
   ◇発達支援の視点◇　*204*

引用文献　*219*
あとがき　*233*
索　　引　*235*

コラム1　心理学史　*20*
コラム2　統計的な有意差　*32*
コラム3　古典的条件づけ　*48*
コラム4　オペラント条件づけと応用行動分析学　*50*
コラム5　行動形成の技法　*94*
コラム6　見本合わせ課題の支援方法　*96*
コラム7　視覚情報処理　*208*
コラム8　聴覚情報処理　*210*
コラム9　アセスメントにおける検査の手続き　*214*

事例から学ぶ1　知的障害児と自信　*162*
事例から学ぶ2　知的障害児と問題行動　*162*
事例から学ぶ3　知的障害児と興味の狭さ　*163*
事例から学ぶ4　てんかんをもつ子どもの認知的偏り　*172*
事例から学ぶ5　てんかんの発作がある子ども　*172*
事例から学ぶ6　自閉症児と多動　*180*
事例から学ぶ7　自閉症児における生活の見通し　*181*
事例から学ぶ8　自閉症児の社会参加に伴う困難　*181*
事例から学ぶ9　ダウン症の子ども　*190*
事例から学ぶ10　学習障害児のコミュニケーション支援　*199*
事例から学ぶ11　注意欠陥・多動をもつ子どもの発達　*213*

1章　知的障害に関する基礎知識

　「知的障害とは何か」ということは，知的障害の心理学を論じるにあたって，はじめに考えておくべき課題である。障害概念は，従来，impairment（機能・形態障害），disability（能力障害），handicap（社会的不利）の観点から論じられたが，近年，環境因子と個人因子を含めて考えられてきている。障害そのものは健康なプロセスでも起こり得ることが共通の認識になり，それに対応して障害概念が変わりつつある。人と環境との相互作用として知的障害をとらえる観点は，障害をその人独自のものという見方から，環境を含めたサポートによる障害の克服という観点をもたらした。

　知的障害は，心理学的側面を含む概念であり，行動レベルで測定される知能を定義の一部としている。知的障害に対する有効なサポートや発達支援のあり方は，まだ十分には，明らかにされていない。従来の心理学的アプローチによって得られた所見を発達支援の視点から整理するためには，知的障害の分類に関する心理学的背景を理解し，そのアセスメント方法について知ることが必要である。

　この章では，現在の障害概念と知的障害の定義を説明し，知的障害の分類について述べる。さらに障害程度を評価するために用いられる方法についても論じる。

1章 知的障害に関する基礎知識

1節 知的障害の定義

　知的障害は「心臓疾患を持っている」とか「青い目をしている」のように属性を意味するものではない。また「痩せている」のような状態を表すものでもない。知的障害は，視覚障害や聴覚障害，運動障害などの諸障害の1つであるので，「障害とは何か」という障害概念により基礎づけられる。従来，障害概念として，impairment, disability, handicap はそれぞれ区別されてきた。近年さらに，人と環境との相互作用の側面が重視されるようになってきている。そこで，障害と知的障害について，概念定義の変遷に言及しながら，現在の定義について明らかにしよう。

1　障害概念について

　障害概念に関して，世界保健機関（WHO）が国際障害分類（ICIDH）を1980年に発表した。この分類は，障害を3つの次元（impairment, disability, handicap）で構造的にとらえている。医療の進歩に伴い，慢性疾患や事故後の後遺症など，長期にわたって生活に影響する健康問題が起きてきた。そのためリハビリテーションを含めて，病気の帰結を評価する必要性が出てきた。このような健康問題の変化が，この分類作成の背景として指摘できる。この分類に基づき上田（1996）は，疾患と障害の構造概念を示した（図1-1-1）。このモデルには，機能・形態障害 impairment，能力障害 disability，社会的不利 handicap の要素（表1-1-1）があり，大きくは「客観的障害」と「主観的障害」から構成される。図中の矢印は因果的関係を示しているが，時間的な前後関係を示す

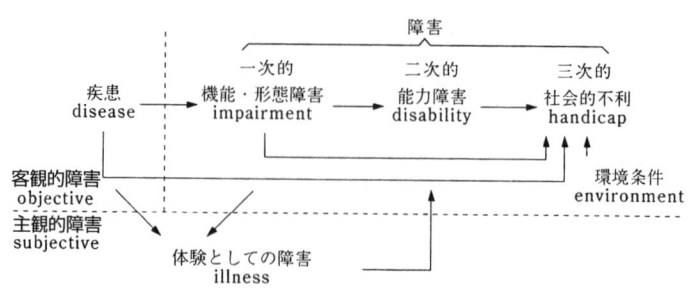

●図1-1-1　疾患と障害の構造（上田，1996）
点線の上段は客観的障害，下段は主観的障害を表す。

◆表 1-1-1　障害の階層レベル（上田，1996より作成）

障害のレベル	定　義
機能・形態障害 impairment	障害の一次的レベルであり，直接疾患から生じてくる。生物レベルでとらえた障害である。能力障害または社会的不利の原因となる。またはその可能性のある，機能（身体的または精神的）または形態のなんらかの異常。
能力障害 disability	障害の二次的レベルであり，機能・形態障害から生じてくる。人間個人のレベルでとらえた障害である。与えられた地域的・文化的条件下で通常当然行うことができると考えられる行為を実用性をもって行う能力の制限あるいは喪失。
社会的不利 handicap	障害の三次的レベルであり，疾患，機能・形態障害あるいは能力障害から生じてくる。社会的存在としての人間のレベルでとらえた障害である。疾患の結果として，かつて有していた，あるいは当然保障されるべき基本的人権の行使が制約または妨げられ，正当な社会的役割を果たすことができないこと。

ものではなく，同時的な共存を許すものとされている。

このような構造的なとらえ方は，障害を「後遺症」，「固定したもの」や「永続的なもの」とする見方とは異なる。社会的不利は，能力障害に対する「代行的」または「適応的」アプローチによって軽減される。

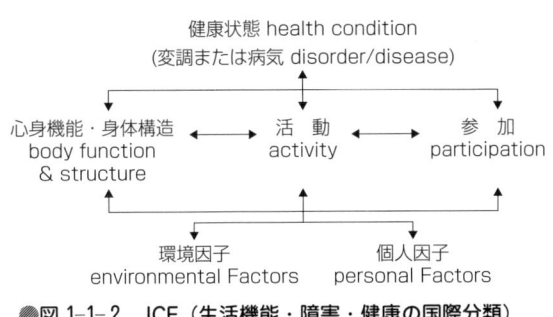

●図 1-1-2　ICF（生活機能・障害・健康の国際分類）
(WHO, 2001)
健康状態と背景因子の相互作用を示してある。

国際障害分類は2001年に改訂され，国際生活機能分類（ICF）として示された（WHO，2001，図1-1-2）。社会参加をはかるうえでの問題は，病気以外の要因からでも生じる（たとえば加齢など）。それよりICFでは，健康状態に関連した生活機能（function）と障害（disability）が対置して示された。生活機能は心身機能・構造・活動，参加からなる。障害は機能障害，活動制限，参加制約からなる（表1-1-2）。生活機能と障害は，健康状態と背景因子（環境因子と個人因子）との相互作用の過程や結果であると考えられた。佐藤（2000）は，「主体・主観」の次元を含め，障害の構造とアプローチの模式図を示した（図1-1-3）。

◆表 1-1-2　国際生活機能分類での各次元の定義 (障害者福祉研究会, 2002)

障害のレベル	定義
心身機能・身体構造 body function & structure	心身機能とは、身体システムの生理的機能（心理的機能を含む）である。身体構造とは器官、肢体とその構成部分などの、身体の解剖学的部位である。 機能障害（impairment）とは著しい変異や喪失などといった心身機能または身体構造の問題である。
活動 activity	活動とは、課題や行為の個人による遂行のことである。 活動制限（activity limitation）とは個人が活動を行うときに生じる難しさのことである。
参加 participation	参加とは、生活・人生場面への関わり（involvement）のことである。 参加制約（participation restriction）とは、個人が何らかの生活・人生場面に関わるときに経験する難しさのことである。

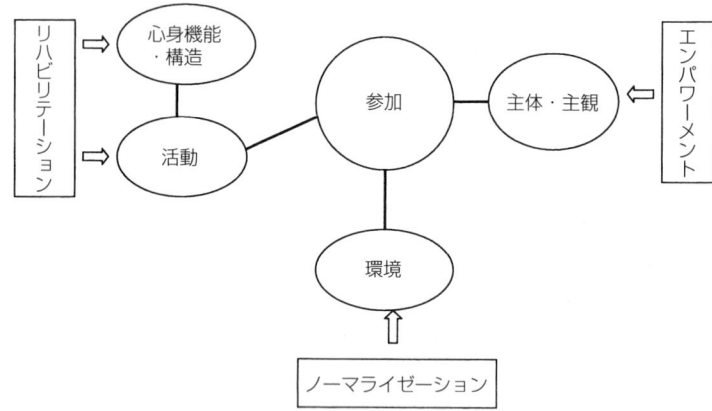

●図 1-1-3　障害の構造とアプローチ (佐藤, 2000)
障害の構造（円）に対して、それぞれのアプローチ（四角）を位置づけることができる。

2　知的障害の定義

(1) 日本での定義の変遷

　日本では、現在、「精神薄弱」という用語は廃止され、「知的障害」が用いられている。「精神薄弱」の概念は、歴史的に長い変遷をたどっており、国によってもその過程は異なる。

　文部省は1953（昭和28）年に「教育上特別な取り扱いを要する児童生徒の判

◆表 1-1-3 文部省の定義の変遷

「特殊児童判別基準とその解説」(1953) 　いろいろの原因で精神発育が恒久的に遅滞し，このために知的能力が劣り，社会生活への適応が著しく困難なものをよぶ。
「心身障害児の判別と就学指導」(1966) 　精神薄弱児とは先天性，または出産時ないしは出生後早期に，脳髄になんらかの障害（脳細胞の器質的疾患か機能不全）を受けているため，知能が未発達の状態にとどまり，そのため精神活動が劣弱で，社会への適応が著しく困難な状態を示しているものをいう。

◆表 1-1-4　知能・適応行動の程度による知的障害の分類 (文部省, 1981)

ア	重度の知的障害とは，ほとんど言語を解さず，自他の意思の交換及び環境への適応が著しく困難であって，日常生活において常時介護を必要とする程度のものをいう（IQ による分類を参考とすれば，25ないし20以下のもの）。
イ	中度の知的障害とは，環境の変化に適応する能力が乏しく，他人の助けによりようやく身辺の事柄を処理することができる程度のものをいう（IQ による分類を参考とすれば，20ないし25から50の程度）。
ウ	軽度の知的障害とは，日常生活に差し支えない程度に身辺の事柄を処理することができるが，抽象的な思考は困難である程度のものをいう（IQ による分類を参考とすれば，50から75の程度）。

別基準」（表 1-1-3）を示し，知的障害を恒久的遅滞としてとらえた。

　文部省は1962（昭和37）年に「判別基準」を失効させ，「心身障害児の判別と就学指導」（1966：昭和41年）で定義を示した（表 1-1-3）。そこでは，脳髄になんらかの障害をもつことが定義の要件としてあげられた。後述（2節）するように，知的障害は脳の器質的障害がない場合でも生じるので，この定義は，知的障害に関する狭義の定義に相当すると考えられている（斎藤，1984）。

　日本では，1978（昭和53）年の文部省の通達「教育上特別な取り扱いを要する児童・生徒の教育措置について」のなかで知的障害の程度が分類され（表 1-1-4），教育措置との関係が示された（図 1-1-4）。その後2001（平成13）年に，就学指導の在り方の見直しのために学校教育法施行令の一部改正がなされ，就学基準に該当しても，市町村の教育委員会が障害の状態や学校の状況を踏まえて総合的な判断を行い，適切に教育を受けることができる特別の事情があると認められる場合には，小・中学校に就学することが可能となった。また「障害のある児童生徒の就学について（通知）」（文部科学省，2002）がだされ，就学

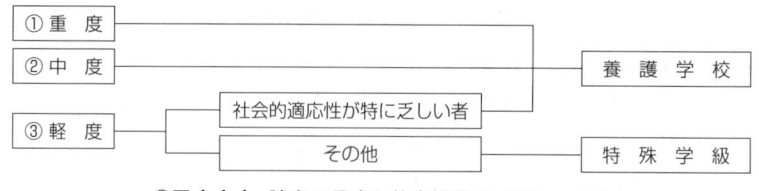

●図 1-1-4　障害の程度と教育措置（文部省，1981）

すべき学校の決定及び障害の判断にあたっての留意事項が示された。その背景として，限られた障害を対象とした特殊教育から，学習障害などを含めた，通常学級に在籍する特別な教育的ニーズをもつ児童生徒を視野に入れた特別支援教育への転換が指摘できる（文部科学省，2003）。

(2) アメリカ精神遅滞学会による定義

定義に脳の器質的障害を含めないものとして，アメリカ精神遅滞学会（AAMD，AAMR）の定義がある。これは，状態像に基づく定義である。1973年の定義（第6次改訂）では，「全般的知的機能が有意に平均より低く，同時に適応行動の障害を伴っており，かつ発達期中に現れるものをさす」とされた。ここで「発達期」とは18歳以下をいう。また「有意に」とは，2標準偏差より低いことをさす。

1992年の定義（第9次改訂）では，知的障害児本人が必要とする援助システムを含んだ以下のような内容となった（アメリカ精神遅滞学会，1992）。

「精神遅滞とは，現在の機能が実質的に制約されていることを言う。それは，知的機能が有意に平均以下であることを特徴とし，同時に，次に示す適応スキルの領域で2つ以上，知的機能と関連した制約をもつ。適応スキルの領域とは，

◆表 1-1-5　定義の適用にあたっての4つの前提（アメリカ精神遅滞学会，1992）

①	妥当な評価のためには，コミュニケーションや行動要因における差異とともに，文化や言語の多様性も考慮されなければならない。
②	適応スキルの制約は，その人と同じ年齢集団にとって一般的であるようなコミュニティ環境の文脈において生じ，またそこに，その人のサポートへのニーズが示される。
③	特定の適応スキルに制約があっても，しばしば，別の適応スキルや他の資質がすぐれていることがあり得る。
④	一定期間にわたって適切なサポートを受けることで，精神遅滞を持つ人の生活機能は一般的に改善される。

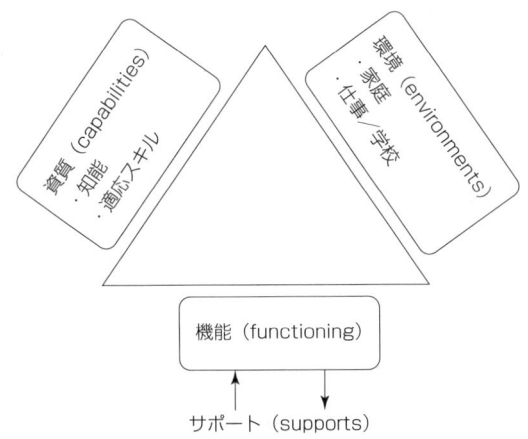
●図1-1-5　精神遅滞の定義の全体的構造（アメリカ精神遅滞学会，1992）

コミュニケーション，身辺処理，家庭生活，社会的スキル，コミュニティ資源の利用，自律性（self-direction），健康と安全，実用的学業，余暇，労働である。また，精神遅滞は，18歳以前に発症する」

　定義の適用にあたっての前提が示された（表1-1-5）。定義の全体構造（図1-1-5）では，個人の資質（知能・適応スキル）と環境と機能の三者が相互に関係し合うことが指摘されている。とくに，機能が，社会的サポートと相互に関連して組み込まれた構造となっている。

　この定義では，「診断・分類・サポートシステム」が提案された（表1-1-6）。ここでは，次元Ⅰから次元Ⅳまでの多次元的診断基準が用いられている。また障害の程度は，力（strength）と力の弱さ（weakness）の記述とともに，サポートの記述によって表現された。表1-1-7は，サポートの定義とその例を示したものである。精神遅滞を個人の「特性」ではなく，制約を受けている「状態」としてとらえ，サポートシステムにまで言及した内容となっているという点で，この定義は画期的である。

　AAMRは10年ぶりに定義を改定し，第10版を発行した（2002）。定義の3つの主要素（知的機能，適応行動，18歳以前の発症）に変更はない。しかし，適応行動の10領域は「概念的」「実用的」「社会的」スキルの3領域に集約され，1領域以上で標準から2標準偏差以下の場合に大きな制約があるとされた。

◆表 1-1-6　診断・分類・サポートシステムを決定するための3段階の過程（アメリカ精神遅滞学会，1992）

次元Ⅰ：知的機能と適応スキル	段階1　精神遅滞の診断 それによってサポートを受ける資格を確認する。 精神遅滞と診断されるのは、以下の場合である。 　①　知的機能が、IQでいうと70〜75程度以下。 　②　2つ以上の適応スキルに明らかな障害がある。 　③　発症年齢が18歳以下。
次元Ⅱ：心理・情緒 次元Ⅲ：身体・健康・病因 次元Ⅳ：環境	段階2　分類と記述 それによってサポートの必要のある点とない点を明らかにし、サポートのニードをはっきりさせる。 　①　心理と情緒面について力と力の弱さを記述する。 　②　全般的な身体的健康状態を記述し、障害の病因を示す。 　③　個人が現在どういう環境に置かれているかを記述し、今後継続する成長や、発達を促進する最適の環境について示す。
	段階3　必要なサポートの見取り図とそのレベル それによって必要とされているサポートをはっきりさせる。 以下の4つの次元それぞれについて、必要とされるサポートの種類とレベルをはっきりさせる。 　次元Ⅰ：知的機能と適応スキル 　次元Ⅱ：心理・情緒 　次元Ⅲ：身体・健康・病因 　次元Ⅳ：環境

◆表 1-1-7　サポートの定義とその例（アメリカ精神遅滞学会，1992）

一時的 (intermittent)	必要なときだけのサポート。なんらかの出来事が生じたときに対応するだけのもので、いつもはサポートを必要としない人の場合や、人生の転換期（たとえば、失業、急に病気になったとき）にごく短い期間だけサポートが必要となるような場合。その程度は、強力な場合もあればそうでない場合もある。
限定的 (limited)	期間限定であるが、継続的な性格のもので、その点で一時的な性格のものとは区別される。長期的・全面的サポートの場合よりも、必要なスタッフの数は少なく、また、費用も安くすむようなもの（たとえば、雇用のための一定期間の訓練や学童期から成人期への移行期のサポートなど）。
長期的 (extensive)	少なくともある環境（職場や家庭）においては、定期的に（たとえば、毎日）必要で、限られた期間だけ必要というのではないもの（長時間のサポートや長期にわたる家庭生活のサポート）。
全面的 (pervasive)	いろいろな環境で、長期的に、しかも強力に行う必要があることが全面的なサポートの特徴で、場合によって生涯必要となることもある。全面的なサポートの場合、通常、長期的、あるいは限定的なサポートよりも、多くのスタッフによる、より強力な介入が必要とされる。

2節　知的障害の分類

　知的障害は発達期の障害である。発達プロセスは，遺伝情報を基礎として環境との相互作用のなかで進行する。形態と機能はその経過で形成されていくが，障害はその途中で生起する。病因の有無や，時期，その原因により障害内容を区分することで，多様な障害を整理することができる。

1　知的障害の2分類法

　図1-2-1は，知的障害の2分類法を示したものである。

(1) 内因性―外因性

　ここで，内因性は遺伝性の原因によるものである。外因性は環境性または獲得性の原因によるものである。外因性の原因としては，感染症や炎症（風疹ウィルス，トキソプラズマ，梅毒，化膿菌など），薬物や毒物による中毒（有機水銀，一酸化炭素，鉛など），栄養障害や代謝異常（母親の代謝異常，後期妊娠中毒，血液不適合による新生児重症黄疸など），物理的損傷（放射線，低酸素症，外傷など）などがあげられる。

(2) 生理型―病理型

　これは，病理的機制の有無という観点からの分類である。生理型知的障害は，病理的機制をもたないで生じる知的障害であり，あとに述べるように，人数は

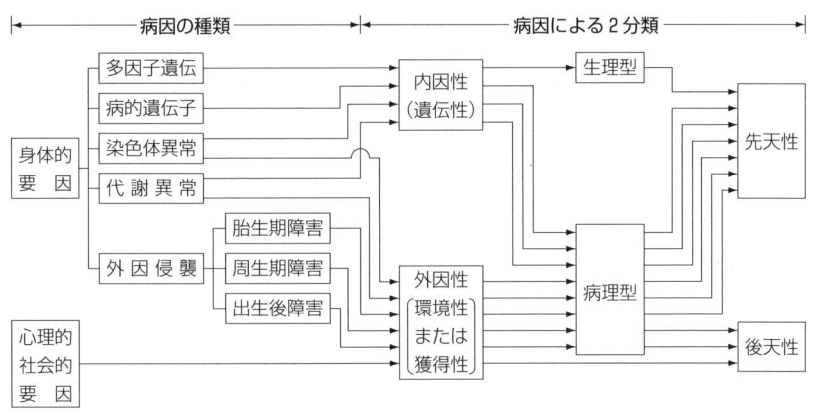

●図1-2-1　病因による種々の2分類法とその相互関係（水谷，1980）

最も多い。未知の病因が存在し得るので，原因不明として診断されることになる。

（3）先天性—後天性

病因の発生または作用の時期によって分けたものであり，出生時点の前を先天性，出生後を後天性に分類する。フェニールケトン尿症や核黄疸による脳性麻痺のように，病因は出生前にあっても，実際の障害の発現過程は出生後に起こり，適切に処置すれば発現防止が可能なものもある。したがって，病因の発生時期でなく，障害の発現時期を問題にする考え方も重要である。先天性と遺伝性，後天性と外因性はしばしば混同されるが，概念，および病因内容のうえで異なるので注意を要する（水谷，1980）。

2 生理型知的障害と統計モデル

知的障害を定義するうえで，知的程度が有意に平均以下という要因は重要である。病理的機制がなくとも知的障害が生じる原因として，多因子遺伝が考えられている。

（1）多因子遺伝と知的障害

知能が有する遺伝性の側面については，家系研究や双生児研究から明らかにされている。もし知能が限られた数の遺伝子で決まるのであれば，その組み合わせによって複数の峰をもつ度数分布を示すことが考えられる。しかし，実際には知能指数（IQ）は単峰の正規分布を示す。この事実を説明する考えとして，多因子遺伝の仮説がある。

多因子遺伝とは，単独では効果が弱い多数の遺伝子が相加的，相乗的に働いて，知能という総体的な形態が発現するという考えである。知能水準の決定に関与する多数の遺伝子が，たまたま不利な組み合わせになったときに，低い知能水準を示し，知的障害が生じる。この場合，知能水準は健康で，量的に偏っているだけであり，病理的機制は働いていないと考えられるので，生理型（単純型，低文化型）知的障害とよばれる。

（2）統計モデルと発生率

知的障害の統計モデルでは，知能の測定が重要な課題となる。知能には，①抽象的思考能力，②学習する能力，③環境への適応能力などの多様な側面がある。現在のひとつの考えとして，知能とは知能テストによって測

定されたものであるという「**操作的定義**」に基づく考えがある。

ビネー（Binet, A.）とサイモン（Simon, T.）は1905年，パリ教育行政当局から学業不振児の精神機能を測定するテスト開発を依頼され，知的能力を評価する知能検査を作成した。1911年に検査結果が精神年齢（MA）で表示できるように改訂され，各国に紹介された。1916年にターマン（Terman, L.）はスタンフォード・ビネー改訂尺度を作成し，知能を知能指数（IQ）で表示することを提案した。彼は，一般集団における知能指数（IQ）の分布を調べ，正規分布を示すことを明らかにした。

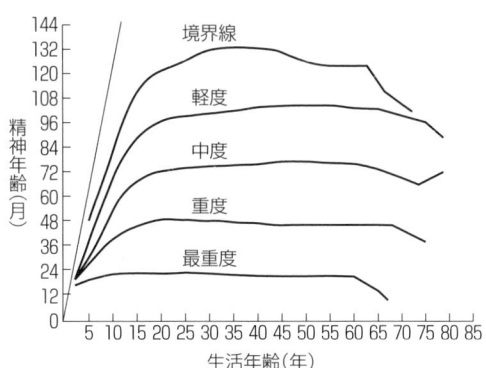

●図 1-2-2　知的障害の程度と発達曲線
（フィッシャーとジーマン，1970）

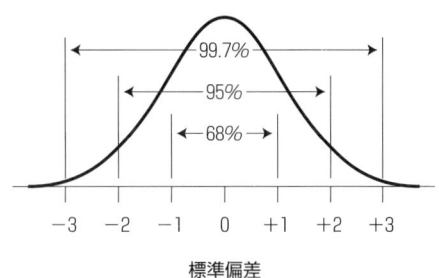

●図 1-2-3　正規分布と標準偏差の関係

正規の分布の形は平均と標準偏差によって決まる。形の平坦さは異なっても，平均と標準偏差の値によって決められた範囲内の値をとる人が全体の中で占める割合は同じである。+1は，1標準偏差だけ平均(0)から離れることを示す。

知能指数は次の式で定義され，そこに2つの意味を指摘できる。

知能指数（IQ）＝精神年齢（MA）／生活年齢（CA）×100

第1の意味は発達速度である。IQ は発達曲線の傾きに相当するので，発達速度を表す（図1-2-2）。速度は発達の性能を表す側面があるので，IQ には知的障害の程度が反映されている。

第2の意味は，集団内の位置の指標である。IQ は正規分布を示すので，IQ の1標準偏差の値（15）を用いることで，IQ により集団内の個人の位置（偏

差IQ）を表すことができる。

　正規分布は，平均と標準偏差によって分布が決まる（図1-2-3）。正規分布では，平均±1標準偏差内の値を示す人は，全体の約68％に相当する。また平均±2標準偏差内の値を示す人は，全体の約95％に相当する。この関係は，標準偏差の値の大小によって変わることはない。

　ここから偏差値の考えが導かれる。偏差値は「個人の得点が，平均からどれだけ隔たっているのか（標準偏差いくつぶん離れているのか）」を意味している。IQは，平均＝100，1標準偏差＝15の値を示すようにつくられており，偏差IQといわれる。このIQの考え方はWISCやK-ABC（標準得点）でも取り入れられている。

　IQの正規分布モデルは，脳に何も病気をもたない場合の分布である。統計モデルに基づいてIQ 70以下を知的障害とすると，その出現率は約2.5％となる。この値は，実際に報告された知的障害の出現率と比較的よく一致する。ペンローズ（1963）は，知的障害の程度別に観察度数と理論度数を比較した。その結果，知的障害において，正規分布と度数の異なる分布を指摘した。これは，生理型知的障害の分布と病理型知的障害の分布が存在することを意味する。

　　◆操作的定義　（→p.11）　　科学的概念の意味は一連の操作（operation）によって与えられるものとする操作主義（operationalism）の考え方は，心理学にも大きく影響している。操作的定義は，研究を始めるにあたり概念の意味内容を最初に規定する研究の出発点となると同時に，研究の進歩によって研究成果の総括ともなる。

　　◆療育手帳　（→p.13）　　療育手帳制度は，知的障害児・者が，一貫した指導・相談や援助措置を受けられるように，1973年より開始された。手帳の名称は，都道府県により別名でよばれることも少なくない。障害の程度が，重度の場合は「A」，軽度の場合は「B」とされ，程度に応じてさまざまな援助が受けられる。

　　◆就学相談　（→p.13）　　教育行政が障害をもつ子どもの適切な就学先を決める一連の手続きを就学指導とよび，そのひとつに行政と保護者との間で行われる就学相談がある。教育委員会によって組織された就学指導委員会は，「就学指導基準」に準拠して「教育上特別な取扱いを要する児童生徒の心身の故障の種類，程度等の判断について調査及び審議」し，就学先を実質的に「判定」している。「判定」をめぐっては教育委員会と保護者との間で訴訟に発展したケースもあり，「適正」就学のための就学指導・相談のあり方は大きな問題となっている。

3節　知的障害のアセスメント

　知的障害に関するアセスメントでは，知能検査，言語発達検査，社会生活能力のアセスメントがよく用いられる。知能検査は，**療育手帳**や**就学相談**などで使用される機会が多い。また，知的障害児・者本人によるアセスメントを通して，支援を明らかにする方法が工夫されている。以下，知能，言語，社会生活に関する代表的なアセスメントについて概観しよう。

1　知能に関するアセスメント

　知能を測る方法としてよく用いられるものに，ビネー式知能検査（田中教育研究所，1987），ウェクスラー式知能検査（WISC-Ⅲ）（ウェクスラー，1998），K-ABC（松原ら，1993）がある。それぞれの検査の実際は，コラムで述べることにし，ここでは検査の特徴を述べる。

アセスメント
⇒コラム9

（1）ビネー式知能検査

　ビネー式知能検査では，精神年齢を測定し，それに基づき IQ を算出する。

		問題	制限時間	合格基準	内容および記録
2歳	13	動物の見分け		8/9	(例) にわとり ①ぞう ②うま ③いぬ ④ねこ ⑤さる ⑥きりん ⑦うさぎ ⑧さかな ⑨うし
	14	まるの大きさの比較		2/2	①　　　②
	15	文の記憶（A）		1/2	(例) つめたいみず ①あかいりんご ②大きいくま
	16	語い（物）		5/6	①時計　②飛行機　③スプーン（さじ）④バナナ　⑤自動車　⑥帽子
	17	ご石の分類	2分	完全	（　分　秒）
	18	簡単な命令の実行		2/3	①犬　②ボタンを箱の上　③はさみを積木のそば
	19	語い（絵）		11/15	①飛行機 ②手 ③家 ④かさ ⑤靴 ⑥ボール ⑦いす ⑧はさみ ⑨時計 ⑩葉 ⑪馬 ⑫めがね ⑬テーブル ⑭ピストル ⑮木
	20	縦の線をひくこと		2/2	①　　　②
	21	ひもとおし	2分	5個以上	個
	22	用途による物の指示		5/6	①コップ ②ほうき ③いす ④はさみ ⑤鉛筆 ⑥鏡台
	23	トンネルつくり	1分	完全	（　　秒）
	24	絵の組み合わせ		1/2	①顔　　②丸

●図 1-3-1　ビネー式知能検査の課題の例（田中教育研究所，1987）
　2歳段階に相当する問題を示した。言語教示の理解や言語応答を必要とする問題とともに，動作の理解により解答できる問題から構成されていることがわかる。

各精神年齢に対応する課題には，その年齢段階をよく反映する問題が並べられている（図1-3-1）。各年齢段階を構成する課題の種類は相互に異なっている。また，言語活動を中心とした一般知能を測定しているため，知能を分析的に検討することは困難である。平均IQは100で，1標準偏差の値は15である。

（2）ウェクスラー式知能検査

ウェクスラー式知能検査（WISC-Ⅲ）は，知能の多面的な特徴を下位検査（言語性検査と動作性検査）によって評価する。言語性検査は，言語教示を理

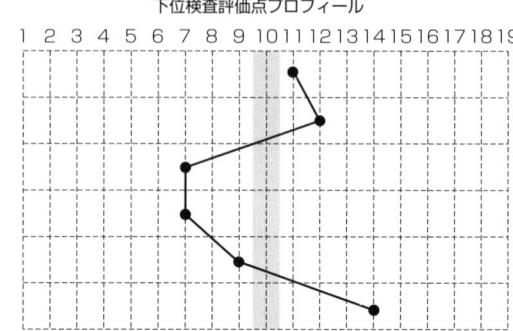

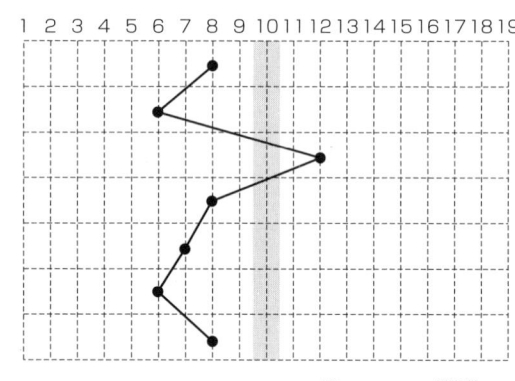

●図1-3-2　WISC-Ⅲの測定結果の例
算数の応用問題と漢字書字に困難を示した事例（p.199に記載）におけるWISC-Ⅲの結果を示した。

解し，ことばによって答える課題である。動作性検査は，検査者の動作によって課題を理解することができ，動作で答えることができる課題で，言語理解が乏しくとも解答できるのが特徴である。言語性 IQ，動作性 IQ，総 IQ を算出する。各 IQ の平均は100で，1 標準偏差の値は15である。

下位検査のプロフィールを用いることで，知能を構造的にとらえることができるため，自閉症や注意欠陥・多動性障害（AD/HD），学習障害児のアセスメントによく用いられる（図1-3-2）。下位検査の評価点の平均は10で，1 標準偏差の値は3である。したがって，たとえば評価点が4を示すということは，4以下の人は全体の約2.5%と少数であることを意味する。

（3）K-ABC

多くの知能検査は，人間が情報処理をする内容に重点をおいているが，K-ABC は処理の過程に重点をおいている。電話番号を覚えることを想像してみよう。口に出して反復し，ひとつずつ覚えよう（継次処理）とする人がいる一方で，数字の視覚的イメージによって覚えよう（同時処理）とする人もいる。継次処理が得意か，同時処理が得意かは，人によって分かれるところである。苦手な情報処理過程が明らかになれば，それに対処するしかたを指導することによって習得が容易になることが予想される。

継次処理および同時処理の2つの尺度を総合することによって，認知処理過程尺度が算出される。認知処理過程尺度は，子どもの習得知識ではなく，新しい場面での問題解決能力を評価する。習得度尺度は，学校教育や学習経験により得られた知的レベルを評価するものである（図1-3-3）。

認知処理過程尺度の標準得点が，習得度よりも有意に高い場合には，動機づけや環境的要因のために，習得度が低くなった可能性が指摘できる。他方，習得度尺度の標準得点が，認知処理過程尺度よりも有意に高い場合には，高い動機づけをもつオーバーアチーバーであることが推測できる。

これらの尺度の得点は，標準得点とよばれ，平均100，標準偏差15を示す。

K-ABC によって，得意な処理様式を評価することにより，読み，書き，算数などの指導に工夫を加えることができる。継次処理が強い子どもの場合には，段階的に部分から全体へ指導を進めたり，聴覚的手がかりや言語的教示を与えることが有効とされている。同時処理が強い場合には全体をふまえた教え方が

統計的有意差⇒コラム2

1章 知的障害に関する基礎知識

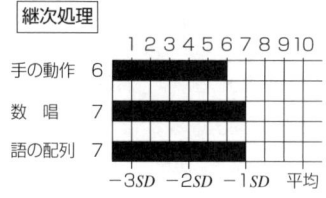
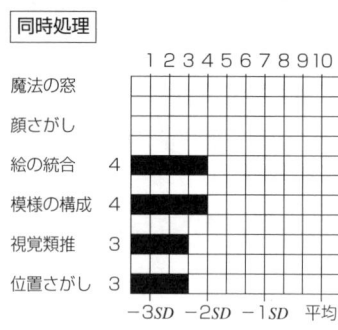
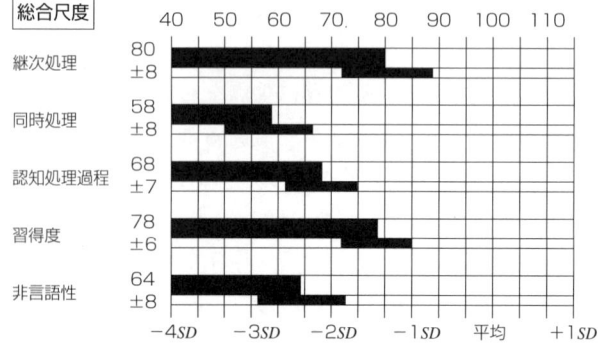

●図1-3-3 K-ABCの測定結果の例
ウイリアムズ症候群の事例におけるK-ABCの結果を示した。

有効で，視覚的手がかりや運動的手がかりが有効なことが指摘されている。
(4) 知能検査が困難な子どもで可能な検査
　上述の知能検査では，一定の課題遂行が必要であるので，言語が未獲得であったり，知的障害の程度が重度であると検査不能となる。このような場合に，乳幼児に用いられる発達検査を利用して，発達程度を評価する方法がとられる。代表的な検査法として，遠城寺式乳幼児分析的発達検査があげられる。この検査は問診と行動観察の実施によることが多い。運動（移動運動，手の運動），社会性（基本的習慣，対人関係），言語（発語，言語理解）の領域にわたって発達年齢（0～4歳8か月）を算出する。

2　言語に関するアセスメント
　言語は形式，内容，使用の構成要素から成り立っている（2章3節）。音声

言語の理解と表出を評価する検査（小寺ら，1987；上野ら，1991）と，コミュニケーションの発達アセスメント（長崎と小野里，1996）について述べる。

（1）音声言語の理解と表出に関する検査

音声言語の理解と表出を見る検査として，国リハ式＜S-S＞法言語発達遅滞検査（小寺ら，1987），絵画語い発達検査（PVT）（上野ら，1991）があげられる。国リハ式＜S-S＞法言語発達遅滞検査では，言語の記号的側面に着目し，音声言語の表出以前と表出以降の段階で，検査内容が分けて配列されている。

音声言語を表出する以前の段階においても，子どもは，大人の言語や身振りを理解することができ，子どもと大人との間にさまざまな記号が存在する。このことは，さまざまな種類の記号（記号形式）に対応して，さし示す内容（指示内容）があることを意味している。音声言語を持たない重度知的障害児を対象として，記号形式と指示内容の評価を行うことで，言語の記号的側面についてアセスメントできる（2章6節，p.90）。検査では，**見本合わせ課題**を用いる。検査者が見本刺激（音声や身振り，事物など）を呈示して，それが表す事物を，複数の刺激の中から選択できるか評価する。評価課題は，スモールステップの指導課題としても利用できる。大人が呈示した事物（見本刺激）に対応した事物を選択できるようになる段階をへて，大人の身振りや音声に対応して事物を選択できるようになる。音声言語の理解が困難な重度知的障害児の評価と指導に有効であることが，指摘されている。音声言語の表出以降の段階については，事物の名称，動作語，2語文・3語文について，理解と表出を評価する。理解は，音声で指示して，それに対応する絵カードを選択させて評価する。

（2）コミュニケーションの発達アセスメント

子どもは，大人との相互作用をくり返しながら言語を獲得していく。とくに日常的に出会う場面での行動連鎖や場面の展開に関する知識は**スクリプト**とよばれ，相手の話を理解するうえで重要である（2章4節，p.64）。そこで，このようなスクリプトの獲得と社会的相互作用に着目して，言語段階を評価しようとするアセスメントが作成された。コミュニケーションの発達アセスメント（ASC）は，発達年齢約2歳までの乳幼児や発達遅滞児を対象とした検査である（長崎と小野里，1996）。ここでは，コミュニケーションの4つの側面について評価する。すなわち，要求伝達系と相互伝達系（基底的伝達構造），音声

言語理解と音声言語表出（記号的伝達構造）について評価する。3か月を1レベルとし，2歳を8つの発達レベルに換算する。4側面の発達レベルから発達プロフィールを作成し，4側面のバランスを評価する。このアセスメントは，コミュニケーション指導プログラム（TSC）に対応しており，アセスメントと指導を一体的に行うことができる。

3　社会生活に関するアセスメント

社会生活の適応に関しては，知的障害の定義の構成要素であるにもかかわらず，評価検査の数は少ない。適応を困難にする問題行動に着目した行動評価も工夫されている（岩永ら，1998；長田ら，2000）。

(1) 新版 S-M 社会生活能力検査

新版 S-M 社会生活能力検査（旭出学園教育研究所ら，1980）は，社会生活への全般的適応を社会生活年齢によって評価する。1歳～13歳の子どもの発達を評価するものであり，検査の問題は，一定の年齢幅で区分されている。この検査は，身辺自立，移動，作業，意思交換，集団参加，自己統制という領域について，社会生活年齢を算出し，プロフィールとともに，社会生活指数として評価する。

(2) 本人によるアセスメントと社会参加の支援

近年，障害を「制約を受けている状態」としてとらえる見方が出てきた。またエンパワーメントという概念がソーシャルワークの分野で示された。抑圧されている環境の中では，社会参加を進めていくうえで，「情緒，技能，知識，また物的資源を活用できない状態（パワーの欠如状態）がもたらされる」ことが指摘され，「パワーを増強していく（エンパワーメント）」たいせつさが指摘された（小田ら，1999）。このことから，障害児・者本人が，自分のニーズ，能力，知識をポジティブにとらえ，主体的な社会参加を可能にするサポートが重視されている。

本人による生活全般のアセスメントでは，社会生活力プログラム（赤塚ら，1999）が参考になる。これは，重度身体障害者を対象としたもので，「生活の基礎をつくる」「自分の生活をつくる」「自分らしく生きる」「社会参加する」「自分の権利をいかす」の5部門について，「健康管理」「時間・金銭管理」などの18モジュールの学習プログラムが用意されている。各モジュールに

対応して，アセスメントがついており，学習前の評価，学習後の理解度や成果の確認に利用できる。

　知的障害児・者本人を対象としたアセスメントの手続きとして，権利侵害に関する社会的アプローチがある（P & A Japan，2001）。社会的アプローチとは，障害者を取り巻く周囲の状況（環境のバリア）に注目する見方であり，権利の侵害は周囲の状況に根ざすことを重視する。このような権利侵害を除くためには，障害児・者本人による権利擁護（セルフアドボカシー）が不可欠である。セルフアドボカシーを進めるためには，本人が権利侵害（虐待，放置，金銭搾取，心理的虐待）と，侵害解消を阻害する要因（物理的条件や誤解による周囲のバリア，本人自身の心のバリア）を理解し，自分自身によるアセスメントを通して，それに立ち向かうプロセスがたいせつである。本人による権利擁護を可能にするための学習プログラムが作成されており（P & A Japan，2001），利用できる。学習プログラムでは，権利の侵害事例を具体的に理解したうえで，自己アセスメントを行えるよう配慮されており，わかりやすい記述が段階的になされている。

4　アセスメントを行ううえでの留意点

　アセスメントを実施するうえでは，①マニュアルに従って検査を行うこと，②能力が発揮できるよう対象者と親和的関係（ラポール）をつくり，検査環境を整えるよう配慮することがたいせつである。

　知能検査のような課題検査では，解釈の際に，課題の意味を考慮することがたいせつである。知的障害では，課題を作成した際には予想しなかった原因で，成績が低くなることがある。課題ができない原因を明らかにする方法として，同じように解決困難な課題を見つけ，その内容を分析する方法がある。また成績の改善をもたらす支援条件を明らかにしたあと，支援内容を分析して，原因をつきとめる方法がある。アセスメントは限られた側面に関する評価であり，結果は発達領域全体の情報をもたらすものではない。対象者の年齢，生活環境，周囲の人の働きかけをふまえながら，アセスメント結果を考察することで，発達の全体像を描くことがたいせつである。

コラム1 心理学史

　心理学は「心の働きを研究する科学」であるとされている。近年の脳科学の進歩は著しいが、そこで明らかにされようとしている「心の働き」は、心理学のなかで一貫して追究してきたものである。それより、解明されつつある「心の働き」の見方は、心理学の歴史の中に投影されており、そのルーツをなんらかの形で心理学の歴史に認めることができる。

　「心の働き」が、実験的アプローチを含む科学の対象となり、心理学がひとつの学問分野として成立したのは、19世紀終わりのヴント（Wundt,W.）の心理学研究室（1879）に始まるとされている。そこでの研究は、感覚と知覚、反応時間に関するものであり、構成主義とよばれた。その後、アメリカ合衆国へと研究の中心は動き、20世紀前半は、学派（機能主義、行動主義、ゲシュタルト心理学、精神分析学）の時代となった。はじめの4つの学派は相互に論争を交わした。しかし精神分析学は実験的方法と相容れず、論争の舞台を共有しなかった。

　学派の時代は1940年を超えては続かなかった。このころから心理学は客観的な科学となり、実用的で、操作的な方法論が確立されるようになった。研究テーマも、学習、思考、認知、動機づけ、性格、社会心理といった広範な現象が取り上げられるようになった。その後、神経科学、コンピュータ科学、言語学、医学という独自の方法論をもつ分野の研究対象が広がり、人間の心や行動を含めるようになり、認知科学とよばれる領域を形成するにいたった。認知科学に対応する形で、心理学では認知心理学という領域が形成された。その結果、心に関する知見が集積・確立されてきた。

　心理学の考え方を理解する第1歩は、学派の時代を理解することであろう（表A、表B）。以下、相互に論争があった4つの学派の見解と近年の認知心理学の特徴を、簡単にみてみよう。

〈構成主義〉

　ヴントおよびティチェナー（Tichener,E.B.）が代表者である。心理学の主題は主観的な直接経験であり、内省によって研究する。心は要素の統合である。意識の要素は、感覚（経験の客観的内容）と感情（経験の主観的内容）とに分類される。感覚はモダリティに従って分類され、質と強度をもつ。感情は、快─不快、緊張─弛緩、興奮─沈静の3次元をもつ。構造主義による知見は、現在の心理学の基礎とはならなかった。

〈機能主義〉

　デューイ（Dewey,J.）、エンジェル（Angell,J.R.）を中心とするシカゴ大学とソーンダイク（Thorndike,E.L.）、ウッドワース（Woodworth,R.S.）を中心とするコロンビア大学の研究者を主に形成された。機能主義においては心の機能、すなわち「適応過程としての心の働き」が研究のテーマであった。シカゴ大学では、方法論として内省的方法がとられたが、コロンビア大学では、「有機体の適応過程」が研究され、学習が強調された。進化論に従えば、環境に適応していくプロセスは動物と人間との間に基本的なちがいはない。このことは、環境に適応していく行動の変容、さらには、心の働きに関する法則は、人間と動物との間に基本的なちがいはないという考えをもたらす。したがって、機能主義は、動物を含めた学習理論研究を認めるものであり、行動主義への橋渡しを演じた。

〈行動主義〉

　代表的な研究者として、ワトソン（Watson,J.B.）やスキナー（Skinner,B.F.）、ハル（Hall,

G.S.)があげられる。心理学の主題は人間や動物の行動であり，その目的は，行動を予測し，その法則性を定式化し，行動を制御することであるとした。意識は科学的に研究することのできる問題ではなく，行動を研究すべきであると主張した。刺激と反応の連合という要素が統合されて，複雑な行動が形成されると考えた。同じ時代にロシアのパブロフ（Pavlov,I.P.）は古典的条件づけを明らかにしたが，この研究は，客観性の重視という点で行動主義の主張と一致した。刺激と反応の連合に強化が不可欠であるとする立場（スキナー）と，強化を必要とせず時間的接近が連合を形成するという立場（ガスリー，Guthrie,E.R.）とがある。また強化を必要としない立場には，「刺激が何を導くのかということ」が学習されるという立場（トールマン，Tolman,E.C.）がある。トールマンは，生体にとって重要な意味をもつ目的対象を意味体，それへの手段となる対象を記号とよび，これらの関係を含めた全体を「記号ゲシュタルト期待」と名づけた。特定場面の認知は，記号ゲシュタルト期待として成立する。記号ゲシュタルトははじめ漠然としているが，その中の手段—目的関係が確認されるにつれて明瞭になり，統合され認知地図となる。この段階では，全体の一部である記号が現前するだけで期待が生じ，行動が実行されることを指摘した。

　刺激と反応の連合形成を仮定する立場（S−R主義）は，「人は生まれた時点では白紙であり，その後の経験により，知的行動が獲得されていく」という経験論をとる。

〈ゲシュタルト心理学〉

　ゲシュタルト（Gestalt）とは，ドイツ語の形や形態という意味である。その主張は知覚心理学から始まった。ヴェルトハイマー（Wertheimer,M.），コフカ（Koffka,K.），ケーラー（Köhler,W.），レヴィン（Lewin,K.）らが知られている。彼らの多くは，ナチズムの台頭に伴い1930年代半ばにドイツからアメリカに渡り，研究を続けた。1912年に，ヴェルトハイマーは，仮現運動（暗闇の中で非連続的に視覚刺激を呈示した場合，連続的運動の知覚を経験する）を指摘した。この現象は，知覚内容が物理的刺激の構成要素と対応するものでなく，個々の刺激の知覚内容の総和をとっても知覚内容全体を説明できないことを意味する。また他の心理的現象についても，構成要素の総和でないことを主張した。コフカは，知覚内容は全体として体制化される傾向にあり，その体制化の法則をゲシュタルトの原理（プレグナンツの法則）としてまとめた。ケーラーは，知覚心理学の研究を行ったが，類人猿の智恵試験として知られる研究も行った。そこでは，課題解決中のチンパンジーの行動についてゲシュタルト的説明を行った。問題解決行動について，S−R主義者は，試行錯誤学習による学習を主張するが，ゲシュタルト心理学は，動物は課題事態の構造を了解し，それに従って洞察（insight）することを主張した。ゲシュタルト心理学は知覚心理学から出発したため，主観内容を研究対象とし，現象学的方法がその基本とされた。ゲシュタルト心理学に至る心理学者としては，メロディなど，要素そのものに依存せず，要素間の関係に依存する知覚（曲を移調しても同じメロディを知覚できる）を明らかにしたエーレンフェルズ（Ehrenfels,C.）らがあげられる。

〈認知心理学〉

　認知心理学が生まれたのは，1950年から1960年代にかけてであり，認知科学の動向に連動した。認知科学では，知的システムのコンピュータによる実現から，脳内の情報制御システ

ムの解明という広範な問題が研究対象とされている。認知心理学では，知覚，推論，言語，記憶などの人間の知的機能が，どのような心的プログラムにより実現されているのか，そのアルゴリズムは何かということを研究課題とする。また，人間により取り込まれた情報が，どのような表現形式をもつのか，また情報処理の資源をどのように配分しているのかということに強い興味を示す。認知心理学者の用いる方法や枠組みは単一ではなく，多様であり，行動観察のみならず，被験者の言語報告を含めて研究対象とする。近年，PET や f-MRI が開発され，脳機能の画像評価が可能になった。その結果，行動レベルで推論されていた情報処理に対応する脳内部位を確定できるようになり，心理学を含む認知科学の統合化が進みつつある。

表A　諸学派とそれがめざしたもの (ヴェルトハイマー，1970)

学派と代表者	構成主義	機能主義	行動主義	ゲシュタルト心理学	精神分析学
研究の単位	精神要素	精神要素と適応過程	S-R 要素	自然の全体またはゲシュタルト（反一要素）	要素と過程
主観的または客観的	精神的（主観的）	たいていは精神的（主観的）	反—精神的（客観的）	主観的ならびに客観的	精神的（主観的）
心理学が研究すべきもの	内容	たいていは機能しかし，内容も	内容と機能	内容と機能	内容と機能
好まれた方法	内省	内省：後には行動観察も	行動観察	現象論および行動観察	自由連想
目的：基礎または応用	基礎	基礎および応用	基礎および応用	たいていは基礎	基礎よりは応用
全体の法則に定位または個別事例的	全体の法則（法則定立的）	いくぶん個人差（個別事例的）しかしたいていは全体の法則	両方	両方	全体の法則よりは個人差
生物学的説明	生理学的な連携	生理学的ななぜ，または何のために	生理学的な連携	生理学的な場	生物学的な衝動
連合主義	イエス	イエス	イエス	ノー：反連合主義	多分：自由連想

表B　学派の時代の歴史年表

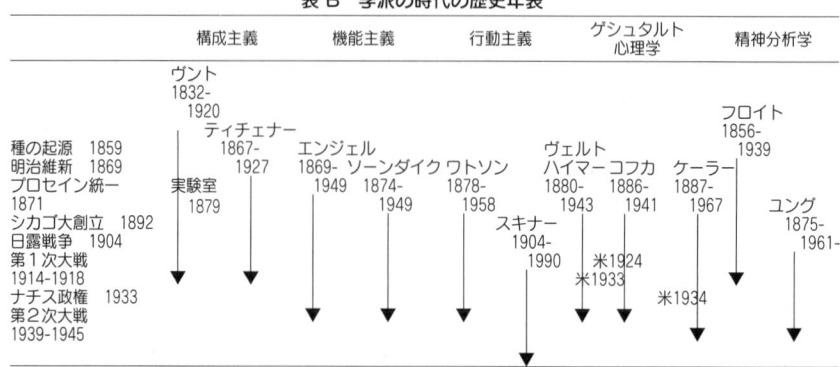

パブロフ：1849-1936
シェリントン：1906神経系の統合的働き

＊Wertheimer, M. 1970 *A brief of psychology*. 船津孝行（訳）1971 心理学史入門　誠信書房

2章　知的障害における心理機能と発達支援

　私たちは，教室や生活での経験をとおして，自然に子どもを理解することができる。しかし，心理学をとおして子どもを理解しようとする場合には，それがどのような立場の知見であるかを考えておくことが必要である。なぜならば，人に関する心理モデルは，1つではないからである。

　心理学史をみると，多くの学派があることに驚かされる。そのなかでも，表象活動（目の前にない物をイメージする活動）を認める立場（認知論的立場）と，表象活動を必要としない立場（行動主義の立場）のちがいは大きい。また心理機能を獲得するうえで，経験が不可欠であるとする立場と，経験を重視しない立場がある。さらに知的障害を発達の遅れとしてとらえる立場と，特定の機能障害としてとらえる立場がある。これらの立場を相互に組み合わせると，じつに多くの心理学理論が存在する。それぞれの立場に，それぞれよく考えられた心理機能の見方が存在する。知的障害に関する心理学的知見を学ぶ際には，その知見がどのような心理学的立場に基づくものであるのか考えておけば，子どもの心理機能を深く理解することができるだろう。

心理学史
⇒コラム1

　次の図はこの章の構成を示したものである（番号は節に対応する）。心理機能は，入力系，情報処理系，出力系に分けると考えやすい。

　知覚は入力系に関連した心理機能である。問題解決，学習，言語は情報処理系を構成する。さらに数概念や記憶もこれに含まれる。運動は出力系に関連する。注意と動機づけはすべての心理機能に共通してかかわる。これらの心理機能については，知的障害の特徴がよく研究されている。

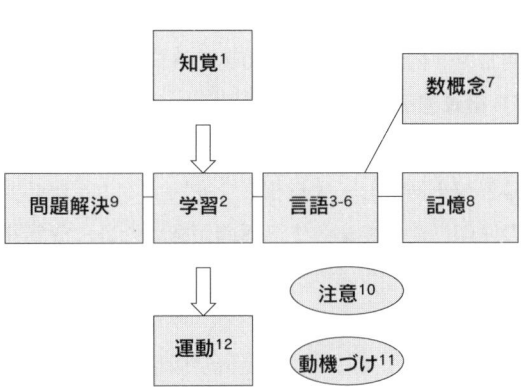

1節　知覚

知的障害児の知覚に関しては，知覚の未分化性，知覚における主体的要因，さらには器質的障害との関連で従来から研究が行われている（山下，1969）。日常行動を理解するうえでは，運動との協応を含めた視覚（視知覚能力）の側面について知ることは重要である。そこでこの節では，複雑図形の視知覚，視知覚能力のプロフィール，視覚と触覚による弁別を中心にみていこう。

※視覚情報処理
⇒コラム

1　複雑図形の視知覚

（1）複雑図形の模写と再生

知的障害における模写と再生の困難は，とくに知覚の未分化性との関連で指摘された。この知見は，「ループの蜂の巣」図形の実験で有名である。対象児に図2-1-1のような蜂の巣図形を示し，模写するよう求めたところ，個々の巣の解きほぐしと分離が起こることが報告された。

足立と神田（1974）は，図形の複雑さを変化させた場合の模写の特徴を検討した（図2-1-2）。模写と再生について MA（精神年齢）との関連で，知的障害児の達成率をみると（図2-1-3），模写について，複雑図形は MA 8, 9歳で達成率が高く，その他の図形は，MA 5歳で高かった。再生についても同様な傾向がみられた。足立と神田（1974）は知的障害児の図形模写は発達的変化を示し，その特徴は，発達的遅れと考えられることを指摘した。

田中（1969）は菱形の図形模写について，MA 7歳の知的障害児は，同年齢の健常児と同じ程度に模写でき，6歳の健常児と比べて高いことを指摘した。

（2）複雑図形の分節化

複雑図形から分節を抽出する（分節化）ためには，複雑な図形から特定図形の輪郭線を知覚し，図形相互を弁別することが必要である。図形は**ゲシュタルトの法則**に従ってまとまる傾向が強いため，分節化は図形の知覚と比べて困難になる。

※心理学史
⇒コラム

田中（1969）は重なり図形と，埋もれ図形について検討を行った。

重なり図形に関しては，幾何学図形と事物の図形の各条件で検討した。対象児には，標準図形と比較図形（図2-1-4）を示し，標準図形の中に含まれる刺激を，比較図形のなかから選ぶよう求めた。その結果（表2-1-1），重なり事

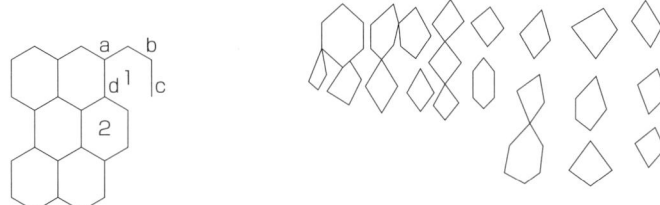

●図 2-1-1　蜂の巣図形（レヴィン，1935）の模写結果（足立と木村，1993より作成）
　d は 1 の巣の一部であると同時に，2 の巣の部分である。蜂の巣図形の模写では，1 本の線が複数の巣の一部であるという分化が成立することが必要である。知的障害児では，このような分化が困難であると指摘された。

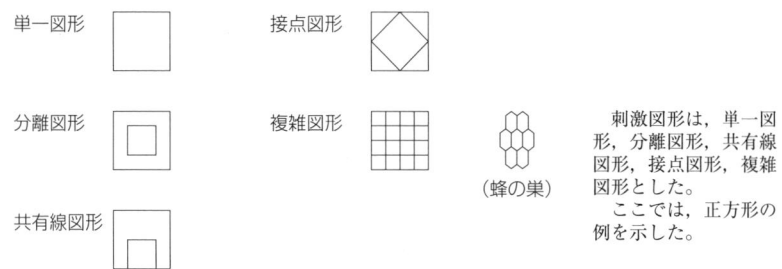

●図 2-1-2　刺激図形の例（足立と神田，1974）

刺激図形は，単一図形，分離図形，共有線図形，接点図形，複雑図形とした。
　ここでは，正方形の例を示した。

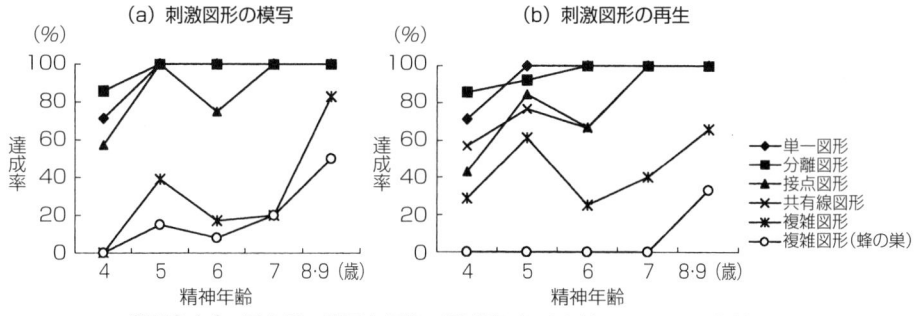

●図 2-1-3　正方形の模写と再生の達成率（足立と神田，1974より作成）
　図の特徴を正確に表現した場合に，課題を達成したと評価された。

◆ゲシュタルトの法則　（→p.24）　　多数の刺激が存在する場合に，互いに関連し，他から分離されたあるまとまりを経験することがある。知覚経験で，このようなまとまりと分離あるいは，分節を生じさせる要因が，ゲシュタルトの要因またはゲシュタルトの法則として知られている。当初，視知覚についていわれたが，のちに，学習，記憶，集団生成においても妥当することが知られた。近接の要因（近い距離にあるものがまとまる），類同の要因（類似のものがまとまる），閉合の要因（互いに閉じあうものがまとまる），よい形の要因（よい形がまとまる傾向がある）などが知られている。

物図形については，MA5歳の知的障害児は，CA4歳の健常児より成績がよかった。またCA5歳の健常児と比べてわずかに低いのみで，その差は統計的な有意差でなかった。それに対して，重なり幾何学図形については，MA5歳の知的障害児は，4歳の健常児とほぼ同じ成績であったが，5歳の健常児と比べて著しく低く，有意な差であった。埋もれ図形に関しては（図2-1-5），比較刺激の中から標準図形を探しだして，赤鉛筆でなぞるよう求めた。その結果（表2-1-2），MA5歳の知的障害児の成績は，4歳の健常児および5歳の健常児と比べて著しく低く，有意な差があった。

統計的な
有意差
⇒コラム2

知的障害児の重なり図形の分節化に関して，日常経験する事物図形と，経験しない幾何学図形との間に差があることが明らかとなった。また埋もれ図形のように，全体としてまとまっている形態から一部の図形を抽出する図形思考的な課題では，知的障害児はとくに困難を示すことが明らかとなった。

（3）図形の方向弁別

田中（1969）は図形の方向弁別について，図形の類同視により検討した。標準図形と比較図形（図2-1-6）を呈示し，対象者に「これ（標準図形）と最もよく似ている（その次に似ている）と思うものを選んでください」と教示した。その結果（表2-1-3），MA6歳の知的障害児は，6歳の健常児と比べて，S方向の図形を選択する傾向が高く，NW方向の図形を選択する傾向が低いことが指摘できた。同じ傾向は，5歳の健常児と比べても認められた。標準図形と逆方位のS方向の選択は幼児に多く，成人ではNW方向やNE方向が多いことが知られている。このことから知的障害児では，方向の類同視に発達的遅れがみられることが指摘された。

2　視知覚能力のプロフィール

視知覚能力のプロフィールは，視知覚に関連した日常行動を理解するうえで役に立つ。プロフィールを評価できる検査としては，フロスティッグ視知覚発達検査があげられる。この検査では，Ⅰ「視覚と運動の協応」，Ⅱ「図形と素地」，Ⅲ「形の恒常性」，Ⅳ「空間における位置」，Ⅴ「空間関係」を評価する。シルバースタインら（1970）は知的障害児（平均IQ48，平均CA14歳）を対象として検討した結果，各領域の平均知覚年齢は4歳5か月〜5歳5か月と遅れ，とくにⅠ「視覚と運動の協応」，Ⅴ「空間関係」は良好であるが，Ⅲ「形

(a) 幾何学図形   (b) 事物の図形

   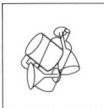

上段は標準図形,下段は比較図形を示した。

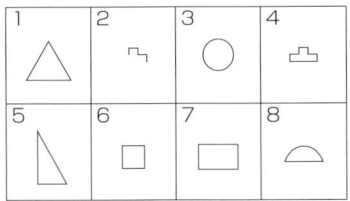   

●図 2-1-4　重なり図形課題の刺激 (田中, 1969)

◆表 2-1-1　重なり図形課題の成績 (田中, 1969)

	知的障害児 MA 5歳	健常児 CA4歳	健常児 CA5歳
重なり事物図形	1.1	0.7	1.5
重なり幾何図形	1.6	1.7	2.6

◆表 2-1-2　埋もれ図形課題の成績 (田中, 1969)

	知的障害児 MA 5歳	健常児 CA4歳	健常児 CA5歳
埋もれ図形	0.4	1.4	2.1

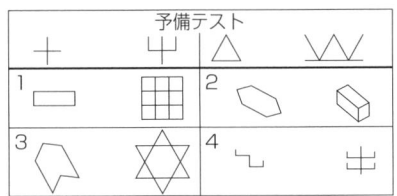

●図 2-1-5　埋もれ図形課題の刺激 (田中, 1969)

それぞれの問題で,左は標準図形,右は比較図形を示した。

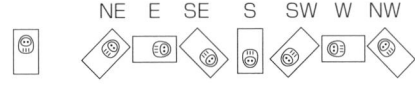

●図 2-1-6　方向の類同視に用いた刺激 (田中, 1969)

図形の書かれたカードを用いた。比較図形は NE (45°右方向), E (90°右方向), SE (135°右方向), S (180°右方向), SW (225°右方向), W (270°右方向), NW (315°右方向) の7種の図形とした。

◆表 2-1-3　方向についての類同視の得点 (田中, 1969)

得点は,1番似ていると判断した図形に2点,2番目に似ていると判断した図形に1点を与えた。年齢群ごとに,各比較図形の得点を合計し,総得点に対する百分率を算出した。知的障害児は,S方向の図形が良く似ていると判断した。

		NE	E	SE	S	SW	W	NW
知的障害児	MA 6歳	11.4	7.0	10.5	45.6	8.8	8.8	7.9
健常児	CA 5歳	15.6	12.2	3.3	38.4	11.7	7.8	11.1
	CA 6歳	20.7	7.3	4.7	26.7	5.3	8.0	27.4
	CA 7歳	24.7	9.4	5.3	17.3	4.7	9.3	29.3

の恒常性」の落ち込みが強いことを指摘した。

　四日市（1992）は，CA15歳〜18歳の知的障害児を対象としてプロフィールの特徴を検討した。視知覚年齢のプロフィールとIQとの関連を検討した結果（図2-1-7），IQが60以上の者はどの領域でも知覚年齢が高いことを指摘した。それに対してIQが37〜59の者では，Ⅲ「形の恒常性」とⅣ「空間における位置」の知覚年齢が低く，個人差が大きい傾向を認めた。誤答分析の結果（図2-1-8），図形と素地が類似した模様での図形選択（a），図形が複数配置された場合での小さな図形の選択（b），立体図形の類同視（c），斜めの関係に基づく模写（d）が困難なことが明らかになった。

3　視覚と触覚による弁別

　形を判断する際に，視覚だけでなく触覚からも重要な情報を得ることができる。小宮（1982）は，MA4歳台の知的障害児（ダウン症児，非ダウン症児）と健常児について検討した。その結果（表2-1-4），触覚−視覚条件（触覚で刺激図形を観察してから，視覚によって選択図形から刺激図形を弁別選択）や，視覚−触覚条件（視覚で刺激図形を観察してから，触覚によって弁別選択）などの継時条件において，ダウン症児の成績は，非ダウン症児や健常児と比べて低いことを明らかにした。同時条件の触覚−視覚条件（刺激図形を触覚で観察しながら，視覚で選択弁別）と視覚−触覚条件（刺激図形を視覚で観察しながら，触覚で選択弁別）では三者間で成績に差はなかった。これより，ダウン症でない知的障害児は，継時条件・同時条件ともに，触覚による弁別は健常児と同じように機能することが指摘できた。ダウン症児では，とくに継時条件が困難であった。

◇発達支援の視点◇

（1）視知覚課題の反復練習とプロフィールの改善

　前述の四日市（1992）は，視知覚課題の反復練習による改善効果について検討した。練習は週3時間で2か月にわたって行われた。練習にはフロスティッグ視知覚発達検査の練習課題を用いた。改善の効果は知覚年齢に認めることができた（図2-1-9）。対象児AとCは，領域によって知覚年齢の落ち込みが大きいが，練習後，知覚年齢は明瞭な増加を示した。対象児Dは，Ⅳ「空間における位置」の知覚年齢が低く，反復練習によっても改善しなかった。四日

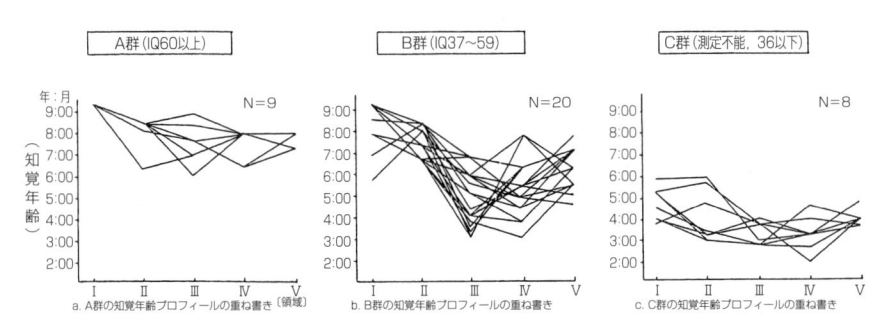

●図2-1-7 視知覚年齢のプロフィールと IQ との関連（四日市，1992より作成）
　IQ を3段階に分類し，各群で視知覚年齢のプロフィールを重ね書きした。縦軸は知覚年齢，横軸はフロスティッグ検査の領域を表した。Ⅰは「視覚と運動の協応」，Ⅱは「図形と素地」を表す。また，Ⅲは「形の恒常性」，Ⅳは「空間における位置」，Ⅴは「空間関係」を表す。

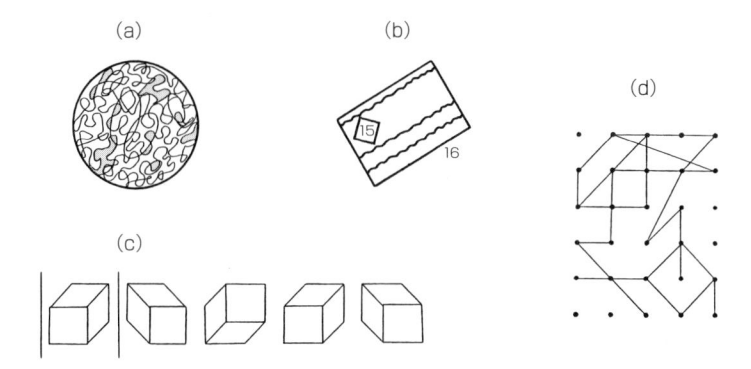

●図2-1-8 多くの誤反応が認められた図形（四日市，1992より作成）
　各領域の課題で，対象児の半数以上が誤反応を示した図形を表記した。(a)ではたまごの形をふちどらせた（領域Ⅱ）。(b)では正方形をふちどらせた（領域Ⅲ）。(c)では左の図と同じ形の図をみつけさせた（領域Ⅳ）。(d)では点のマトリックスを呈示し，点をつなぐことにより同じ図を描画させた（領域Ⅴ）。

◆表2-1-4 継時条件と同時条件における平均正反応数（小宮，1982より作成）
　継時条件において，ダウン症児の成績が低かった。

条　件　群	ダウン症児	非ダウン症児	健常児
継時条件			
触知覚－視知覚条件	2.7	4.9	4.7
視知覚－触知覚条件	2.7	4.8	4.8
同時条件			
触知覚－視知覚条件	4.8	4.8	5.4
視知覚－触知覚条件	5.4	5.3	5.4

市（1992）は，視知覚課題の練習が養護学校の進路指導で活用できることを指摘した。対象児Cは，細かい電子部品を扱う仕事に就職し，就労状況も良好であることが報告された。

（2）書字能力と視知覚能力との関連

　書字の指導においては，書字に関与する視知覚能力が重要であるが，検討されていない。三塚（1994）は，健常児の発達的様相から，書字に関与する視知覚能力の検討を行った。ここでは，就学前の年齢の子どもを対象としてその結果を示す。書字はひらがなの達成率によって4段階（a～d）に評価された。図2-1-10はその例を示したものである。書字が困難であった者は，自分の名前も書くことができなかった（d）。図2-1-11は対象児5例のプロフィールの重ね書きを示したものである。対象児の年齢範囲が4歳～5歳台の者を図に示した。フロスティッグ視知覚発達検査との関連をみると，書字の困難であった者ではⅣ「空間における位置」とⅤ「空間関係」の知覚年齢が3歳台と低いことが指摘できる。ひらがなの書字が90％以上可能であった者はⅠ「視覚と運動の協応」とⅡ「図形と素地」の知覚年齢が高い傾向を示した。従来，書字指導は音節分解や音韻抽出力との関係で論じられてきたが，さらに文字の形態認知能力，視覚と運動の協応の側面についても配慮することが重要であろう。

◉以上の研究を要約すると，以下のような発達支援の視点が指摘できる。
・知的障害児は，図形の模写に困難を示すが，模写はMA増加に伴い発達することが指摘された。とくに模写と再生が困難であった課題は，境界線が重複した図形であった。絵やモデルを用いた模写活動にあたっては，対象児のMAを考慮した指導が必要であろう。
・知的障害児は，重なった図形や埋もれ図形を見る際に，経験上よく知っている事物では知覚が良好であるが，幾何学図形は困難なことが指摘された。丸や四角形や三角形を，学習の手がかり刺激として利用することが多いが，子どもによっては図形の抽出が困難であることに注意する必要があろう。
・フロスティッグ視知覚発達検査による視知覚能力のプロフィールは，日常行動を理解するうえで有用である。視知覚課題の反復練習により，改善を示したケースが報告されており，対象児の特性に合わせた指導がたいせつである。書字指導においても，視知覚能力を個別に評価する必要がある。

1節　知覚

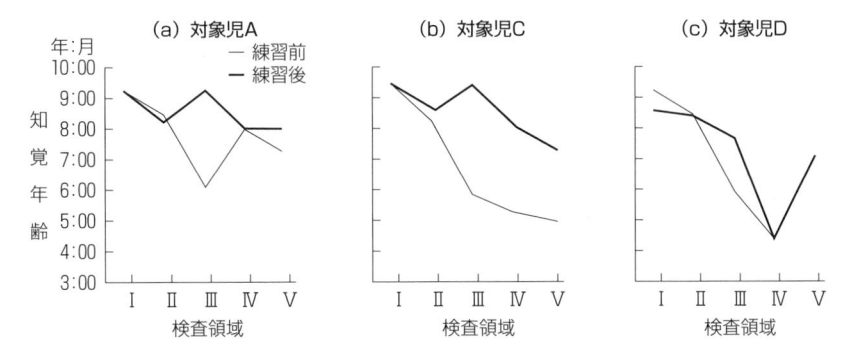

●図 2-1-9　視知覚課題の反復練習にともなうプロフィールの改善 (四日市, 1992より作成)
　細線は練習前, 実線は練習後を示した。対象児 A と C では練習後に, 知覚年齢の増加が認められた。

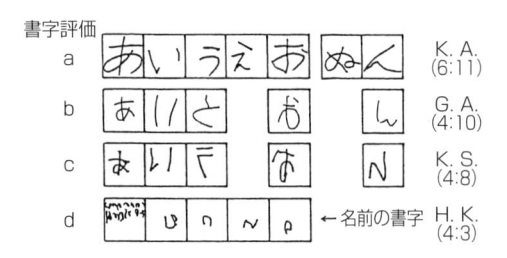

●図 2-1-10　書字の評価段階とその例 (三塚, 1994より作成)
　書字の評価は a～d の4段階で行った。d の段階の者は, 自分の名前を書くことも困難であった。

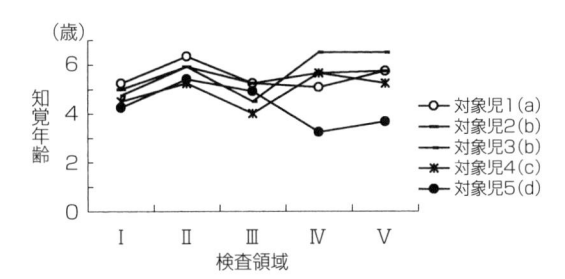

●図 2-1-11　対象児5例のプロフィールの重ね書き
　　　　　　　　　　　　　　　　(三塚, 1994より作成)
　生活年齢が4歳～5歳台の健常児について, 重ね書きを示した。( ) の中は書字評価を示した。書字が困難な者は黒丸, ひらがなの書字が90％以上可能であった者は白丸で示した。

統計的な有意差

コラム2

　心理学では，しばしば，2つの集団のあいだの得点差を「差」として指摘してよいか，決めることが求められる。その差が小さなものであれば，測定に伴う誤差である可能性がある。もう1度測定した場合に，わずかな差は観測できないことも予想される。では，どのくらい大きな差が観察できたら，「意味のある差」として結論してよいのだろうか。

　例として，1年生の男の子と女の子で，身長に差があるかどうか考えよう。この場合，全国の1年生全員（母集団）の身長を測定することはできないので，男子と女子の各母集団からそれぞれの標本を抽出し，標本について平均身長を計算するだろう。この平均身長の差に意味があると結論するには，どうしたらよいだろう。

　統計学では，「2つの母集団の間に差がない」という仮説（帰無仮説）をたてて，この仮説を捨ててよいと判断できるか検討する（捨てるということは「差がある」と判断することである）。100%確実な判断はないので，判断する際には，誤る確率を考慮に入れる。誤った判断が生じる確率は危険率とよばれる。容認される危険率は，一般的には5％ないしは1％で，有意水準とよぶ。論文で「その差は5％水準で有意であった」と記述されていた場合には，「帰無仮説を棄却して差があるという判断をするが，5％の確率で誤る可能性がある」ということを意味している。どのようにして検定を行うのだろうか。理解しておくべき事項がいくつかある（市原，1990）。

① 正規分布が与えられ，平均と標準偏差がわかると，得点の値の範囲に応じて得点の出現する確率を計算することができる。得点の範囲を指定する際には，平均（標本平均）と標準偏差を用いる。

② 母集団が正規分布を示すことを仮定しよう。標本を抽出して，その平均（標本平均）と標準偏差を算出する。仮にこの標本抽出を多数回反復し，標本平均の分布（標本分布）を作った場合には，その分布も正規分布となる（母集団の分布が正規分布からはずれていても標本分布は正規分布に近似することが知られている）。

③ 2つの母集団から2つの標本をそれぞれ抽出し，その標本平均の差$\bar{x}_1-\bar{x}_2$を計算することを考えよう。②と同じようにして，差$\bar{x}_1-\bar{x}_2$についての標本分布を作った場合，とくに標本を十分大きくした場合には，分布は正規分布を示すことが知られている。

④ この正規分布の平均と標準偏差は，観察した標本と帰無仮説から推測できる（2つの母集団の平均と標準偏差をそれぞれ，μ_1，μ_2とσ_1，σ_2とすると，標本平均の差$\bar{x}_1-\bar{x}_2$について，標準化された理論分布を導き出すことができる。ここでσ_1，σ_2が既知の場合には標準正規分布となり，未知の場合にはt分布となる）。

⑤ 現在観察した「差」が，標本平均の差$\bar{x}_1-\bar{x}_2$の分布のどこに位置しているのかを調べることで，どのくらいの確率で生じたものなのかを推測できる。「帰無仮説のもとでは，100回中5回以下とまれにしか生じないはずのことが，実際に観察できた。これは帰無仮説に無理があるので，棄却しよう。ただし，棄却するという判断が誤る確率は5％ある（まれなことが実際に起こり，帰無仮説が正しい可能性は5％あるので，これを捨てるという判断は危険率5％となる）」という考えをしている。

　上述の検定では，母集団の分布について特別の仮定をおいている。分布に基づく検定をパラメトリック検定という。しかし，分布について仮定できない場合がある。このような場合

の検定を，ノン・パラメトリック検定とよぶ。ノン・パラメトリック検定でよく用いられる検定にカイ2乗検定があげられる。これは2群間での比率の差の検定に用いられる。

　知的障害の心理学においては，しばしば，知的障害児群と健常児群との間で得点の差を検定し，その結果に基づいて，母集団としての知的障害児と健常児との間で，成績に相違があることを結論づける研究が行われてきた。このような手法に対して，方法上の問題が提起されている。すなわち，多くの研究では，対象とする知的障害児群は，母集団からランダムに抽出して設定したものでなく，ひとつの学校や学級をたまたま選んだ場合が多いので，サンプリングの原則が満たされていないことが指摘された。これに対して，1事例を対象としABAデザインなどを用いて，条件設定の効果を検討する研究方法があり，その有効性が指摘された。。

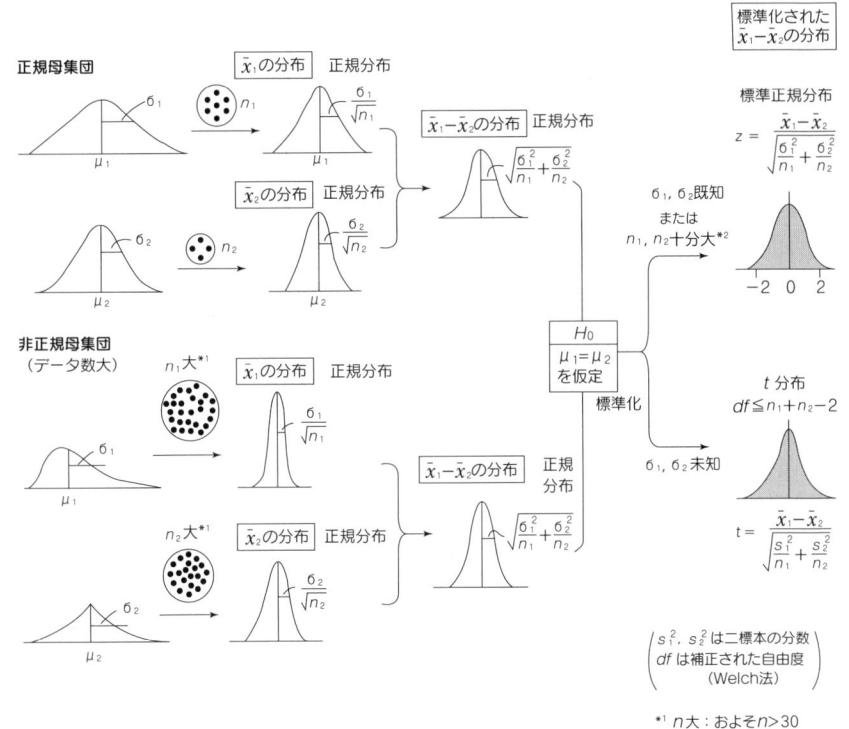

図A　異なる2つの母集団の平均の差を検定する方法（市原，1990）
　異なる正規母集団からの2標本について，その平均値の差は正規分布を示す（上段）。また，非正規母集団でもデータ数が大のときには，$\bar{x}_1-\bar{x}_2$は正規分布を示す（下段）。この特徴と，帰無仮説に基づき，検定を行う。

＊市原清志　1990　バイオサイエンスの統計学―正しく活用するための実践理論　南江堂

2節　学習

　学習とは，経験による比較的持続的な行動変容であるとされている。知的障害児の教育では，社会参加のうえで必要な行動を獲得することが課題となるので，行動変容について多くの研究がなされた。代表的な学習理論として，古典的条件づけとオペラント条件づけがあげられる。

　古典的条件づけは，無条件刺激によって喚起される反応（無条件反応，たとえば食物に対する唾液の分泌反応）について，学習経過を説明する。オペラント条件づけは，自発的な行動の出現傾向が，後続する強化刺激によって変化することを説明する。オペラント条件づけでは，特定の刺激（弁別刺激）のもとで行動を自発すると，強化が与えられる（**三項随伴性**：図2-2-1）。そして，学習が成立すると，弁別刺激の呈示下で行動の出現率が高くなるという，**刺激性制御**がなされる。オペラント条件づけによって説明される行動変容の範囲は広く，その手続きは応用行動分析学として知られている。この節ではオペラント条件づけと応用行動分析学を中心として，学習をみていこう。

古典的
条件づけ
⇒コラム

オペラント
条件づけ
応用行動分
析学
⇒コラム

　学習には，刺激－反応の学習と刺激クラスの学習の2つの種類の様式がある。刺激－反応の学習の結果，特定の刺激のもとで反応が生起するようになり，スキル行動（買い物や道路の横断，料理など）の形成がなされる。学習には，反応が分化していく（**弁別性分化**）場合と，同じ結果をもたらす複数の反応（等価な**反応クラス**）が形成される場合とがある。

　刺激クラスの学習では，刺激と刺激の関係が学習される。ここでは，物理的に異なるが，同じ刺激として機能する刺激の関係が，複数学習される（等価な刺激クラス）。代表的な課題では，特定の見本刺激に対して，特定の刺激を選択することを学習し（**条件性弁別**）この関係が複数の刺激に及ぶ。この学習には，シンボル記号の学習（絵カードに対する文字の選択や読みの形成，コミュニケーション・ボードの学習）が含まれる。

　以下，刺激－反応の学習と刺激クラスの学習の2側面について，知的障害における学習の特徴を論じよう。

1　刺激－反応の学習

　行動変容が重要な課題となる場面としては，生活スキルの形成や問題行動の

2節 学習

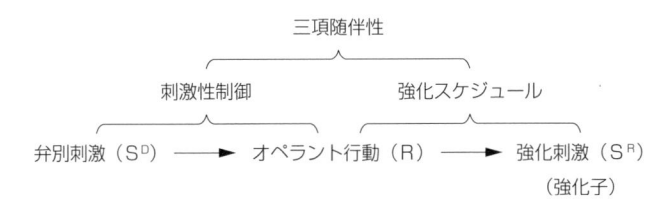

$$\underbrace{\underbrace{弁別刺激（S^D） \longrightarrow オペラント行動（R）}_{刺激性制御} \underbrace{\longrightarrow 強化刺激（S^R）}_{強化スケジュール}}_{三項随伴性}$$

（強化子）

●図2-2-1　三項随伴性（藤原，1997）

弁別刺激，オペラント行動，強化刺激の三者の関係は，三項随伴性とよばれる。

◆表2-2-1　指導の手続き（井上ら，1994より作成）

指導は週2～3回，家庭で行った。カード使用訓練に続いて，訓練しなかった料理への般化を評価した。訓練しない料理については，ビデオ・マニュアル（料理カードの内容と，出演者がカードをめくって料理をしているところが撮影されたマニュアル）を作成した。

指導は，ベースライン，料理カード使用訓練（直接訓練），プローブ，ビデオ・マニュアル訓練，プローブ，維持評価の各期間から構成された。プローブ期は，カードを見て料理する行動が定着したかどうか評価する期間である。ビデオ・マニュアル訓練では，各料理の教材ビデオを2回通して見たあとに，カードをめくるステップのシーンでビデオを停止し，カードの指示を読ませたあと，質問を行った。

		直接訓練した料理	直接訓練しない料理
1	ベースライン1	材料と器具を机において，「料理を作っていいよ」と指示をした。	材料と器具を机において，「料理を作っていいよ」と指示をした。
2	ベースライン2	料理カードと材料，器具を机において指示をした。	料理カードと材料，器具を机において指示をした。
3	カード使用訓練（直接訓練）	カードを見て，料理ステップを遂行する行動を訓練した。賞賛と訂正，開始の促しを与えた。	
4	プローブ	カードがある条件で，カードを参照する行動の定着を評価した。	カードがある条件で，カードを参照する行動が，訓練しなかった料理で般化しているか評価した。
5	ビデオ・マニュアル		ビデオを見せたあとに，ステップごとにビデオを停止させ，対象児にビデオのモデルが次に何を行うか質問した。3回連続正答した場合に，訓練を終了。
6	プローブ		カードがある条件で，カードを参照する行動の定着を評価した。
7	維持評価	カード訓練の3か月後にプローブと同様の手続きで維持を評価した。	カード訓練の3か月後にプローブと同様な手続きで維持を評価した。

◆**三項随伴性**（→p.34）　オペラント条件づけ理論は，自発的行動の学習経過を説明する。3項随伴性とは，特定の刺激（弁別刺激）のもとで行動を自発すると，強化が与えられるという関係をさしている。

軽減があげられる。自立的生活を行ううえで有用な行動の形成は，適切な**プロンプトと環境設定**によって可能になることが示されてきた。

行動形成⦿
技法
⇒コラム

井上ら（1994）は料理スキルについて検討した。スキル獲得のプロンプトとしては，料理カードとビデオを用いた。対象は1人の自閉症児（MA 7歳，CA 12歳）とし，指導プログラムを作成した（表2-2-1）。直接訓練する料理（「ヤキソバ」）と，直接訓練しない料理（「白玉ポンチ」や「スパゲティ」など）を選び，指導する料理について課題分析を行い，料理ステップを決めた（表2-2-2）。そして各ステップに対応させて料理カードを1枚ずつ作成した。訓練の標的行動は，料理カードをめくってカードの指示を読み，指示内容を遂行することであった。直接訓練では，訓練者は，正しい行動については賞賛を行った。まちがった行動をした場合には，5秒間待っても次の行動に移らない場合に，指さしや教示によって訂正や行動の開始を促した。その手がかりは徐々に少なくされ，一人で料理できるまで続けられた。

遂行した料理のステップの総数と，カードを見る行動（カード参照行動）の生起について，達成率と生起率を検討した結果（図2-2-2），「ヤキソバ」では，カード使用訓練期において，料理ステップの達成率とカード参照行動の生起率は増加した。この特徴は，**プローブ期**と維持評価期でみられた。訓練しない「白玉ポンチ」と「スパゲティ」では，ビデオ・マニュアル訓練後に，料理ステップの達成率とカード参照行動の生起率が増加した。これより，カードを使用して料理することは般化したことが確認された。中・軽度知的障害者を対象として，実際の料理教室で指導パッケージを適用したところ，この指導パッケージは料理教室という集団場面でも効果的であることが示された。

指導場面は，行動成立に必要な環境設定を探すのに役立ち，発見された環境設定を現実の社会環境に要請することがたいせつであると指摘された（望月，1997）。

2　刺激クラスの学習

刺激クラスの学習をとおして，物理的に異なる刺激が，同じ刺激として機能するようになる。等価な刺激クラスの形成を説明する理論には，内的な媒介過程を仮定する立場と，仮定しない立場とがある。

媒介過程は弁別学習課題により，主として検討された。弁別学習では，適切

◆表 2-2-2　料理の課題分析の例 (井上ら，1994より作成)

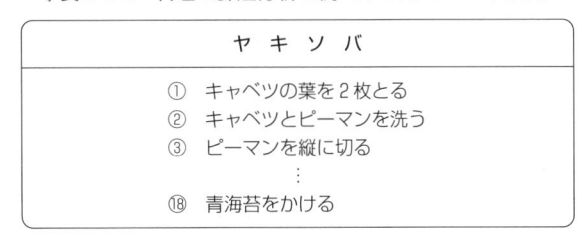

ヤキソバ
① キャベツの葉を2枚とる
② キャベツとピーマンを洗う
③ ピーマンを縦に切る
⋮
⑱ 青海苔をかける

課題分析のステップごとに料理カードが1枚ずつ作られた。

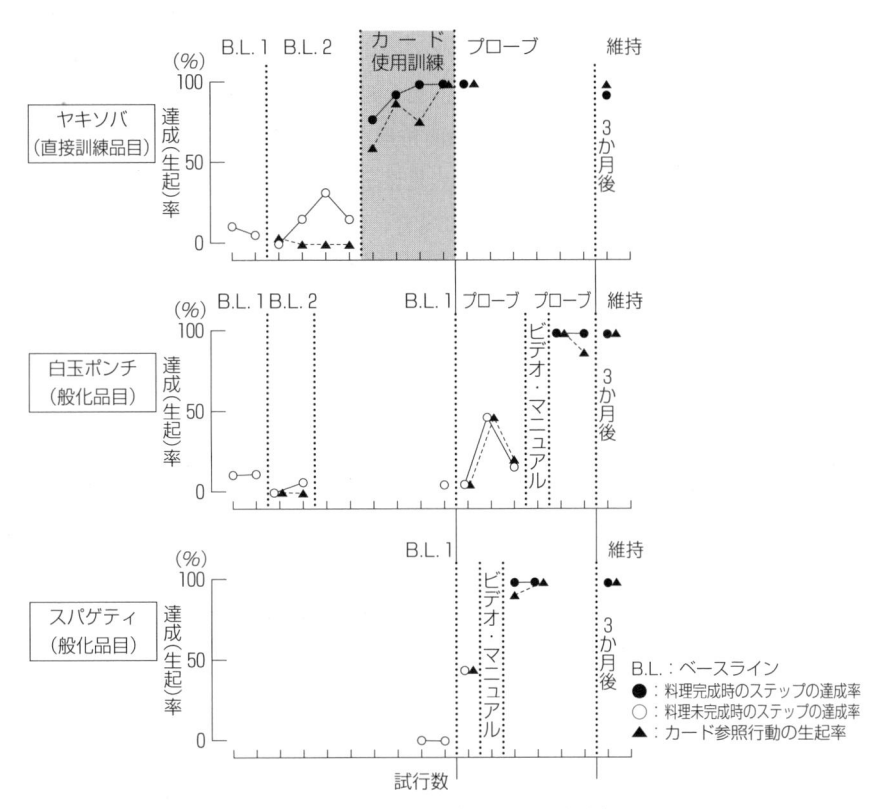

●図 2-2-2　料理ステップとカード参照行動の達成率 (井上ら，1994)
　直接訓練をした料理「ヤキソバ」の結果と訓練しない料理「白玉ポンチ」「スパゲティ」の結果を示した。縦軸は達成（生起）率，横軸は試行経過を表した。ベースライン1とベースライン2では料理は未完成であり，料理ステップの達成率（丸）は低かった。カード使用訓練期にはステップの達成率が増加し，カード参照行動の生起率（三角）も増加した。

B.L.：ベースライン
●：料理完成時のステップの達成率
○：料理未完成時のステップの達成率
▲：カード参照行動の生起率

◆**刺激性制御**　(→p.34)　　古典的条件づけでは，学習が成立すると，特定の刺激が反応を喚起するようになり，新しい刺激－反応関係が形成される。それに対して，オペラント条件づけでは，刺激性制御が成立する。刺激性制御とは弁別刺激による制御であり，特定の行動の出現傾向が，特定の弁別刺激の呈示下で高くなることを意味する。

次元の学習をとおして，等価な刺激クラスを形成する。他方，**見本合わせ**（サンプルマッチング）**課題**（図2-2-3）を用いることで，刺激クラスの形成が，音声言語をもたない対象者で可能なことがわかった。両課題とも，知的障害の学習プロセスを考えるうえで重要である。

（1）弁別学習課題

弁別学習は先行学習と移行学習から構成される。

① **先行学習**　はじめに2個ないし3個の刺激が呈示され，対象児はいずれかを選択するよう求められる。学習試行の初期では，どれが正刺激かわからないが，訓練試行では，反応に対して選択的強化を受けることによって正刺激を弁別できるようになる。刺激としては，色と形などの次元を組み合わせたものが用いられる（たとえば赤い丸と緑の四角形）。正刺激は実験者によって決められ対象児には知らされない。正刺激の属性を含む次元は適切次元とよばれる（たとえば四角形が正刺激の属性である場合には形が適切次元）。

② **移行学習**　対象児には知らせないで正反応の基準を変化させ，対象児が再学習するまでの経過を検討する。媒介過程は，移行学習をとおして推測できる。移行のさせ方には，逆転移行（適切次元のなかで正刺激を変える；たとえば「大きさ」の次元のなかで，正刺激を「大きい」刺激から「小さい」刺激に変える）と非逆転移行（適切次元の変更を行う；たとえば「大きさ」の次元を「色」の次元に変える）の2種類ある。先行学習で，「大きさ」という言語媒介を対象児が用いた場合には，移行学習では，逆転移行のほうが非逆転移行より容易になる。

ケンドラーら（1959）は健常児に逆転移行学習と非逆転移行学習（図2-2-4）を行い，刺激-反応の連合に基づく学習様式が優位な段階から，適切次元についての言語媒介が優位な段階（非逆転より逆転学習が容易）へ移行する年齢は4歳〜6歳であることを見いだした。

サンダースとヒール（1965）は平均CA 9歳の健常児と平均MA 9歳の知的障害児（平均IQ 70）について，色と形の2次元の弁別移行学習により検討を行い（図2-2-5），健常児では，逆転移行のほうが非逆転移行より容易であることを指摘した。一方，知的障害児では，両移行学習の困難度の間に差はなかった。このことは，健常児では，言語媒介を利用していることを示し，また知

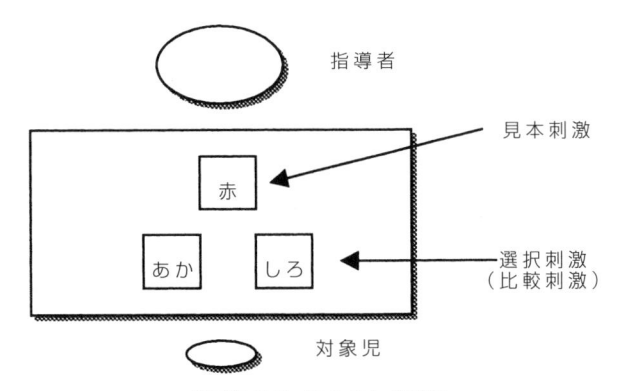

●図 2-2-3　**見本合わせ課題**

　見本合わせ課題では，対象児の前に 2 個ないし 3 個の選択刺激（比較刺激ともいう）が置かれる。指導者が見本（サンプル）刺激を呈示すると，対象児は，それに対して 1 つの選択刺激を選ぶ。選んだ刺激が正答である場合には，賞賛などの強化が与えられる。この課題では，見本刺激 a に対する選択刺激 b のマッチング（a→b と表示）を形成する。

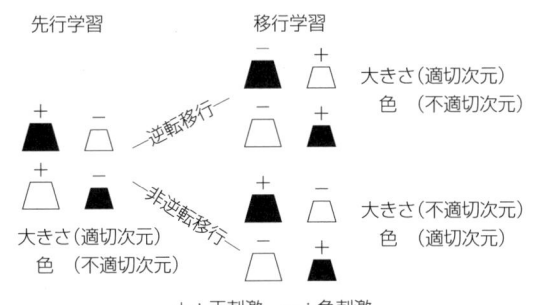

●図 2-2-4　**逆転移行と非逆転移行の課題例**（ケンドラーら，1959）

　先行学習では，大きさが適切次元で「大きな」形が正刺激とされた。逆転学習では，適切次元は大きさのままであり，正刺激は「小さな」形の刺激とされた。もし対象者が，言語的媒介によらないで，刺激―反応の連合に基づく学習をしていたならば，逆転移行では，改めて 2 種の連合を再学習しなければならない。しかし，非逆転移行では，「小さな」黒い形だけを改めて学習すればよいので，非逆転移行のほうが容易であることが推測できる。

◆**弁別性分化と条件性弁別**　(→p.34)　　弁別性分化とは，弁別刺激のもとでの反応を強化することで，反応が分化すること（弁別刺激―分化反応ということから，刺激―反応型である）。コミュニケーション行動では，特定の刺激や状況に応じて，特定の反応をする（反応を分化する）ようになること。それに対して，条件性弁別とは，刺激弁別のひとつであり，弁別を行って選択反応する際に，その反応が特定の刺激を選択する場合をいう（弁別刺激―選択刺激ということから，刺激―刺激型である）。コミュニケーション行動では，特定の刺激や状況に応じて，選択肢の中から，特定の刺激や記号を選択するようになること。学習事態としては，見本合わせ課題（見本刺激に対応した，選択刺激の選択）が相当する。

◆**反応クラス**　(→p.34)　　共通の後続刺激や強化をもたらす反応の集合。反応の形が異なっても，同じ反応クラスを構成する。

的障害児では，言語媒介が関与していないことを示すと解釈された。

　ジーマンとハウス（1963）は，知的障害児の弁別学習の特性が，言語媒介でないことを指摘した。彼らは，弁別学習過程における2段階のプロセス——①課題刺激中の適切次元に対して選択的に注意し観察するプロセスと，②次元内の手がかり刺激のうちの正しい刺激に対して反応を連合するプロセス——を指摘した。ここで適切次元に対して選択的な注意反応を喚起し，維持できなければ，学習は困難になる。ジーマンらは，知的障害児・者における**選択的注意の障害（注意説）**を指摘した。ハウスとジーマン（1962）は，知的障害児（平均IQ 50，平均MA 6歳）を対象とし，逆向性学習曲線（図2-2-6）の検討から注意説を示した。

（2）見本合わせ課題

　見本合わせ課題では，見本刺激（指導者側）と選択刺激（対象児側に2個〜3個）が呈示される。対象児は，学習試行の初期では，どれが正しい選択刺激かわからないが，選択に対して正の強化を受けることで，正刺激のマッチングを学習する。見本刺激と選択刺激との間に物理的類似性がない場合でも，学習が成立する。スモールステップで学習を支援する方法が，詳細に検討されてきた。シドマン（1971）は，小頭症で重度の知的障害者を対象とし検討を行った。対象者は，聴覚的に呈示された単語に対して絵を選択（聴覚的単語→絵）することができた。また絵の命名ができた（絵→発語）。聴覚的単語に対して，印刷された文字をマッチング（聴覚的単語→文字）させることが訓練された。その結果，訓練にともない，文字→絵，文字→発語が派生的に形成されたことを報告した。図2-2-7は，マッチング操作の関係をダイアグラムで表したものである。

　シドマンら（1989）は，マッチングの訓練の後に，派生的関係にある操作が学習しやすくなる現象を明らかにし，派生的関係について定式化を行い（表2-2-3），これらの条件が成立した場合の刺激−刺激関係を，**刺激等価性**とよんだ。機能的等価性は，異なった刺激が等しく反応を制御することとして定義される。したがって，機能的等価性が成立しても刺激等価性が成立しない場合がある。一方，刺激等価性が成立した場合には，機能的等価性は成立する。刺激等価性は少ない訓練機会で，多くの刺激間関係の拡張を可能にするので，機能

> 見本合わ
> 課題の支
> 方法
> ⇒コラム

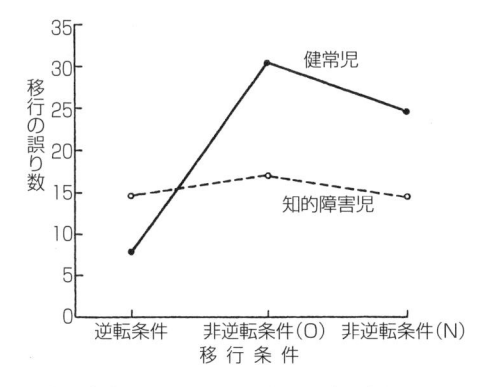

縦軸は移行学習での誤反応数を示した。横軸は、移行条件を示した。(O)は、移行前に不適切次元で用いられた刺激についての結果。(N)は、移行前の不適切次元に属するが、用いられていない新しい刺激についての結果。CA 8歳の健常児では、逆転移行学習より、非逆転移行学習での誤りが多いことが指摘できる。このことは、健常児では、言語媒介のために非逆転移行学習が困難になることを示している。MA 8歳の知的障害児（IQ 70）では異なる特徴がみられ、健常児とは異なり、言語媒介によらない学習経過であることが指摘できる。

●図 2-2-5　逆転条件と非逆転移行条件における誤反応数（サンダースとヒール、1965）

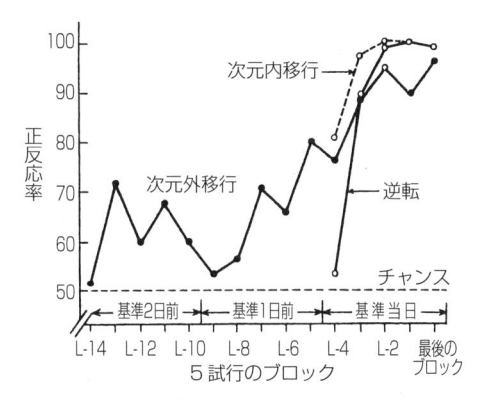

縦軸は正反応率を示した。次元内移行と次元外移行は、先行学習と異なる刺激で非逆転移行学習を行う。次元内移行の適切次元は、先行学習の適切次元と同じであった。次元外移行の適切次元は、先行学習と異なった。逆向性学習曲線とは、学習達成時点を右端にそろえて表示した学習曲線である。各条件で試行の最後の5ブロックの学習曲線はよく類似した。注意成立後の学習経過は類似するが、各条件で、適切次元に注意するまでのプロセスが異なり、次元外移行では試行を要することがわかる。

●図 2-2-6　移行学習における逆向性学習曲線（ハウスとジーマン、1962）

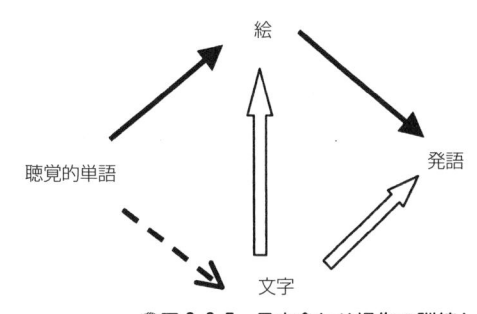

実線矢印は獲得していた操作、点線矢印は訓練した操作、白抜き矢印は形成された操作を示す。矢元は見本刺激、矢先は選択刺激を示した。

●図 2-2-7　見本合わせ操作の訓練と派生関係（シドマン、1971）

◆プロンプト　(→p.36)　　指導目標とする行動の出現がとぼしい場合には、行動出現を促がす必要がある。そのために与える付加的な手がかり刺激をプロンプトという。自発的行動を形成するためには、プロンプトを徐々に少なくしていく。

的に等価な刺激クラスの効率的生成に関与すると考えられている（山本，1992；坂上ら，1994）。とくに，音声表出が困難な障害児・者において，認知や言語機能の効率的な形成を可能にすると考えられている（小島，1999）。見本合わせ課題は本来，視覚刺激の間のマッチングについて当てはまる。音声に関しては，刺激と反応が不可分な関係にあるので，音声反応を，表出による聴覚刺激のマッチングととらえ，視覚刺激を含めた刺激等価性の枠組みに入れる研究もなされてきている（山崎，1996）。

◇発達支援の視点◇
（1）刺激－反応の学習

　知的障害児・者では，しばしば激しいかんしゃくや自傷などの問題行動が，学習機会を阻害する。そのため，問題行動を取り除くことが課題となってきた。近年，問題行動のもつ機能に着目し，その機能に応じた対処がとられるようになった。平澤と藤原（1997）は，①注目の獲得，②嫌悪事態からの逃避，③物や活動の獲得，④自己刺激機能の4つを問題行動の機能として指摘した。問題行動と等価な機能をもつコミュニケーション行動を代替行動として確立させる指導（機能的コミュニケーション指導）を行うことで，問題行動によって得ていた機能が満たされ，問題行動の減少が予想される。

　ここでは，つば吐き，教材かじり，奇声等の問題行動を示した重度知的障害児（CA 9歳，音声言語は未表出，語彙年齢4歳）について論じる（平澤と藤原，1995）。対象児の問題行動の機能分析は，デュランド（1990）の動機づけ査定尺度により評価し，学習場面での観察を行った。動機づけ査定尺度（表2-2-4）より，つば吐きや教材かじりは，嫌悪事態からの逃避機能をもつことが，対象児の苦手な引き算課題の観察結果から確認できた。対象児は，自力では解決できない課題（嫌悪事態）に直面したとき，問題行動を起こし課題を中断すると考えられた。そこで指導の標的行動として，ひらがなで書かれた「おしえて」カードを指導者に呈示する行動が選ばれた。課題としては，絵カードを見てその名称をひらがなで書字することとした。

　「おしえて」カードの使用率と問題行動の生起率について検討した結果（図2-2-8），ステップ1と2において「おしえて」カードを指導者に呈示する行動の生起率が高くなるのに伴い，問題行動の生起率が低下したことが指摘できる。

◆**表 2-2-3　刺激等価性を構成する操作**（シドマンら，1989）

反射律，対称律，推移律が成立したとき，A，B，C の刺激クラスには刺激等価性が成立したという。

反射律	A→A が同一見本合わせで成立したあとに，B→B，C→C が成立した場合，反射律が成立したという。
対称律	A→B の訓練をした後に，B→A が成立した場合，対称律が成立したという。
推移律	A→B，B→C の訓練をした後に，A→C が成立した場合，推移律が成立したという。

◆**表 2-2-4　動機づけ査定尺度**（MAS 評定の結果）（平澤と藤原，1997）

問題行動	各機能の平均点				推定される機能
	注目	逃避	物	感覚	
つば吐き	2.8	<u>4.5</u>	0.0	1.5	嫌悪事態からの逃避
教材かじり	3.5	<u>4.5</u>	1.5	1.5	嫌悪事態からの逃避
奇　声	0.8	1.8	0.5	<u>2.3</u>	自己刺激，逃避

数値の下線は相対順位が1位の機能を示す。

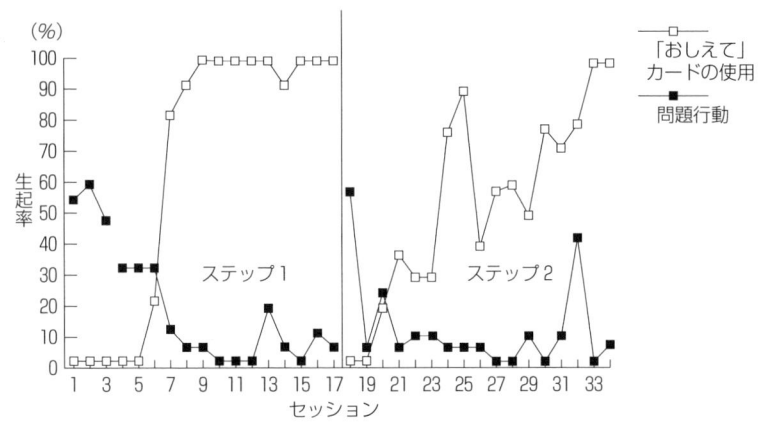

ステップ1：ボード上の「おしえて」カードを指さす
ステップ2：「おしえて」カードを自分で持ち指導者に示しながら指さす
課　　題：絵カードの名称を書く15試行

◉**図 2-2-8　「おしえて」カードの使用率と問題行動の生起率の推移**
（平澤と藤原，1995より作成）

縦軸は生起率，横軸はセッションの経過を示した。15枚のカードによる書字課題（対象児にとって，5枚は困難なカード，10枚は容易なカードであった）を1セッションとした。課題は絵カードの名称を書く課題であった。第1〜3セッションと第18セッションはベースラインであった。ステップ1では，ボード上の「おしえて」カードの指さしが指導された。ステップ2では，カードを自分で持ち，指導者に向けて呈示しながら指さすことが指導された。困難なカードの場合に，指導者が「対象児の手を取る」という身体プロンプトにより，カードを呈示することを指導した。

◆**プローブ**（→p.36, 88）　　行動形成のために，強化を呈示する強化試行を導入するが，対象児にとって強化が効果的であるかどうか確認し，評価する必要がある。そこで，指導期間中に，強化を与えない試行を，短期間導入する。このような強化を与えない試行のことをプローブという。プローブでの行動出現率を，ベースライン期の行動出現率と比較することによって，強化の効果を評価する。

課題場面で支援が与えられない場合には，問題行動によって課題から逃避せざるを得ず，そのことが適切な行動レパートリーの獲得を困難にすると考えられる。問題行動の分析により，必要なコミュニケーション行動の情報が得られることを，平澤と藤原（1997）は指摘している。

（2）刺激クラスの学習

① **弁別学習課題**　知的障害児・者の選択的注意の障害を指摘した研究のなかには，絵カードの分類課題を学習前に訓練した研究がある。その結果，適切次元への観察反応が促進され，弁別学習が改善されたことが報告された。

浜重（1975）は知的障害児（平均IQ65，平均MA7歳，平均CA11歳）を対象とし，弁別学習が達成できなかった者について，カード分類課題の成績を検討した（図2-2-9）。色と形の異なる複数のカードについて，色と形の各々の次元で2とおりの分類を行う課題（形と色の分類）では正答率が低かった。このことから，適切な次元に注意し分類することが困難であったため弁別学習ができなかったと考えられた。そこで弁別学習に先立って，色と形の異なる図形カードを色と形の2とおりで分類できるよう訓練を行った。その結果，対象児のもつ次元偏好性と学習の適切次元とが一致しない条件下の弁別学習でも成績の改善傾向が認められた（図2-2-10）。これより分類訓練は，弁別学習に対して効果があることが指摘できる。松村（1981）はさらに，学習時に適切次元の刺激属性を言語化することで，弁別学習が促進されることを報告した。

② **見本合わせ課題**　見本合わせ課題は知的障害児の文字指導に多く利用されてきた。

鶴巻（1995）は，漢字を読む行動（読字）の獲得を目的とした指導を検討した。刺激材料の漢字は読めないが，刺激材料の絵の命名は可能であった対象児7人（IQ50〜70，CA15歳〜18歳）に，**ABAデザイン**を用いて指導した。漢字と絵についての同一見本合わせは可能であった。指導した漢字は8種類の動物名であった。ベースライン1とベースライン2の各期間では，①読字と絵の命名，②同時見本合わせ課題，③読字と絵の命名の3種の課題が行われた。①と③の課題では，動物の漢字ないしは絵が順次呈示された。②の同時見本合わせ課題では，見本刺激として動物の絵が6秒間呈示され，その後，見本刺激とともにその両側に漢字刺激（いずれかの側の漢字が正答）が6秒間呈示された。

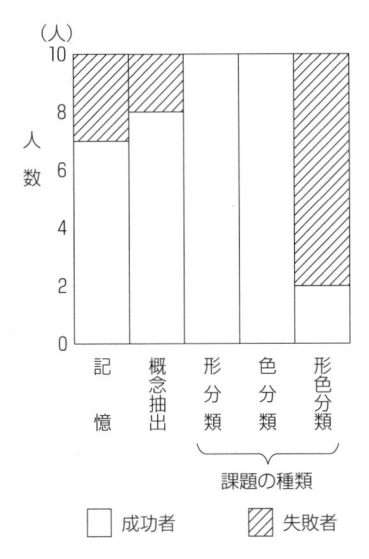

●図 2-2-9　弁別学習が困難であった者での記憶・分類課題の成績 (浜重, 1975)

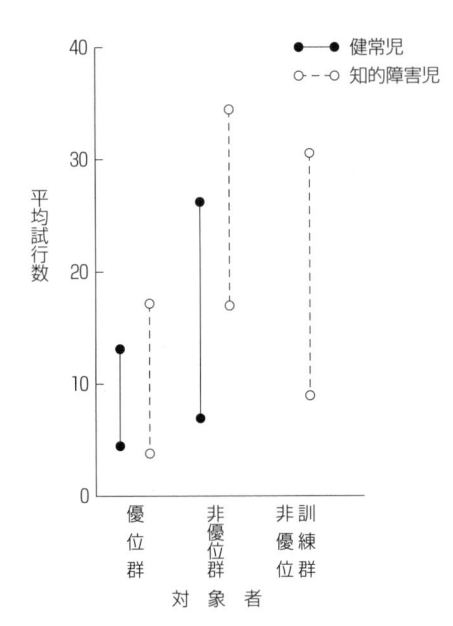

縦軸は人数を示した。横軸は，課題の種類を示した。記憶は，2枚のカード5組の短期記憶課題，概念抽出は，複数枚の絵カードの正答が示され，そこから正しい次元を抽出する課題，分類は，それぞれ，形，色，形と色に基づいて分類する課題であった。形と色に基づく分類課題では成功者が少ないことが指摘できる。

●図 2-2-10　弁別学習の成立までに要する平均試行数 (浜重, 1975)

縦軸は平均試行数。横軸は，対象者を示した。実線は健常児，点線は知的障害児を示した。子どもは色や形のどちらかに注意しやすい傾向があり，次元偏好性として指摘されている。次元偏好性が弁別学習に先立って調べられ，次元偏好性と学習の適切次元が一致した者を優位群，一致しなかった者を非優位群とした。非優位訓練群とは，非優位を示した者について，さらに，弁別学習に先立って，分類訓練が行われた者である。この群では，弁別学習の成立までに要する平均試行数が減少した。

◆見本合わせ（サンプルマッチング）課題（→p.38）　　学習課題の一種である。複数の選択刺激（比較刺激）が学習者の前に置かれる。指導者が見本刺激を呈示し，学習者は，見本刺激にマッチした選択刺激を選ぶ。学習者は，選んだ刺激の内容によって強化を受けることから，学習されるのは，刺激-反応関係ではなくて，刺激-刺激関係である。

対象児は，見本刺激に対応すると判断した漢字刺激を指さしし，その名前を言った。訓練では，②と同じ同時見本合わせ課題が用いられ，正答の場合に強化刺激（丸印とチャイム音）が導入された。フォローアップは①の手続きで行われた。

　図2-2-11は，対象児の有している操作と指導との関連を示す。動物の絵を見て漢字を選択し，指さす行動（絵に対する漢字のマッチング，絵→漢字）の指導をとおして，漢字に対する読字（漢字→読み）の形成を目的としている。絵→読み，絵→漢字，および漢字→読みのマッチング操作は**推移律**を構成していることが指摘できる。さらにマッチング操作の際に読みを行うので，読字を獲得しやすい条件であることが考えられる。

　正反応の生起率を検討した結果，対象児1は，ベースライン1では漢字の読字の正答率は低かったが，訓練期間では見本合わせ（絵→漢字）はほぼ100％の正答率を示し，ベースライン2では漢字の読字の正答率は100％を示した（図2-2-12(a)）。対象児2は訓練で学習達成までに試行を要したが，ベースライン2では漢字の読字の正答率は100％を示した（図2-2-12(b)）。以上から，漢字の読字のような困難な課題でも，刺激等価性を利用した見本合わせ課題の適用は有効であることが指摘できる。

◉以上の研究をまとめると以下のような発達支援の視点が指摘できる。
・新しい行動の形成に際して，刺激－反応の学習か，刺激クラスの学習なのか，あらかじめ考えておく必要がある。
・生活に必要なスキルの形成にあたっては，実用的なプロンプトを用い，スキル般化が望まれるプログラムを選ぶことがたいせつである。
・問題行動の軽減にあたっては，機能的コミュニケーション指導が有効である。
・複数の学習手がかりを呈示した場合に，そのひとつに注意を向けることが困難になることがある。その際，あらかじめ刺激材料の分類訓練をしたり，学習時にその刺激の属性を言語化させることは，効果的である。
・シンボル記号の形成に関しては，刺激等価性を利用した見本合わせ課題によるアプローチが有効である。その際，対象児の特性を考慮して，シンボル記号を用いることが重要であろう。

◆**選択的注意の障害（注意説）**　（→p.40, 130）　知的障害における学習困難を説明する説のひとつ。知的障害児は，弁別学習で，刺激の属性のうち正反応に関連した適切次元に対して選択的に注意を向けることが困難である。そのために，弁別学習が遅いことを主張する。

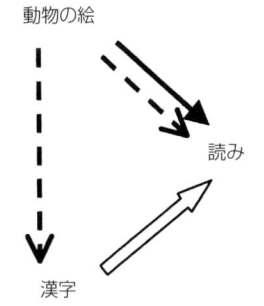

2節　学習

●図2-2-11　対象児の有している操作と指導との関連（鶴巻，1995より作成）

対象児は絵→読みのマッチング（実線矢印）が可能であった。絵→漢字（点線矢印）が指導された。標的操作の漢字→読み（白抜き矢印）のマッチングを含めると，3種の操作は推移律を構成していることが指摘できる。

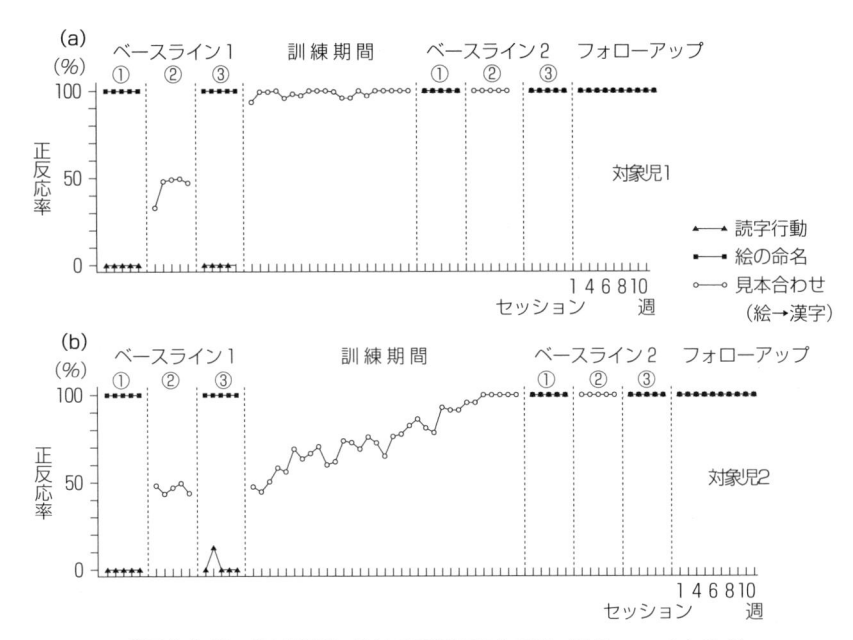

●図2-2-12　各被験児における正反応の生起率（鶴巻，1995より作成）
　ベースライン1，訓練期間，ベースライン2，フォローアップにおける正反応の生起率を示した。図中の三角は漢字の読字行動，四角は絵の命名，白丸は見本合わせについて示している。両被験者では，ベースライン1では，漢字の読字行動の生起率は低いが，ベースライン2で高くなった。

◆**刺激等価性**　（→p.40, 106）　　見本合わせ課題の学習において，訓練のあとに，推移律，対称律の関係にある操作について，学習が成立しやすくなること。刺激等価性は少ない訓練機会で，多くの刺激間関係の拡張を可能にするので，機能的に等価な刺激クラスの効率的生成に関与すると考えられている。

◆**ABAデザイン**　（→p.18, 44）　　行動分析学で用いられる研究デザイン。支援前（A）の行動ベースライン，（B）の行動出現率，支援後（A）の行動ベースラインを測定する。支援前と支援後の比較に基づき，支援効果を評価する。

古典的条件づけ

コラム3

　古典的条件づけは，パブロフ（Pavlov, I.P.）により明らかにされた。その条件づけの法則は，人間を含む多くの動物にあてはまる。典型的な手続きについて説明しよう。イヌを防音室に入れ，台につないでおく。生得的な刺激—反応の関係としてイヌは，食物に対する唾液分泌，音に対する聴覚定位反応（耳をそばだてる）を有している。生得的な反射の関係にある刺激と反応を，それぞれ無条件刺激（UCS）と無条件反応（UCR）という。この2種のUCS−UCRの関係を組み合わせて呈示することによって，新しい刺激—反応関係を形成することができる。すなわち，音と食物を何回か対にして呈示すると，音が唾液を分泌させるようになる。このとき，音は条件刺激（CS）となり，唾液分泌は条件反応（CR）となる。

　図Bは，古典的条件づけの学習曲線をあらわしている。強化試行では，条件刺激と無条件刺激が対呈示される。その後の無強化試行では，条件刺激のみを呈示し，条件反応はしだいに弱まる（消去）。消去の後に，休止期間をおいて条件刺激を呈示すると，条件反応が再び生じる。これを自発的回復という。

　般化（generalization）とは，条件刺激と同一の刺激でなくとも，類似する刺激に対して，同一の反応を起こすことをいう。弁別（discrimination）とは，2種以上の刺激に対して，異なる反応を起こすことをいう。

　古典的条件づけが成立するためには，学習のはじめに，条件刺激に対して定位反応が生じる必要がある。障害が最重度の場合には，定位反応の喚起そのものが困難である。定位反応を喚起した刺激も反復呈示されることで，反応の減少が生じる。この現象は慣化（habituation）とよばれる。慣化のあと，異なる刺激を呈示すると，反応回復が生じる（脱慣化）。慣化と脱慣化が生じる背景には，刺激に関する神経モデルがあることをソコロフは指摘した。図Cは，定位反応の神経モデル仮説を示している（片桐，1975）。新奇な刺激が作用すると，興奮は受容器から特殊路（1）とそこから出る側枝（2）を経て，それぞれ皮質と網様体へ伝わる。増幅系である脳幹網様体は皮質を賦活しながら（4），定位反応を引き起こす（7）。それと同時にモデル形成系である皮質では，網様体からの賦活をうけて覚醒水準が上昇し，反復的に作用しつづける刺激に対するモデル形成が進行する。モデルが形成されると，皮質から網様体への働きかけ（5）はなくなり，網様体への求心性インプットはブロックされ（3），慣れが生じる。しかし刺激が新しい刺激に変化すると，神経モデルと新しい刺激とが一致せず，その結果皮質から網様体へ不一致のインパルスが送られ（5），（3）のブロックも介助され，定位反応（7）が喚起される。

　新奇な刺激に対する注視反応（定位反応）は無条件反応である。特定の刺激に対する注視反応の慣化と，新しい刺激に対する脱慣化を調べることによって，乳児の視覚認知や初期数概念の発達が研究された。

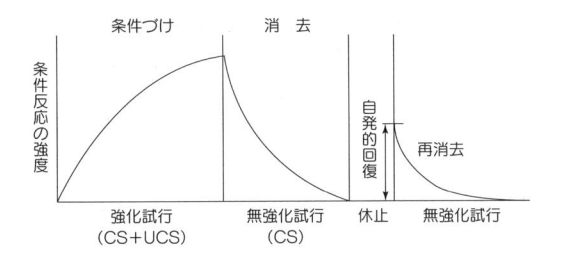

図B　古典的条件づけの学習曲線（キンブルとガルメツィ，1968）
　左側の条件づけの曲線は唾液条件づけに特徴的な負の加速型の学習曲線を表す。次いで，条件刺激のみ与えつづけると条件反応は，負の減速型でしだいに弱まる（消去）。消去ができたあと実験をしばらく休止し，それから条件刺激を再び与えると，条件反応が再度現れる（自発的回復）。

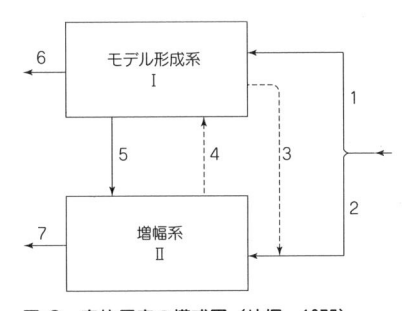

図C　定位反応の模式図（片桐，1975）

Ⅰ：皮質のモデル形成系　　Ⅱ：脳幹網様体の増幅系
1：感覚器官から皮質のモデル形成系への特殊路，2：増幅系たる網様体への側枝，3：特殊路からの側枝と網様体の間のシナップス結合へかかる負のフィードバック，4：増幅系（網様体）からモデル形成系（皮質）への上行性賦活系の投射，5：モデル形成系から増幅系への経路（求心性刺激と神経モデルが一致しない場合，ここをとおって不一致のインパルスが皮質から網様体へ伝達される），6：刺激と神経モデルの一致によっておこる特殊的反応の神経路，7：増幅系の刺激によっておこる非特殊的自律性反応の神経路

＊片桐和雄　1975　定位反射と知能障害（1）定位反射の構造と「神経モデル」仮説　東北大学教育学部研究年報, 23, 213-251.
＊Kimble, G. A. & Garmezy, N. 1968 *Principles of General Psychology*. Ronald.

オペラント条件づけと応用行動分析学

コラム4

　オペラント条件づけでは，自発的な行動の出現傾向が，後続する正の強化刺激によって高まる。条件づけが成立すると，強化を得るための手段ないしは道具として，行動が生起するようになるので，道具的条件づけともよばれる。

　オペラント条件づけは，スキナー（Skinner, B. F.）によって明らかにされた。学習実験で用いられる装置は，スキナー・ボックスとよばれる。通常，ボックスの中には，上下に動くレバーが取りつけられており，空腹の白ネズミがスキナー・ボックスに入れられる。白ネズミは，探索行動を起こし，レバーを嗅いだりするが，偶然，レバーを押すことがあるだろう。レバーが押し下げられると，えさが食物皿に与えられる。このえさは，強化となって，白ネズミはえさを取る手段として，レバーを押すようになる。その結果，レバーを押す行動の頻度が増加する。ここで，光刺激を設置し，光がついている間にレバーを押すとえさが与えられるようにすると，光がついている間の，レバー押し行動の頻度が増加する。このようなときに，刺激性制御が成立したという。

　反応の形成にあたっては，強化を与えるスケジュールが重要である。強化を与えない条件で，消去に要する試行数を測定することによって，形成された反応の強さを評価することができる。消去に要する試行数が多い場合には，消去しづらい（消去抵抗が高い）とされた。図Dは，部分強化と消去抵抗の関係を示したものである。学習完成後の20回の無強化試行で測った走行速度を検討すると，強化率の低いほうが，速い速度が維持された。強化のスケジュールには，すべての反応を強化する連続強化と，一部の反応を強化する間欠強化（定間隔，変間隔，定率，変率）とがある。

　オペラント条件づけに基づく行動原理を明らかにするアプローチを行動分析学とよび，その応用分野は，応用行動分析学とよばれる。知的障害児はコミュニケーションに困難を示すが，コミュニケーション行動の形成に応用行動分析学が用いられ，成果をあげてきている。

　スキナーは，言語行動を，言語共同体の成員によって強化され，形成，変容，維持されるオペラント行動として定義している。そのなかでも，要求を表す言語行動であるマンドと，叙述に関連するタクトは，コミュニケーション行動の中心となる。

　図Eは，マンドにおける刺激性制御を示している。「ごはん」「ごはんちょうだい」という反応は，型が異なるが，同じ食事をもたらすので，反応クラスとよばれる。空腹という動因によって刺激性制御される。さらに，目の前の料理や聞き手によって刺激性制御される場合があり，多様な制御が指摘できる。空腹である場合には，「ごはんちょうだい」という要求言語行動を自発しやすいが，料理の有無や，相手の有無で反応の様相は変化する。

　他方，タクトとは，命名行動に代表される。子どもがイヌを見て，「イヌ」と言い，母親が「そうだね」という場合である。実物のイヌが弁別刺激であり，それに刺激性制御されて子どもが命名し，般性強化刺激によって強化を受ける。ここで般性強化刺激とは，さまざまな一次性強化刺激（食物のような強化）や条件性強化刺激と結びつくことで恒常的な強化刺激になった刺激（母親による注目や「そうだね」というような承認）である。質問に対して返答する場合（返答），知識を持たない相手に対して情報を与える場合（報告や告示）からわかるように，社会的場面でタクトは，いろいろな弁別刺激によって刺激性制御される。

　コミュニケーション行動の形成に関して，近年，日常環境場面下で般性強化刺激を用い，

行動の自発場面を利用して指導する「機会利用型指導」がなされるようになった。知的障害は，ともすると特定の弁別刺激によってのみ制御され，般化が困難になる。そのため，日常環境を利用し般化の促進を図ることは重要である。

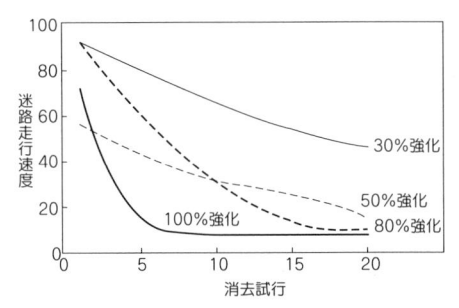

図D　部分強化と消去抵抗の関係（ワインストック，1954）
ネズミに迷路の学習をさせるとき，強化条件として，連続強化と3種の部分強化の条件を設定した。学習完成後，各条件群の迷路走行のスピードを比較した結果，強化率の低い群ほど走行速度は速く，走行速度にみられる消去抵抗は大きかった。

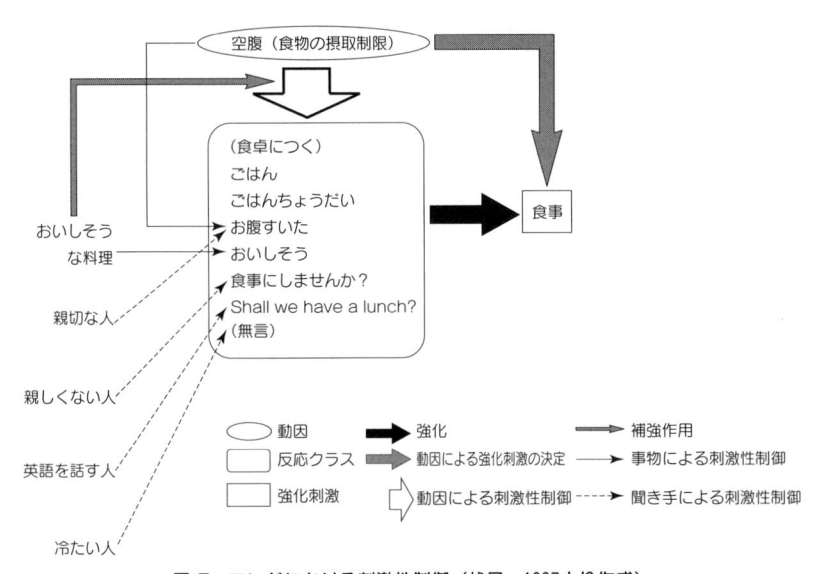

図E　マンドにおける刺激性制御（伏見，1997より作成）

＊伏見貴夫　1997　コミュニケーション行動の機能分析　小林重雄（監修）応用行動分析学入門　学苑社　Pp.40-60.
＊Weinstock, S. 1954 Resistance to extinction following partial reinforcement under widely spaced trials. *Journal of Experimental Psychology*, **47**, 318-323.

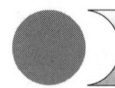

3節　音声言語

　言語は，形式・内容・使用の3つの構成要素から成り立っている（表2-3-1）。言語のどの側面に着目するかによって，言語獲得に関する理論的アプローチは異なる（表2-3-2）。言語の機能としては，コミュニケーション機能，行動調整機能，概念機能の3つの機能があげられる。知的障害においては，言語発達に遅れがみられるが，言語のどの側面を中心とするかによって，アプローチは異なる。

　この節では，知的障害の音声言語の発達に関して従来の知見をみてみよう。言語の3つの機能については，次節以降で論じる。

1　語彙理解と1語文の発話

　健常児では，1語文での語彙理解と1語文の発話がほぼ同じ時期に可能となる。知的障害児では，語彙理解が1語文の発話に先立つことが指摘されており，発話までに長くかかった事例も知られている。

　表2-3-3は，言語発達遅滞を示した者の言語理解と発話の関係を示したものである（小寺ら，1991）。言語理解は，国リハ式〈S-S法〉言語発達遅滞検査により評価した。Ⅰ群はコミュニケーション態度が良好な者，Ⅱ群はコミュニケーション態度が不良な者を示した。この表から，Ⅰ群・Ⅱ群ともに，身振りにより事物を選択できる段階（段階3-1）では，1語文（2音節語）の発話がまだ困難なことがわかる。成人の音声で事物を選択できた者（語彙理解が可能な者，段階3-2）の一部，および2・3語連鎖文の理解が可能な者（段階4-1と4-2）では，1語文の発話が可能であることが指摘できる。

　初診時に発話を示さなかった知的障害児についての指導経過をみると（図2-3-1，小寺ら，1991），コミュニケーション態度が良好であったⅠ群について，1語文発話が可能になった者（黒丸）は，6歳で語彙理解が可能（段階3-2）であったり，7歳で2語連鎖文の理解が可能（段階4-1）であった。コミュニケーション態度が良好でなかったⅡ群について，1語文発話が可能になった者（黒丸）のなかには，10歳で語彙理解が可能（段階3-2）であった者を認めた（段階3-1と3-2の説明は，表2-6-7，p.93を参照）。

聴覚情報処理
⇒コラム

3節　音声言語

◆表2-3-1　言語の構成要素 (バーンスタインとティガーマン，1993より作成)

形　式	音声と意味を伴ったシンボルを結合する言語の構成要素。音声や音声結合に関する規則（音韻論的側面），単語の構成に関する規則（形態論的側面），文の構造に関する規則（統語論的側面）がある。
内　容	意味に関する構成要素であり，単語と単語の間の関係の意味に関する規則（意味論的側面）。
使　用	社会的文脈における言語の使用に関する規則（語用論的側面）。

◆表2-3-2　言語獲得に対するアプローチ (バーンスタインとティガーマン，1993より作成)

行動論的アプローチ	スキナーが主張した。言語（マンドとタクト）は模倣と強化により習得される。大人は，模倣のモデルとして役割を果たすとともに，子どもの発話に選択的に報酬を与え，文法的に容認できる発話を形成していく。
統語論的アプローチ	チョムスキーが提案。子どもは生得的に言語獲得装置（LAD）を有しており，言語獲得装置が活性化され，聞いた言語の文法の使用が可能になる。
意味論的・認知論的アプローチ	ブルームが主張。子どもは自分の知っていることを伝えるための手段として言語を使用する。子どもの言語は意味を写像したものである。子どもが伝える意味は，認知的知識に基づいている。言語獲得のための認知的前提条件が重視される。
語用論的アプローチ	言語発達を社会的発達の枠組みでとらえる。子どもは自分の行動が大人の変化を生じさせることに気づき，意図を伝達することを学習していく。子どもは，大人とコミュニケーションによる相互作用をくり返しながら，コミュニケーション能力を発達させていく。

◆表2-3-3　言語理解と発語の関係 (小寺ら，1991より作成)

理解 ＼ 発語	音声自発 (−)		音声自発 (±)		音声自発 (+)	
	I群	II群	I群	II群	I群	II群
記号形式-指示内容関係　段階4-2以上　3語連鎖			1	1	13	9
段階4-1　2語連鎖	1	1	1	2	6	7
段階3-2　成人語音声	8	10	4	6	4	12
段階3-1　身ぶり，幼児語	4	2	1	1		
段階2	7	31				1*

縦軸は言語理解，横軸は音声自発のレベルを表す。言語理解は〈S-S法〉言語発達遅滞検査に基づいた。言語理解と単語（2音節語）の表出との間の関係が明らかである。

表中の数字は人数を表す。
(+) 絵や実物に対して，2音節語（異音節の組み合わせ）3語以上母音と音節数を正しく自発できる。
(±) 擬声語，語の1部，リズムなどを3語以上自発・模倣できる。
(−) 弁別的な音の産生が困難。
■ 例外を除き，症例がいない範囲。
* エコラリア傾向があり，単語の理解はできないのに，絵の呼称が限られた語で可能になった。

(a) I群　8例
●単語（2音節語）の自発が可能
△語の一部の自発が可能
×語の生産が困難
＊軽度の運動障害
＊＊自閉症が強い

(b) II群　8例

縦軸は言語理解の段階，横軸は年齢を示した。語の生産が困難な者（×）では，成人の音声の理解が可能になった段階（3-2）から音声単語の表出（黒丸）まで時間がかかることが指摘できる。音声単語は2音節語であった。I群はコミュニケーション態度良好な者，II群はコミュニケーション態度が不良な者。

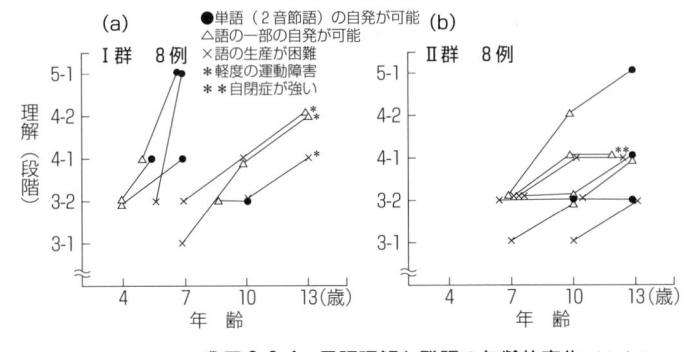

●図2-3-1　言語理解と発語の年齢的変化 (小寺ら，1991)

2　1語文発話の特徴

　知的障害児のなかには，1語文が未表出の者が認められる。知的障害児の1語文発話の特徴についてみてみよう。

　知的障害児の語彙に関する研究として，マインとオコナー（1960）があげられる。彼らは，病院内の知的障害児（MA 3歳〜7歳：平均5歳，平均CA20歳）と健常児（CA 5歳〜6歳半）の語彙量を比較した。知的障害児の平均語彙量が359であるのに対して健常児は273であり，語彙量は知的障害児で多い傾向を示した。しかし，対象児の半数以上の者が共通して使用する語彙が占める割合は，健常児では35％であるのに対して，知的障害児では60％と著しく高かった。このことは，健常児では会話で使用する語彙が個人によって異なるのに対して，知的障害児は生活経験の範囲が狭いために，重要な語彙を共通して使う傾向が高くなったと考えられた。

　二宮（1983）は，知的障害児における語彙量の発達を縦断的に検討し，使用語総数と語彙数が急激に増加する時期の特徴を報告した。

　縦断記録を行った対象児（CA 5歳時点でのIQは69）について，語彙量の増加をみてみると（図2-3-2），使用語総数が急速に増加したが，異なる語彙（異なり語彙）の総数の増加は緩やかであった。このことから，同じ語がくり返し用いられる傾向が指摘できる。2語発話は4歳（C6）以降で6発話しかなく，他はすべて1語発話であった。統辞的な2語発話は1発話のみ（「チェーチェー　エイ（先生いない）」）であった。語彙項目が表す意味を分析してみると（表2-3-4），存在物（「パン」「ブーブー」）が少なかったが，行為的事象についてはかけ声や擬態語を伴うもの（「ヨイショ」「ジャー」）が多かった。これはコミュニケーションの機能をもつ発話は多いが，対象や行為を表す名義的機能をもつ発話が少ないことを示している。模倣発話（指導者や祖母の発話を，時間的に近接してくり返し発話したもの）は，4歳以降増加したことが指摘できる（表2-3-5）。

　1語文の発話が生じると，文の理解が進むことが予想されるが，一定の統辞構造を持った文の理解までには至らないことが示された（天野，1983a）。天野（1983a）は語・文の産出と統辞文の理解との関係を検討した（表2-3-6）。文理解の評価は，検査者が口頭で呈示した文の内容に合わせて，対象児が人形に

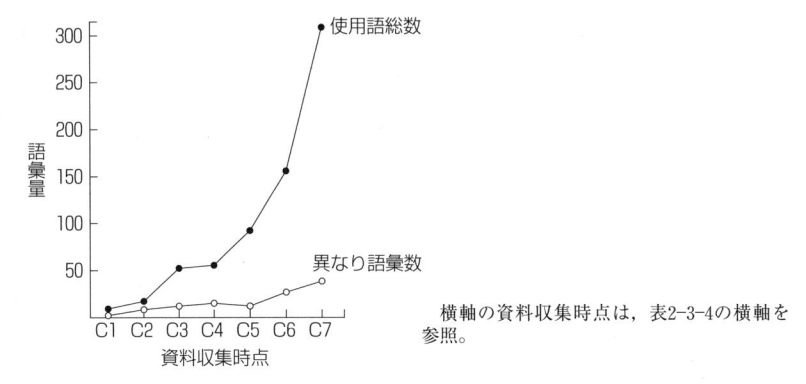

図 2-3-2 語彙量の縦断的変化 (二宮, 1983)

横軸の資料収集時点は、表2-3-4の横軸を参照。

◆表 2-3-4 語彙項目の分類と異なる語彙項目の数 (二宮, 1983)

語彙項目	3歳0か月(C1)	3歳5か月(C2)	3歳7か月(C3)	3歳8か月(C4)	3歳10か月(C5)	4歳0か月(C6)	4歳2か月(C7)	全体
存在物	1	1	4	2	1	5	4	8
行為・行為的事象	1		3	7	5	8	21	33
存在・非存在			1	1	1	2	2	2
属性・性質								
感覚・感情		2	1		1	2	4	7
対人関係		2	2	3	3	8	6	10
場面内指示		1	1	2	1	2	1	4
音を模したもの								
抽象的関係								
存在物と事象の両方に関連								
計	2	7	11	16	12	27	38	64

◆表 2-3-5 自発的模倣発話の分類 (二宮, 1983)

	3歳0か月	3歳5か月	3歳7か月	3歳8か月	3歳10か月	4歳0か月	4歳2か月
単純模倣(大人の発話を即時に反復)	2(4)	2(6)	5(16)	6(11)	7(20)	17(33)	25(88)
再生模倣(大人の発話を,少し時間を置いて反復再生)			1(1)		3(3)	2(3)	
応答模倣(大人の質問に対して,その質問に含まれていた語を用いて応答)				1(3)	1(1)	2(3)	2(3)

数字は異なる模倣発話の数, ( ) の数は, 同一の模倣発話を含めた数

演じさせる方法を用いた。対象児は養護学校小学部の子どもであった。発話困難や1語文の発話段階の者でも，文理解の平均正答率は，Agent（行為者）－Action（行為）（①）が45.8～50.0%，Agent-Object（対象）－Action（③）が44.3～52.8%と高く，文理解が文の産出より良好であることが指摘できる。しかしAgent-Benefit（相手対象）－Object-Action（⑥）のような可逆的な文の理解については，統辞文を産出しない子どもの正答率は5.6～16.7%と低いが，産出した子どもは60%と高かった。これより，統辞文の産出を促す指導が重要であることが指摘できる。

3 統辞文発話の特徴

統辞的2語文の発話の意味論的側面について，大木と池田（1985）は，2語発話初期の動詞述語文を対象として検討した。大木と池田（1985）は，動詞述語文の意味論分析を行った（図2-3-3）。意味論的カテゴリーの例文と説明は表2-3-7に示した。図中の対象児は，健常児2人（CA1歳11か月），知的障害児4人（MA1歳10か月～3歳，CA4歳～9歳）について示した。発話サンプル数の範囲は243～740で，統辞的2語発話の構成比は20.5～61.4%であった。健常児では，「～がどうする」（行為者）という意味関係を示す2語発話が多かった。知的障害児はそのような傾向を示さず，「～がある」（存在主）や「～をどうする」（対象）などの発話を比較的安定して使用した。このことから大木ら（1985）は，健常児では人の行為を早期から集中して表現するのに対して，知的障害児では人以外のものについての表現が多く，行為や人に対する抽象化に困難を示すことを考察した。

統辞文に関する研究としては伊藤（2000）の研究があげられる。伊藤（2000）は，2語発話段階における統語カテゴリーを，知的障害児と健常児について検討した。表2-3-8は，2語発話段階の対象児について，2語発話例を示したものである。伊藤は，知的障害児，健常児ともに2語発話段階では，統語カテゴリーとして語彙カテゴリーN（名詞），V（動詞），A（形容詞）がすでに存在し，P（前置詞または後置詞）が存在しないことを示唆した。また屈折辞および決定詞を含めた分析の結果，2語発話段階の知的障害児と健常児の統語カテゴリーには差がないことを指摘した。このことは，発話初期の知的障害児の統語知識は，健常児と著しく異ならないことを示唆する。

◆表 2-3-6　中度知的障害児の文の産出水準と文の理解（天野，1983a）

数値は，各構文の平均正反応率（%）を示した。発話困難な対象児でも，簡単な文であれば理解の正反応率は高かった。統辞文を産出した対象児では，統辞文の正反応率は高かった。

	文の産出の水準		
	話の理解はあるが発話困難	1語文の産出の段階	統辞文の産出の段階
対象児数	14	18	25
① Agent-Action（カラスが飛んでいる）	45.8	50.0	90.0
② Agent-Place-Action（カラスが木の上を飛ぶ）	33.3	29.2	72.0
③ Agent-Object-Action（リスがイチゴを食べる）	44.3	52.8	92.0
④ Agent-Place-Action（リスがすべり台に乗っている）	48.6	41.7	84.7
⑤ Agent-Patient-Action（カラスがヒヨコを突っついている）	16.7	16.7	62.0
⑥ Agent-Benefit-Object-Action（ウサギがリスににんじんをあげる）	5.6	16.7	60.0

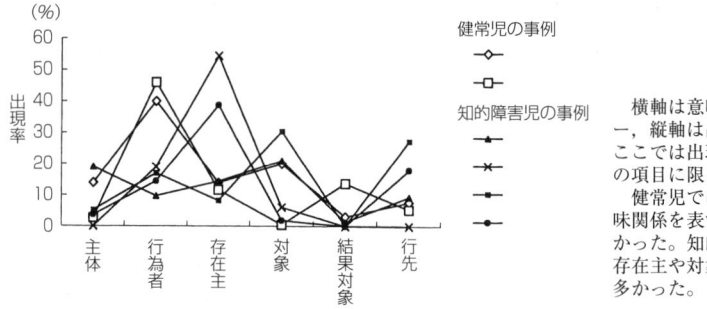

横軸は意味論的カテゴリー，縦軸は出現率を示した。ここでは出現率が10%以上の項目に限って示した。

健常児では，行為者の意味関係を表す2語発話が多かった。知的障害児では，存在主や対象などの発話が多かった。

●図 2-3-3　2語発話の動詞述語構文に関する意味論的分析（大木と池田，1985より作成）

◆表 2-3-7　動詞述語文の意味論的カテゴリー（大木と池田，1985より作成）

動詞述語文を構成する非述語成分の格について，主語となる格，対象語となる格，状況語となる格を分類し，下位区分を行った。表では，出現率が10%以上であった項目のみを表示した。

統辞意味論的構造	例文と説明
主 体	「戸があく」：状態の変化・無意思的動きを示す動詞と結びつく主体
行為者	「めぐちゃんおきた」：行為や動作を遂行する主体（おもに人，または人に見立てた者）
存在主	「パンツあった」："ある""いる"などで表される存在する主体
対 象	「くつをはく」：述語の示す動作・作用の働きかけを直接受けて，その状態が変化する対象
結果対象	「ごはんをつくる」：述語であらわされる働きが生産的で，その働きかけを受けた結果うまれた対象
行 先	「〜に行く」：「どこへ，どこに，どこまで」が行く，帰る，もどるなどと結びつく

◇**発達支援の視点**◇

　2語文の産出を形成する方法としては，主語，目的語，動詞などを表す絵カードを配列し，それを視覚的手がかりとして複語文を形成する方法（天野，1983b）がある。またサイン言語を，視覚的で動作的な手がかりとして用いる方法がある（カーランら，1982b）。

　天野（1983b）は，1語文後期段階にある知的障害児を対象に動詞述語構文の産出能力を形成するプログラムを開発した。このプログラムでは，「言語行為は，対象的行為を基礎にして，それが言語面に移行したものである」という基本命題から出発する。

　プログラムでは，はじめに，①ステップ1：文で表現される内容を自分および人形に演じさせることを学習するなかで，行為を抽出し一般化することを促す。また，文産出の基本メカニズムである**パラディグマ的成分の選択とその結合**を具体的行為の水準で学習させる（／リンゴをたべる／という文の場合，子どもは絵の内容に即して，事物からリンゴを選択し，食べるまねをする。事物や動作を次々に変えて練習する。困難な場合には，指導者の行為を模倣させる）。

　②ステップ2：運動図式（指さしと身振りによる**シンタグマ的連鎖**）を基礎に，言語面に移行させて文を産出させる（／リンゴをたべる／という文の場合，リンゴを指さししながら／リンゴを／と発語し，食べる身振りをしながら／たべる／と発語させ，それを継続的に行わせる。指導者は，はじめ行為の見本を示し，それを模倣させる）

　③ステップ3：空間図式を利用し，文の産出に必要な内的図式を内面化させる（絵の下に，発語する単語と同じ数のマス目が描かれた図版を利用する。マス目に積み木を1つずつ入れながら，それに対応して文を産出させる）。

　④ステップ4：内容が描かれた絵を見て，文を産出することを学習する。

　図2-3-4は，代表事例の学習経過を示した。指導は週2回行われた。各指導で12～16問について学習した。指導の経過とともに正反応率が増加したことが指摘できる。とくに，指導の進行につれて学習過程に短縮が生じ，後半の構文ではステップ1やステップ2の指導に要する指導回数は少なくなったことが明らかである。

3節　音声言語

◆表2-3-8　2語発話段階の2語発話（伊藤，2000より作成）
知的障害児と健常児のサンプル（伊藤，2000）の一部について示した。

知的障害児	健常児
R2（MA 2：0，CA 4：9）	N5（CA 1：11）
a．これ　のんのんね。	a．これ　ふいて
b．これ　ちょうだい。	b．これ　もった
c．これ　いたい。	c．これ　もって
d．これ　によいにゅう。	d．これ　なんだ
e．これ　ぶっぷー。	e．これ　なーに，これ。
f．これ　こっちー，これ。	f．いれた。こんなか。
g．パン　きらい。	g．もってくる。カバン。

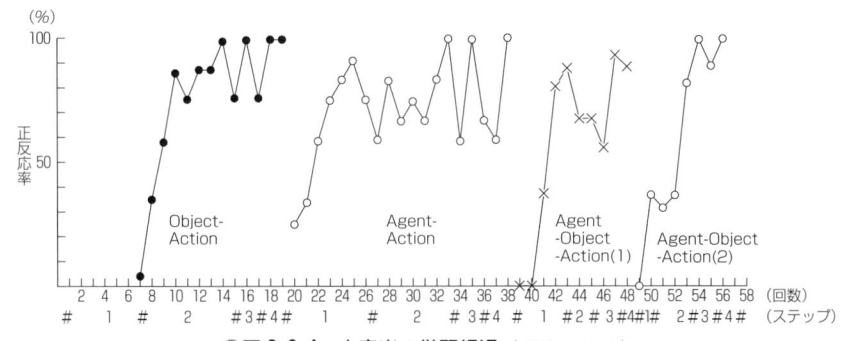

●図2-3-4　文産出の学習経過（天野，1983b）
縦軸は正反応率を示す。指導の経過とともに正反
応率が増加した。また，学習過程に短縮が生じた。

◆表2-3-9　2語連鎖形成の指導方法（大伴，1998より作成）

絵カード配列による指導
①　文の構成要素となる語を表す絵カードの単語が言えることを確認する。
②　絵刺激を呈示し，何をしているか説明を求める。
③　主語名詞と動詞を表す絵カードを2枚選択し，各カードを縦に並んだ2つの枠の中に配置するよう教示する。
④　絵の説明を求めながら，絵を指さしし，カードが示す語の発話を連続させることで，2語連鎖を形成するよう促す。
サイン使用による指導
①　文の構成要素となる語を表すサインを指導し，理解を確認する。
②　絵刺激を呈示し，何をしているか説明を求める。
③　「おててはどうやるんだっけ」などと，対象児にサインで表現させながら2語連鎖による刺激絵の説明を促す。サイン形成に困難を示した場合には，指導者が手本を示した。

◆**パラダイグマ的成分**　（→p.58）　　語の統語的関係として，横の関係（シンタグマ的連鎖）と縦の関係（パラダイグマ的結合）が指摘できる。主語＋動詞という連鎖は，シンタグマ的連鎖である。それに対して，主語は，「彼」でも「彼女」にでも置きかえることでき，動詞についても同じことが言え，この関係は縦の関係である。文には，パラダイグマ的成分が存在することがわかる。

大伴（1998）は，2語連鎖を形成するうえで，絵カード配列を用いる方法とサインを用いる方法について，その指導効果を検討した（表2-3-9）。対象は知的障害児（MA2歳，CA7歳）とし，週1回指導した。1セッションを前半と後半に分け，それぞれ絵カード配列またはサイン使用による指導を行った。絵カード配列とサイン使用の指導は，意味的に類似する動詞をペアにし，指導課題として用いた（たとえば，「走る」-「歩く」,「おこる」-「泣く」など）。

各動詞を含む2語連鎖の出現状況を検討した結果（図2-3-5），2語文の習得基準に達するまでのセッション数は，絵カード配列が平均8.4，サイン指導が平均13.2であり，方法間で大きな差はなかった。各指導での第1回目の絵刺激呈示に対する発話反応のタイプについてみると（表2-3-10），絵カード配列指導では「主語のみ」が多く，サイン指導では「動詞のみ」が多いことが指摘できる。大伴（1998）は，指導効果の点で方法間で差がないが，効果を及ぼすメカニズムは異なっていることを指摘した。また発話の流暢さの検討から，指導が効果をもつ経過には，2語構造の習得と，語連鎖発話能力の獲得の2側面があることを指摘した。

◉以上の研究を要約すると，以下のような発達支援の視点が指摘できる。
・語彙理解が1語文表出段階に先立つことが明らかとなった。語彙の理解を促す支援がたいせつである。
・1語文の産出のみであっても，統辞文の理解が一部可能なので，ていねいな語りかけがたいせつである。
・統辞文の産出が可能になるにつれて，より複雑な統辞文の理解が可能になっていくことが指摘された。絵カード配列による指導やサイン指導は，語の連鎖を促し，統辞文の産出を促すうえで効果的である。
・動詞述語構文では，「〜がある」や「〜をどうする」などの発話を使用しやすいので，これらの構文の指導からはじめることは有効である。「〜がどうする」という発話は使用頻度が少ないので，ていねいに指導する必要がある。

◆シンタグマ的連鎖　（→p.58）　発話される文のなかで，各語は，相互に横の連鎖関係を持って時間的な結合を示す。このような横の関係をシンタグマ的連鎖という。

(a) 絵カード指導

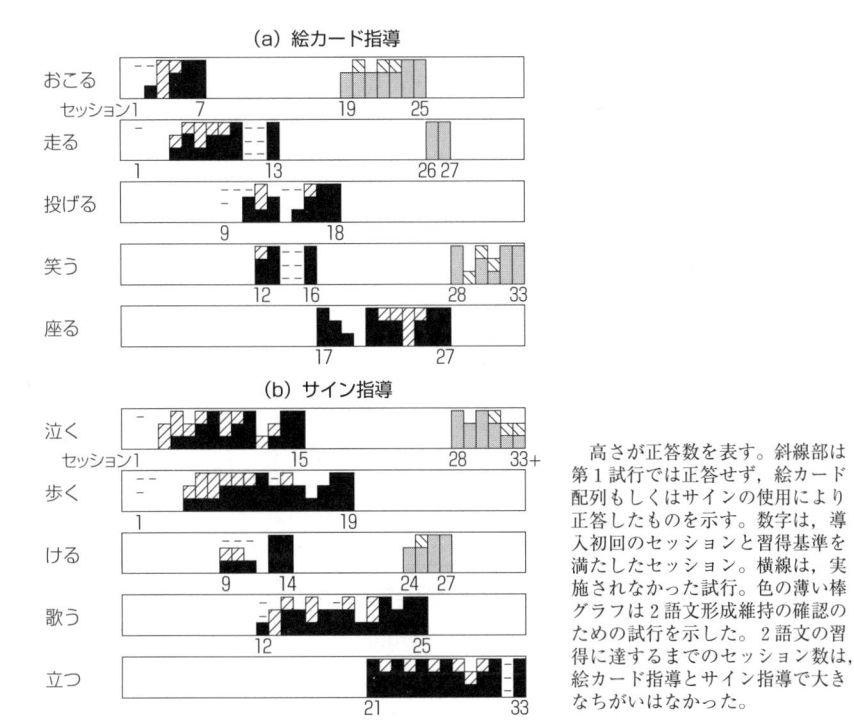

おこる セッション1 7 19 25
走る 1 13 26 27
投げる 9 18
笑う 12 16 28 33
座る 17 27

(b) サイン指導

泣く セッション1 15 28 33+
歩く 1 19
ける 9 14 24 27
歌う 12 25
立つ 21 33

● 図 2-3-5　各動詞を含む2語連鎖の出現状況（大伴，1998）*

高さが正答数を表す。斜線部は第1試行では正答せず，絵カード配列もしくはサインの使用により正答したものを示す。数字は，導入初回のセッションと習得基準を満たしたセッション。横線は，実施されなかった試行。色の薄い棒グラフは2語文形成維持の確認のための試行を示した。2語文の習得に達するまでのセッション数は，絵カード指導とサイン指導で大きなちがいはなかった。

◆ 表 2-3-10　第1回の刺激絵呈示に対する発話反応のタイプ別生起率（大伴，1998）*

第1回の刺激絵呈示に対する発話反応のタイプについて，絵カード配列指導では，「主語のみ」が多く，サイン指導では「動詞のみ」が多かった。

指導場面	2語連鎖	主語のみ	動詞のみ	無・誤反応
絵カード配列指導	66 (60.6%)	14 (12.8%)	4 (3.7%)	25 (22.9%)
サイン使用指導	106 (59.9%)	14 (7.9%)	25 (14.1%)	32 (18.1%)

*聴能言語学研究編集委員会から許可を得て転載

4節　言語のコミュニケーション機能

　子どもは大人との相互作用をくり返しながら，コミュニケーション能力を獲得する。したがって，発話を表出する前の子どもと大人の相互作用の内容を調べることが重要である。言語のコミュニケーション機能は**語用論**において研究されている。語用論は，言語の使用能力に注目したアプローチで，オースチンらの発話行為理論に基づく。発話行為理論では，発話行為を，発語媒介行為（発話によって結果として生じた行為），発語内行為（発話すること自体が引き起こしている行為），発語行為（文を発すること自体）の3つに分類する（たとえば「道に釘が落ちており，友人が歩いてきている場面」であなたが「釘が落ちている」と友人に向かって発言することは，発語行為としては釘があることを描写するものだが，その発語は，友人には警告として作用する：発語内行為。結果として友人は釘を踏むことなく通ることができる：発語媒介行為）。

1　音声言語獲得の前段階

　ベイツとボルテラ（1975）は，発話行為理論に基づき，乳幼児のコミュニケーション発達を，聞き手効果段階（perlocutionary stage），意図伝達段階（illocutionary stage），命題伝達段階（locutionary stage）の3段階に区分した。

　聞き手効果段階は0から10か月の時期であり，乳児の行動（泣く，笑う）は伝達意図をもたないが，大人が意図あるものとして解釈することによって，コミュニケーションが結果として生じる。ここでは発語媒介行為としてのコミュニケーションを指摘できる。

　意図伝達段階は10か月から1歳ごろの時期である。この時期には，指さしや身振りの伝達表出が可能となり，発声とあわせて要求表出を行う。発声すること自体によって要求表出するので，発語内行為としてのコミュニケーションである。伝達内容には，「**原命令**」と「**原叙述**」の行為が含まれる。「原命令」とは，子どもがある目的を達成するために聞き手を動作主あるいは道具として，意図的に使う行動を意味する（子どもの手が届かない棚の上にほしい物があるとき，指さししながら母親を見る場合である）。他方「原叙述」とは大人の注意を引くために物を意図的に使う行動にあたる（道端のめずらしい物を指さしし，「あっ」といいながら母親を見る場合である）。この段階では，ピアジェの

4節　言語のコミュニケーション機能

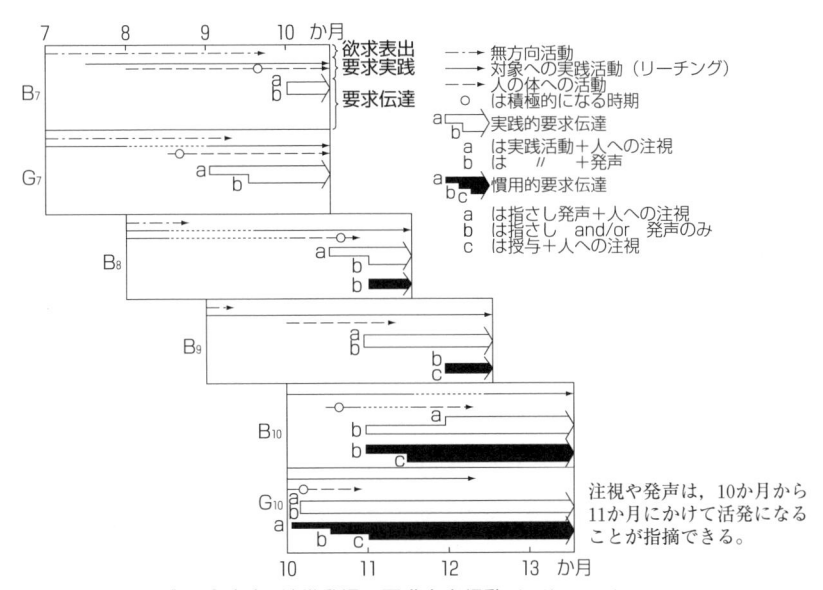

●図 2-4-1　健常乳児の要求表出行動（日笠, 1982）

凡例:
- -→ 無方向活動
- → 対象への実践活動（リーチング）
- → 人の体への活動
- ○ は積極的になる時期

実践的要求伝達
- a は実践活動＋人への注視
- b は　〃　＋発声

慣用的要求伝達
- a は指さし発声＋人への注視
- b は指さし and/or 発声のみ
- c は授与＋人への注視

注視や発声は，10か月から11か月にかけて活発になることが指摘できる。

◆表 2-4-1　要求行動の発達段階の模式図（日笠, 1982）

要求行動の発達段階		含まれる関係	タイプ	行動パタン
1) 欲求・欲求不満表出		自己⇄物, 人		泣き・むずかり・無方向活動, 自己指向活動（指しゃぶり）
要求実践	2) 要求実践	自己→物, 人		対象への指向的実践活動（リーチング・机たたき・フタをあけようとする）
	3) 道具的要求実践	自己→手→人, 物		人の手・腕を道具として物をとろうとする行動（腕をひきよせる・物の方にさし出す）
要求伝達	4) 実践的要求伝達	自己→物→人	a	実践活動＋人への注視
			b	実践活動＋呼び声発声
	5) 慣用的要求伝達	自己→物, 人	a	指さしあるいは呼び声＋人への注視
			b	指さし＋呼び声
			c	呈示・授与＋人への注視（容器条件のみ）
	6) 言語的要求伝達	同上		言語的表現による要求伝達

◆**語用論**　（→p.62）　　言語表現とその使用者との関係を扱う言語学の部門。相手に何かを伝達するには，無限の方法がある。話し手は，そのなかから状況に応じて最も適切な手段を選ぶ。その選択を支配しているルールを扱うのが語用論である。

感覚運動段階の手段－目的関係が成立することが指摘されている。

命題伝達段階は，1歳から1歳4か月ごろの時期に現われ，ことばによって意図を伝達する。意図伝達段階は，要求表出場面で詳しく観察することができる。日笠（1982）は，要求表出場面での健常乳児の行動を検討した（図2-4-1）。要求場面でみられる指さし，注視や発声の組み合わせは，個人差が大きい。要求行動の発達段階の模式図（表2-4-1）から，指さしや注視パターンの発達的変化を指摘できる。

マクリーンら（1987）は，重度知的障害児のコミュニケーション評価において身振りの重要性を指摘した。表2-4-2は，身振り行動を，相手や事物との距離と，象徴性により分類したものである。相手や事物との距離が近い場合には，接触身振りが生じる（要求対象物が入っているビンのフタを開けるよう要求する時の身振りなどである）。マクリーンは意図伝達段階を，初期意図伝達段階（接触身振りが優勢な段階）と後期意図伝達段階（離れた身振りが優勢な段階）に区別した。

マクリーンら（1987）は，発語のない最重度知的障害児・者について，意図伝達段階における原命令行動と原叙述行動を検討した。対象児は8歳から21歳の最重度知的障害児・者であった。初期意図伝達段階にある者では，原叙述タイプの行動出現率が著しく低く，後期意図伝達段階や命題伝達段階にある者とは異なる特徴を示した。この特徴は乳児にはみられないことを指摘した。

2　言語獲得と社会的相互作用

1語文発話に関するコミュニケーション機能については，綿巻（1983）の報告がある。綿巻（1983）は，知的障害児と健常児について，1語発話の実用機能の分布を示した（図2-4-2）。その実用機能の分類の定義は表2-4-3のとおりである。大人の働きかけによって喚起された発話を除いた発話を，自発発話として分析したところ，事例1の特徴として，「応答」と「表出」が著しく多いことが指摘でき，健常児の特徴と比べると，「物の記述」が少ないことが指摘できる。事例2は，「質問」が多かったが，健常児と類似した分布を示した。このことから，1語発話でも，活発な社会的相互作用を認めることができ，個人差も指摘できる。

社会的相互作用は，子どもが言語内容や言語形式を理解したり定式化したり

4節　言語のコミュニケーション機能

◆表 2-4-2　重度知的障害児におけるコミュニケーション行動（マクリーンら，1987）
横軸は身振りの種類，縦軸は身振りの象徴性の程度を表している。

接触身振り	離れた身振り	真のサイン／言語
押しやる（いいえのシグナル） 物に働きかける（開かないふたを開けようとしながら大人を見る） 大人に働きかける（大人の手を取る） 呈示の身振り（物を渡すが，取らせない） 渡す身振り（物を渡す） 物に触れる（示す動きをもつ） 発声（抑揚がない）	要求の身振り（他者に手を広げて示す） はい・いいえのうなずき（他者に向けた） 指さし（事物との接触はない） 抑揚のある声（動作と身振りを伴いながらする場合がある）	原単語 単一語 複数の語 文法を持った語

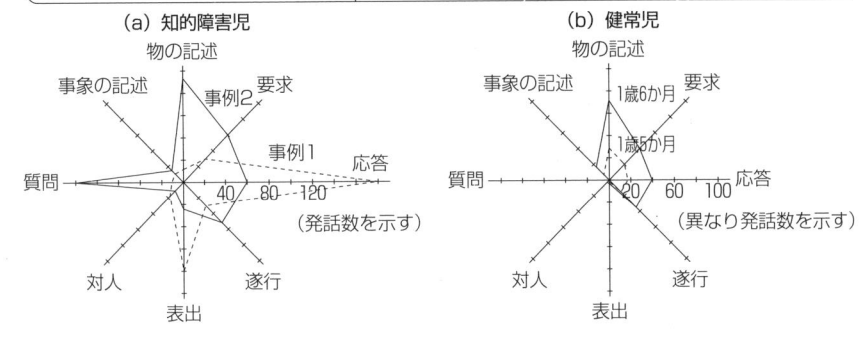

●図 2-4-2　1語発話の実用機能の分布（綿巻，1983）
知的障害児2人（a）と健常児1人（b）を示した。知的障害児では発話数を示し，健常児では，異なり発話数を示した。健常児については，追跡記録の結果を示した。

◆表 2-4-3　1語発話における実用機能の分類（綿巻，1983）
（　）は下位区分を表した。

実用機能	分　類　内　容
記　述	存在物やそれをめぐって生起する事象やその経験を記述，叙述した発話 （認定・命名，物に関連するコメント，存在・非存在・現前事象の記述）
要　求	他者の行動に明らかな変化を引き起こそうとする要求，命令，提案 （物の要求，再現，命令，自己行為の要求，共同行為の要求，行為者の指定）
応　答	他者のWH質問やYES-NO質問，依頼や提案に応答する形で産出された発話など （WH応答，Y/N応答，許諾，応対，言い換え・付加）
遂　行	子ども自身が現に行っている，またはこれから実行しようとしている行為的事象やその一部を言い表した発話
表　出	子どもの感覚や，物，人，事象に対する感情や評価をさし示す
対人関係	注意を喚起したり，注目させるための呼びかけや，社会慣習的表現としてのあいさつ
質　問	他者から情報を求めるために言い表された発話

する枠組みを与えるので，言語習得に重要である。そのため，養育者と子どもの相互作用が詳細に研究されてきた。

乳児期においては，子どもと母親の間で活発なやりとりが生じる。ブルーナーは，生後8か月から10か月にかけての子どもと母親の遊びのなかで，物のやりとりの過程（**共同動作**）や，大人と子どもが同じ物を注視するという過程（**共同注意**）は，伝達の基礎であると考えている。やりとりにおける行為者，行為，行為対象，行為の受け手の関係には，会話の構造と共通した原理があることを指摘し，動作的な形式でコミュニケーションを把握することが，言語獲得の前段階を形成すると考えた（ブルーナー，1983）。

母子間には多くのコミュニケーションの型（フォーマット）が存在する。最も明瞭なフォーマットとしては命名フォーマット（母親の注意喚起→共同注視→母親の対象命名→子どもの模倣→母親の確認）があげられる。母親は，フォーマットを形成するために，子どもの技能の発達に対応して役割を引き渡し，自立的に実行できるように支援していく。フォーマットの形成はことばの獲得を援助していくシステムに関係していると考えられる。フォーマットが有機的に構成される行為の連続は，ルーティンとよばれる。とくに大人との相互交渉により成立するルーティンは，共同行為ルーティンとよばれ，おやつや絵本，要求場面など日常生活のさまざまな場面で認められる。

ルーティンの構造体およびそれが内化したものは，**スクリプト**とよばれる。「おやつ」や「レストラン」の場面を想起するだけで，暗黙のうちに一連の行動とコミュニケーションを想起できる。「ぼくはチーズバーガーだ」という発言は，ファーストフード店という，すでにもっている文脈（スクリプト）を想起してはじめて，その意味を推論できる（長崎ら，1998）。このことから，言語の意味や伝達意図の理解と表出を支える枠組みとして，スクリプトは役立つ。したがって，発達初期においてスクリプトを獲得することは，大人の言語の意味や伝達意図を推察することを助け，言語の表出につながることが指摘できる。発達が進むと，その時に生起している文脈を同時に処理しながら，会話を理解できるようになる。

◆「原命令」と「原叙述」（→p.62）　意図伝達段階にみられる行為。原命令とは，「～がほしい」という欲求の表現で，欲求対象を手に入れるために大人を意図的に利用する行動。原叙述とは，「～を見て」という注意喚起の行動で，大人の注意を引く手段として，対象を意図的に利用する行為。見せる，渡す，指さしなどの行動がある。

◆表2-4-4 「トースト作り」ルーティンのスクリプト（長崎ら, 1991）

ルーティン名：「トースト作り」	
役割 　トーストを作る子ども2人 　指導者，補助指導者 　母親（子どもが注文を聞いてパンを届ける）	小道具 　パン，電気トースター，まな板，包丁 　ジャム，バター，ジュース，牛乳，コップ， 　スプーン
場面1：導入 　指導者が「トースト作り」の手順を6枚の絵カードで説明 場面2：パンを焼く 　1）子どもは指導者の所に行きパンをもらう 　2）トースターの扉を開けてパンを入れ扉を閉める 　3）タイマーを回す 　4）焼け具合を見る 　5）パンを取り出し皿にのせる 場面3：パンを切る 　1）指導者の所に包丁とまな板を取りに行く 　2）まな板の上にパンをのせる 　3）包丁でパンを切る	場面4：ジャム，バターをぬる 　1）指導者の所に行きジャムかバターを注文する 　2）パンにジャムかバターをぬる（自分の食べる分） 場面5：母親から注文を取る 　1）母親にジャムかバターのどちらをパンにぬりたいかをたずねる 　2）母親の言った方をぬる 　3）母親に届ける 場面6：トーストを食べる 　1）指導者の所に行きジュースか牛乳を注文する 　2）トーストを食べ飲み物を飲む

◆表2-4-5 語彙の習得過程（長崎ら, 1991）

品詞	目標語彙	指導者の発話例	I期			II期		
			セッション1	2	3	4	5	6
名詞	バター ジャム パン 包丁	どっちをぬるの？(Q) どっちをぬるの？(Q) パン焼こうね(S) 包丁で切ろうね(S)		バター(R)		ジャム(Q) パンヤッタ(D) ホウチョウ(D)		
動詞	焼く 切る ぬる こげる	パン焼こうね(S) パンを切って(I) ジャムをぬろう(I) こげちゃうよ(D)				ヤク(R) キレナイ(D) ヌッタヨ(D) コゲル(D)		

◆表2-4-6 2文節文の習得過程（長崎ら, 1991）

構文型	目標構文型： （開放語）+ 軸語	指導者の使用例	III期			IV期		
			セッション7	8	9	10	11	12
対格+ 述語動詞	（対格）+ください	パン，ください(I)		ジュース クダサイ(I)	バター クダサイ(I)	ジャム クダサイ(I)		
	（対格）+ぬる	どっちをぬる？(Q)		ジャム ヌッテル(D)		ジャムヲヌル(R)		
	（対格）+食べる	何を食べてるの？(Q)				パンタベル(I)		
	（対格）+買う	何を買おうか？(Q)				バターカッテキタ(D)		

（　）は伝達機能：(Q)質問(I)要求(D)叙述(S)誘いかけ(R)応答

◇**発達支援の視点**◇

　言語獲得では，日常的な社会的文脈が重要な役割を果たしていることが指摘でき，これを利用した指導は，スクリプトによるコミュニケーション指導として知られている（長崎ら，1998）。長崎ら（1991）は，「トースト作り」の共同行為ルーティンを設定し，語彙，文法，コミュニケーションの指導を行った。対象はダウン症児（MA 2歳10か月，CA 4歳2か月）とし，もう1人の子どもも加わって相互交渉が指導された。指導は1セッション約40分，12セッションを9か月かけて行った。「トースト作り」のスクリプトを，表2-4-4に示す。

　語彙の習得は第1〜6セッション，文（2文節文）の習得は第7〜12セッションで指導目標とされた。指導者は場面に即して質問を行い働きかけた。文の習得では，「対格＋ください」のように，動詞（ください）を軸クラスとし，対格に当たる名詞を開放クラスとして結合させる指導を行った。

　語彙の習得過程を，名詞と動詞について検討すると（表2-4-5），名詞に続いて，動詞の習得が進んだこと，文の習得過程については（表2-4-6），第9セッションからバターやジュースを対格とした構文を使うようになったことが指摘できる。これより，一定の構造化された経験によって動詞の習得が促進されたことが指摘でき，常套的な文を場面に合わせて適切に使わせ徐々に文の構成要素を変えていくという指導方法が，対象児にとって有効であったことがわかる。

　「パンを焼く」ルーティンでは，指導者の指示に従って行為するのではなく，子どもがルーティンを主導することが指導目標とされた。指導ステップは，①指導者の働きかけで行為の移行ができる，②子どもの自発的動作によって，子どもがルーティンを主導する，③子どものことばによって指導者との相互交渉を主導し，ルーティンを主導する，という段階がとられた。表2-4-7は「パンを焼く」場面での子どもによるルーティンの主導のようす（第2セッションと第6セッション）を示した。第2セッションでは指導者の指示で子どもは行動した。第6セッションの実行行為と確認行為では，対象児の自発的動作や発話によってルーティンが進行するようになった。その特徴は，準備行為とは異なることが指摘できる。準備行為は，見通しが立てにくい行為であるので，行為の見通しに気づかせる手続きが重要であることが指摘された。

4節　言語のコミュニケーション機能

◆表2-4-7　「パンを焼く」場面での子どもによるルーティンの主導化（長崎ら，1991）

第6セッションの実行行為と確認行為では，自発的動作や発話によってルーティンが進行した。

セッション	準備行為	実行行為	確認行為
2	✓T：Sちゃん，パン焼く？ S：（うなずく） ↘T：じゃあ，パンあげるから取りに来てちょうだい。	T：Sちゃん，やってごらん（手を取る） S：（トースターに触ろうとする） ✓T：熱い？ S：（うなずく） ↘T：熱いねー。	T：さあ，お皿持ってこなくちゃいけないね S：（無反応）
6	T：Sちゃんも，パン焼く？ S：ジャム ↘T：じゃあ，パンあげようか。 S：うん ↘T：白いパンと黒いパンがあるけどどっちがいい？ S：（白いパンを指さす）	S：（タイマーを回す） ↘T：あら，Sちゃんもネジかけたの？ S：（扉を閉めて）まだよー。 ↘T：まだよー。まだ。 S：（扉を開ける） ↘T：開けちゃったよ，Sちゃんが（非難して）。 S：（扉を閉める） T：Sちゃん，Y君が触ってごらん，熱いからって。 S：熱い！	S：焼けたよ，ほら。 ↘T：いいの？　もういいの？　Sちゃんが焼けたよって，いってるよ。 S：（パンを取り出して扉を閉める） T：ちょうどいいね，いいみたいだね。ほらお皿持ってきて。

S：S児　Y：Y児　T：指導者

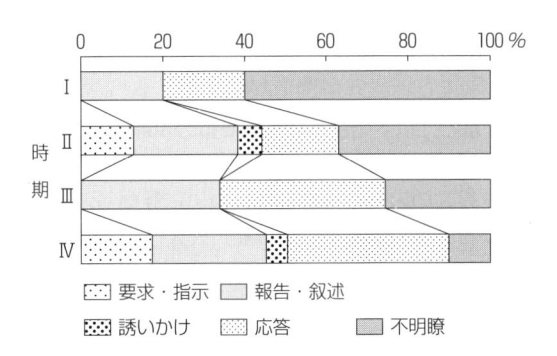

●図2-4-3　「パンを焼く」場面での伝達機能の割合（長崎ら，1991）

時期は3セッションごとに区分した。指導が進むにつれて，伝達機能をもった行為の割合が高くなった。時期は表2-4-6を参照。

凡例：要求・指示／報告・叙述／誘いかけ／応答／不明瞭

◆**共同動作・共同注意**（→p.66）　ブルーナーの指摘した，前言語的コミュニケーションの2つの側面。のちの言語的コミュニケーションの基礎と考えられている。共同動作とは，2人の間で，補い合いながら行われる連帯的活動。子どもからの信号的行動に対して，大人が応じてフィードバックすることで，両者の間の動作や物などを媒介として成立する。物のやり取りや，イナイイナイ・バーなどに認められる。共同注意とは，同じ対象物に互いの注意を向け，共有する。親子間の持続的な視線の一致にみられる。

子ども間の相互交渉の指導では，①指導者が他児の行動に着目させる，②子どもどうしが物を媒介にしてかかわる機会をつくる，③対象児の発話が不明瞭な場合に言い直して補う，④言語的なかかわりを引き出す，各段階をとった。

　相互交渉の頻度はセッションが進むにつれて高くなった。また「パンを焼く」場面での行為では，伝達機能をもった行為の占める割合が高くなった（図2-4-3）。これより長崎ら(1991)は，明確な順序性を持ち動機づけの高い共同行為を日常生活の文脈から取りだして構造化し子どもに合わせた目標に基づいて指導を組み立てることで，効果的な言語指導が可能になることを指摘した。

　一方，大人側のコミュニケーション能力の改善を図ることによる指導も，インリアル指導として知られている（竹田と里見，1990）。指導では，大人の側の基本姿勢（子どもをよく見守り，観察し，理解し，よく聞く）が重視され，介入手法が提案されている（表2-4-8）。枡蔵（1992）は，中学部の知的障害児を対象として，4月から12月にわたって計16回，インリアル指導を行った。指導開始時には，指導者が会話を開始し，質問に対する対象児の応答は不明瞭であった。また指導者の質問は指示的で，むずかしい内容であった。指導の中間時点（6月）での会話の記述をみると（表2-4-9），対象児が新しい話題を会話に持ちこんでいることが指摘でき，指導者は対象児が会話を開始するまで待つようになった。枡蔵（1992）は自発的会話を促すうえで，対象児に適したコミュニケーション機会の重要性を指摘した。

●以上の研究を要約すると，以下のような発達支援の視点を指摘できる。
・重度知的障害児で発話がないと，伝達意図がないと判断しがちである。しかし，コミュニケーション行動の内容と機能をていねいに評価し，意図の能動的表出を明らかにすることがたいせつである。その際，大人との共同注意や共同動作がどの程度機能するのか評価し，大人との相互交渉を開始させるきっかけを確認し，相互交渉を促進する働きかけを行うことがたいせつである。
・知的障害児とコミュニケーションをとることがむずかしい場合には，日常生活の文脈に基づくスクリプトを利用して，大人が働きかけることがたいせつである。
・子どもにとってスクリプトはコミュニケーションを支える枠組みとして働くので，語彙，文法，相互交渉の多様な側面に働きかけることが可能である。
・大人の側のコミュニケーション能力を改善することはたいせつである。それにより，対象児の自発的コミュニケーションが活発になる。

4節　言語のコミュニケーション機能

◆表2-4-8　コミュニケーションの介入手法（竹田と里見，1990）

介入手法	内　容
ミラリング	子どものまだ意図のない行動を模倣することで，その効果に気づかせる。
モニタリング	子どもの声やことばを模倣することで，その効果に気づかせる。
セルフトーク	大人の気持ちや行動をことばにする。子どもを理解したいという意図を伝える。
パラレルトーク	子どもの気持ちや行動をことばにする。子どもを理解したいという意図を伝える。子どもの行動とことばの意味的結合を促す。
リフレフティング	子どもの発話の言いまちがいを，正しく言い直して返す。
エキスパンション	子どもの言ったことばを，意味的，文法的に高次化し，広げて返す。
モデリング	子どもの使ったことばを使わずに，会話のモデルを示す。

◆表2-4-9　指導の中間時点での会話のようす（枡蔵，1992）
左側が対象児O，右側に指導者の発話を，トランスクリプトにより示した。対象児が新しい話題を会話に持ちこんでいるようすをみることができる。

	O		T	
	ありました〜（Tにシールをみせて）	→	ありました？	O君のことばをそのまままねている（モニタリング）
	うん	→	あーよかったねうん	新しい話題を出さずにつづけている
O君からの新しい話題	（指さし）たりんよちょっとたりんよ（Tの方を指さし）	→	たりない	O君のことばをまねている（モニタリング）
O君も話題を保持しようと指導者のことばをくり返す	たりない			
	うん	→	じゃいれるね（O君のそばにくる）箱の中にいれるよ	★
O君から新しい話題	うん足りなくなった足りなくなった（シールを指さし）	→	よいしょ，いっぱいになった	★　★自分の行動や状態をことばにしている
	あー	→	いっぱいになっちゃった	前と同じ内容のことばをくり返し，O君からの話題の開始を待つ
O君からの新しい話題	うーんこれいれないこれいれない（〃）	→	これはいらなーい（シールの袋を丸める）	
O君からの新しい話題	捨てるよ（指さし）	→	捨てるよ	O君のことばのくり返し（モニタリング）
O君からの新しい話題	なくなったんか	→	うん，なくなったの何色入っとったかねなくなった（ゴミ箱へ捨てにいく）	O君のことばをくり返し使っているが，もう少し意味を広げて返している（エクスパンション）

◆スクリプト　（→p.66）　日常的によく出会う場面（たとえばレストランで食事をする等）で起きる行為の連鎖や場面の展開に関する知識表現を，スクリプトとよぶ。芝居の台本になぞらえてよばれた。相手の話しを理解するうえで，その場のスクリプトを理解することが必要である。

5節　言語の行動調整機能

　言語における行動調整機能は，ルリア（1969）によって指摘された。私たちが行動するときには，意識的で内的な行動プログラムに基づいている。この行動プログラムは，他者からの言語教示によって容易に受け取ることができる。行動変容は動物では訓練の反復によっておきるが，人間では言語教示によって起こすことができる。このように言語が行動を調整する側面を行動調整機能という。発達の初期においては大人の言語教示（外言）に従って行動が調整されるが，発達に伴い内面化（内言）され，子どもは自分に向かって言語教示を下し，それに従って遂行するようになる。

　言語教示は，教示の保持の有無に従って，直接教示と先行教示とに分けることができる。直接教示とは「押してください」のような教示であり，教示の保持を必要とせず，ただちに行動することが求められる。直接教示の遂行が可能となった段階の後に，先行教示が可能となる。先行教示とは「光がついたら押しなさい」「音がしたら，手をあげなさい」という未来の出来事に関する教示であり，教示の保持を必要とする。条件づけの原理は，刺激と反応の連合形成を訓練の反復によって説明するが，人間では言語教示のみで可能になる。すなわち言語行為は，個々の不随意的反応を随意的行為のレベルに高め，意識的活動形態をコントロールすると指摘されている（ルリア，1976）。知的障害児は指示に従うことが困難だが，行動調整機能の困難として理解することができる。

1　直接教示について

　直接教示に関しては，黒田と神（1977）の研究がある。直接教示を遂行する際に子どもは，さまざまな妨害要因のために遂行が困難になる。したがって，「どのような妨害要因に打ち勝って直接教示を遂行できるか」を調べることによって，直接教示の遂行レベルを評価できる。妨害要因として，視覚刺激，運動習慣，信号的動作があげられる。

　対象は健常児（2歳〜5歳）と重度知的障害児（IQ30台以下，平均CA15歳）とした。

　はじめに，5種の刺激材料の名前をきき，命名機能を評価した。視覚刺激（課題Ⅰ・Ⅱ），運動習慣（課題Ⅲ・Ⅳ），信号的動作（課題Ⅴ・Ⅵ）の要因に

◆表 2-5-1 直接教示に関する検査課題（黒田と神，1977より作成）

	設定条件	予備課題	本課題
課題Ⅰ	対象児の前の机の上にネコを置く。	「ネコを取って」という。	「ウサギを取って」という。
課題Ⅱ	ネコを子どもから25cm離して置き，子どもに近いところにウサギを置く。		「ネコを取って」という。
課題Ⅲ	ネコとサルを15cm間隔で横に並べて置く。	ネコ・サルの順に教示を与えながら交互に3回ずつ取らせる。	予備課題に続いて同じテンポで「サルを取って」という。
課題Ⅳ	輪を入れるための棒を取りつけた台を，子どもの前に置く。	5個の輪を1個ずつ毎回「入れて」の教示のもとに棒に全部入れさせ，ついで「取って」の教示のもとに1個ずつはずさせる。	予備課題と同様にして，3個続けて輪を入れさせ，子どもが4個目の輪に手を触れようとしたとき，「取って」という。
課題Ⅴ	ボールと箱を，横に15cm離して置く。	「ボールを箱に入れて」という。	「ボールを箱に入れて」といいながら，教示者は自分の手を箱の横に差し出す。
課題Ⅵ	ボールと箱を，横に15cm離して置く。	「ボールを私にください」という。	「ボールを私にください」といいながら，箱を差し出す。

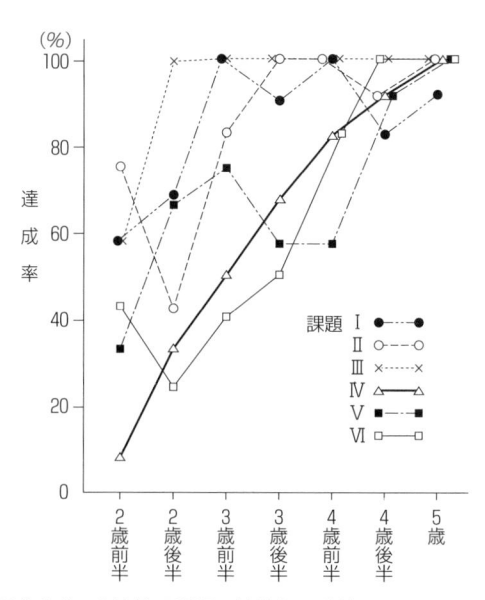

●図 2-5-1　直接教示課題の健常児の成績（黒田と神，1977）

ついて課題が設定された（表2-5-1）。予備課題では，妨害条件がないときに言語教示が遂行されることを確認した。本課題は，妨害条件となった。予備課題と本課題から各課題は構成された。

健常児では，全員がすべての課題の予備課題を達成できた。本課題の達成率を検討した結果（図2-5-1），年齢増加とともに達成率が増加した。各課題で80%以上の子どもが遂行できる年齢を達成可能年齢とすると，課題Ⅰ～Ⅲは3歳前半までにはほぼ完全に遂行できることが指摘できる。課題Ⅳ～Ⅵは4歳前半から4歳後半にかけて完成した。

知的障害児については（表2-5-2），予備課題は全課題で80%以上の達成率を示したが，本課題は課題ⅠとⅥの達成率が低かった。このことはIQ 30台以下の知的障害児では，妨害条件がない場合には遂行可能な直接教示でも，妨害条件がある場合には遂行困難になることを意味している。眼前の事物を渡す課題（課題ⅠとⅡ）では妨害条件の影響は大きく，新奇な視覚刺激によって喚起された定位反応の要因が課題遂行を妨げたと考えられる。

古典的条件づけ
⇒コラム

図2-5-2は，5種の刺激材料の命名得点と直接教示の遂行能力との関係をみたものである。課題で用いた刺激材料の命名ができなかった者14人のヒストグラム（a）をみると，本課題の達成成績は低いが，4種の課題以上を達成できた者が4人認められた。このことは言語表出は困難であるが，言語理解は高く，言語の行動調整機能も高い者がいることを示している。4種以上の刺激材料の命名ができた者（b）では，本課題の達成成績は高かった。

以上から，IQ 30台以下の知的障害児の直接教示の遂行能力は，さまざまな妨害要因の影響を受けやすいことが明らかとなった。妨害要因は，行動を喚起する力が極めて強いために，妨害的に作用する。この妨害要因の特性を，特定の行動を喚起するのに役立て，支援要因として利用することもできる。（指導者が直接教示する際に，援助者が信号的動作で行動を喚起する方法や，行動の反復により運動習慣を形成させる方法がそれに相当する）。直接教示がむずかしい場合には，妨害要因をつきとめ，教示に従えるよう配慮する工夫が必要であろう。支援環境で，教示に従った行動ができるようにしたあとに，指導のなかで徐々に支援要因をはずし，支援要因なしでも言語教示だけで遂行できるよう促していく指導プログラムが，重度障害児には有効である。

5節　言語の行動調整機能

◆表 2-5-2　知的障害児の課題達成率 (黒田と神, 1977)

課題番号	I	II	III	IV	V	VI
予備課題	94	94	78	94	100	100
本課題	44	70	70	50	68	47

数字は，全対象者数に対する達成者数の百分率を示す。予備課題と比べて本課題で達成率が低かった。

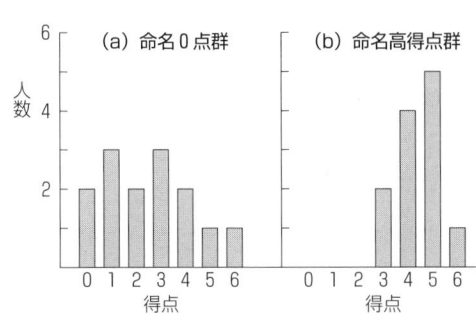

(a) 命名0点群　(b) 命名高得点群

本課題の遂行を1課題あたり1点とし，直接教示の遂行能力を得点化した。全課題遂行は6点となる。(a)は，刺激材料の命名ができなかった14人，(b)は，4種以上の刺激材料の命名ができた者12人のヒストグラムを示した。

●図 2-5-2　5種の刺激材料の命名得点と直接教示の遂行能力 (黒田と神, 1977)

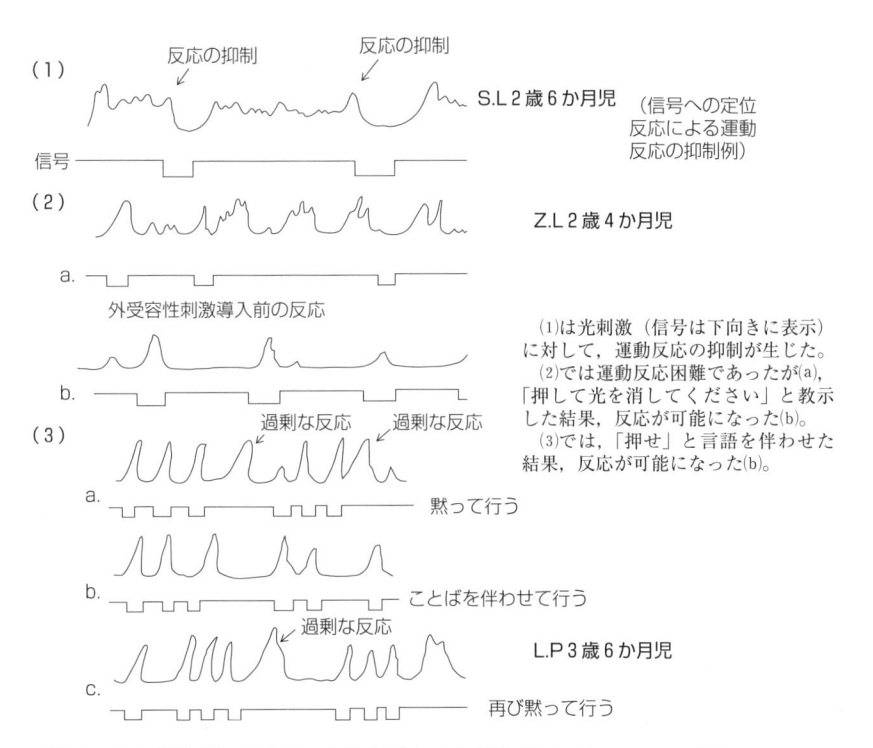

(1) 反応の抑制　反応の抑制　S.L 2歳6か月児　(信号への定位反応による運動反応の抑制例)
信号

(2) Z.L 2歳4か月児
a. 外受容性刺激導入前の反応
b.

(3) 過剰な反応　過剰な反応
a. 黙って行う
b. ことばを伴わせて行う
　　　　　過剰な反応　L.P 3歳6か月児
c. 再び黙って行う

(1)は光刺激（信号は下向きに表示）に対して，運動反応の抑制が生じた。
(2)では運動反応困難であったが(a)，「押して光を消してください」と教示した結果，反応が可能になった(b)。
(3)では，「押せ」と言語を伴わせた結果，反応が可能になった(b)。

●図 2-5-3　健常児における先行教示に基づく行動調整 (ルリア, 1969; 黒田, 1981)

2　先行教示について

　先行教示に関する研究としては，ルリア（1969）の研究がある。ルリアは光刺激に対するバルブ押しの運動反応に関して検討を行った。

　図 2-5-3 は，健常児についての結果を示している（黒田，1981）。「光がついたらゴム球を押しなさい」という教示を与え，一連の光を呈示した。この場合，教示のみによって光刺激を条件刺激として，運動反応を条件づけることになる（条件運動反応）。2歳前半の子どもにはこの反応は形成困難である。光がつくとゴム球を押すが，消えたときに離すことができない。この段階では言語は運動反応を開始させる働きはあるが，抑制する働きがないことがわかる（図 2-5-3(1)）。また，行動の結果のフィードバックを与えることによって，先行教示による行動調整が容易になることが報告された（図 2-5-3(2)）。このような条件反応は，3歳から3歳前半にかけて安定してできるようになる。

　その後，分化条件運動反応が可能になる。「赤い光がついたらゴム球を押し，青い光がついたら押さないでください」という課題である。3歳から3歳半ではすべての刺激に対して運動反応をしてしまう。この場合，子どもが教示を忘れてしまうからではなく，言語がまだ調節的な働きを有していないからである。4歳から4歳半でもこの課題は安定しては遂行できない。押すべきところを押さなかったり，押すべきでないところを押してしまったりする。

　ルリアは，子ども自身のことばかけを伴わせることによって運動反応が変化することを指摘した。3歳ごろの子どもに1回の信号呈示ごとに，ことばかけ（「押せ」）を伴わせると，行動調整が可能になった（図 2-5-3(3)）。しかし分化条件運動反応の場面でことばかけ（「押せ」「押すな」）を伴わせると，すべての刺激に対して押してしまった。4歳から4歳半の子どもで安定した分化条件運動反応が可能になる。これは3歳ごろでは，ことばはインパルス的側面で調節しており，4歳になり，意味的側面での調整が可能になるためと考えられている。

　知的障害児における条件運動反応の特徴として，MA依存性が明瞭でないことが指摘できる（図 2-5-4）。行動調整機能の発達段階は，知能検査では評価困難な知的機能の側面を明らかにしている。このことは MA 3歳から4歳

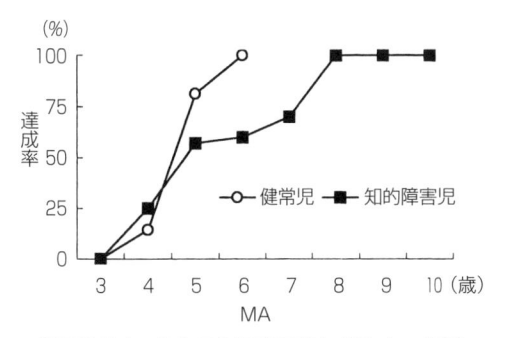

●図 2-5-4　分化条件運動反応と MA との関係（小池，1984）
　MA 3 歳～10 歳の知的障害児について，分化条件運動反応の達成率を調べた。先行教示によって分化運動反応ができた者は，MA 8 歳以上であることが指摘できる。MA 5 歳～7 歳では遂行困難な者が認められた。これは MA で評価された知的機能には，行動調整機能の発達段階がよく反映されていないためと考えられる。

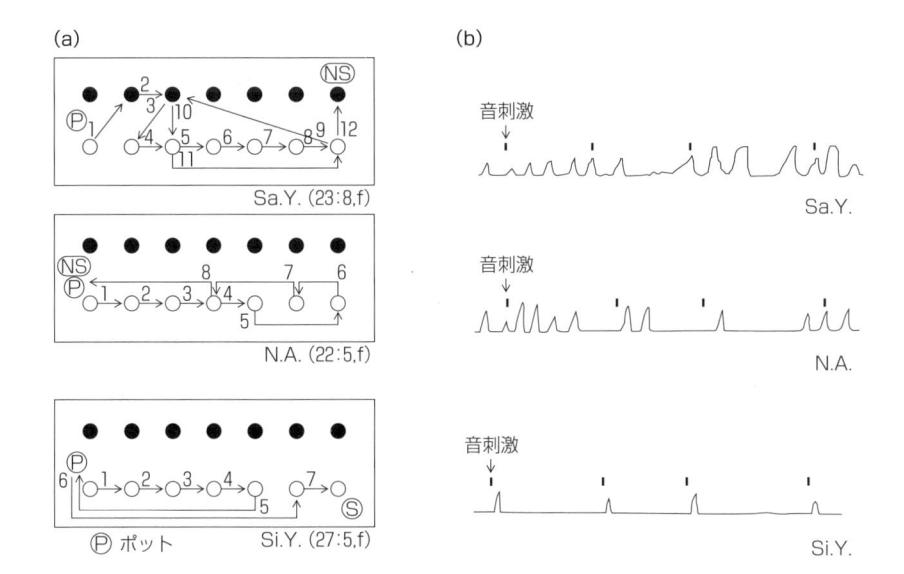

●図 2-5-5　生活場面での行動特徴と条件運動反応（小池，1984）
　対象は，3 人の MA 3 歳～4 歳の知的障害者とした。日常生活の行動として，先行教示後，1 列に 7 個並べられた空の茶碗（白丸）一つずつにお茶を注ぐ行動を観察した(a)。黒丸は，課題に先立ってお茶が満たされていた茶碗を示している。S は終わりの合図を表した場合，NS は表さなかった場合を示した。条件運動反応(b)をみると，上段の 2 事例は，先行教示によって運動反応は困難であった。この例では，お茶を注ぐ行動も遂行困難であった。他方，下段の事例は，先行教示による運動反応が可能であり，お茶を注ぐ行動も良好な遂行が可能であった。

の知的障害者の事例を見ても明らかである。

　図2-5-5は，生活場面での行動特徴（a）と条件運動反応（b）を示したものである（小池，1984）。行動調整機能の段階は日常生活の行動特徴をよく反映することが指摘できる。

　諸岡ら（1998）は，平均MA6歳の知的障害児を対象として，分化条件反応を遂行したあとの内言の保持について検討した（表2-5-3）。表では，「青の点灯で押し，赤の点灯では押さない」という分化条件運動反応を遂行する課題のあとになされた質問（「今どのようなことをしましたか？」）に対して，言語化ができた対象児の達成率を示した。自発的に「青で押し，赤で押さない」と答えた者を言語化でき正答した者とした。「赤のときは？」「青のときは？」で促されてできた者は，補助により正答とした。平均MA6歳の知的障害児の正答率は，CA5歳前半の健常児と比べて低いことが指摘できる。

　ルリア（1969）の指摘はその後，知的障害児の学習理論において，言語系そのものの不活発さのために言語媒介がうまく形成されないという仮説をもたらすとともに，言語系と運動（ないしは活動）系の乖離（かいり）のために，形成されている言語媒介をうまく利用できないという仮説をもたらした（ジグラーとバラ，1971）。

◇**発達支援の視点**◇

　言語の行動調整機能は，さまざまな妨害要因によってその遂行が妨げられる。妨害要因は，支援要因として活用することができる。対象児の行動調整機能の発達段階を評価することは，発達支援の内容を設定するのに役立つ。そこで行動調整機能の発達段階を評価し，行動のプロフィールとの関連で，教示の支援方法について考察した黒田と神（1977）の研究をみてみよう。

　表2-5-4は，黒田と神（1977）の報告した5事例のうちの2事例（S.K., T.Y.）の行動プロフィールである。2事例とも田中・ビネー式知能検査では測定不能とされた。津守式発達検査の結果（図2-5-6）より，運動能力の発達年齢は異なるが，ともに言語の発達年齢は1歳6か月未満であることが指摘できる。

　先行教示による条件運動反応の結果（図2-5-7）については，2事例とも先行教示に基づいて運動反応することが困難であった。

　表2-5-5は，前述（表2-5-1）した直接教示条件の課題での結果である。先

◆表 2-5-3　2色弁別の分化条件運動反応における言語化の達成率 (諸岡ら，1998より作成)

分化条件反応の課題の後になされた質問 (「今どのようなことをしましたか？」) に対して，言語化ができた対象児の達成率を示したものである。

	分化条件運動反応後の言語化レベル		
	正答	補助により正答	不可能
健常児 3 歳後半	0	0	1.0
4 歳前半	0	0.38	0.62
4 歳後半	0.33	0.67	0
5 歳前半	0.6	0.2	0.2
5 歳後半	0.72	0.11	0.17
6 歳前半	0.93	0.07	0
6 歳後半	0.88	0.12	0
知的障害児 平均 MA 6 歳	0.5	0.33	0.17

◆表 2-5-4　2 事例の行動プロフィール (黒田と神，1977より作成)

S.K. 16歳	いつも園内をうろうろしている。排泄，洗面，着脱は自分で行えない。食事は箸を使用しており，ご飯やおかずをあたりにこぼし散らすが気にしない。突然，歌や決まり文句を口にしたり，周囲の大人の自分や他人への話しかけに対して，かなり複雑なことばであっても反復したりする。しかしことばを理解して反復しているわけでない。疲れやすく，運動は好きでない。
T.Y. 14歳	いつもテレビの前に座ったりして，本をいじっており，他の子どもとかかわることがなく，常に集団からはみ出ている。大人からの働きかけがないと，一日中でも本をいじくりまわしている。手や足の力が弱く，階段の昇降は職員の手を借りることが多い。トイレは時間ぎめで行っており，身辺の自立はほとんどできていない。食事はスプーンを使用しているが，ご飯をこぼしたりしても，気にとめない。

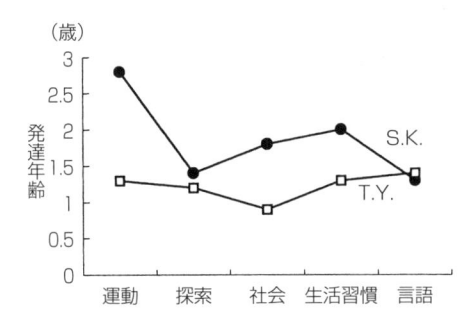

●図 2-5-6　津守式発達検査の結果 (黒田と神，1977)

行教示,直接教示ともに,教示にしたがった行動は遂行困難であることがわかる。

2事例ともに,直接教示条件では遂行が困難であったことから,視覚情報を与えることにより支援課題を設定した。

表2-5-6は支援課題の内容を示した。対象児S.K., T.Y.ともコップと茶碗の選択は可能であった。その結果,S.K., T.Y.は,直後条件,習慣化条件,遅延条件,遅延＋習慣化条件でキャラメルを取ることができ,正答を示した。眼前でキャラメルを隠さず,ついたての陰で隠して教示した場合には,2事例とも遂行がむずかしくなった。とくに,S.K.はコップや茶碗の名前を理解しているにもかかわらず何もせず,「どっちにあるのかな」と反応を促すとコップと茶碗を両手で取ったり,課題に集中せず,全条件で遂行できなかった。このことから2事例では,視覚情報が重要な支援要因となって先行教示に従ったことが明らかである。2事例では,生活場面で,眼前の事物についてことばと指さしを用いて教示した場合に,教示の一部が有効であった。これより,大人が教示を与える際には,視覚的手がかりに十分配慮して教示することがたいせつであり,先行教示の理解に視覚情報が大きな役割を果たしていることが指摘できる。

◉以上の研究を要約すると,以下のような発達支援の視点が指摘できる。
・知的障害が重度で,知能検査が測定不能である場合に,言語の行動調整機能を評価することは指導上の手がかりを得るうえで役に立つ。
・直接教示条件の行動調整機能を評価するうえで,妨害要因を考慮することはたいせつである。多くの場合,妨害要因をうまく用いることで,行動喚起の要因として働きかけに組み込むことができる。
・とくに目の前で展開される視覚情報は,直接教示による行動調整機能を促進するうえで有効である。また対象児の行動を直接ガイドし,運動習慣により行動を促す方法も有効である。このような支援要因とともに,先行教示や直接教示を与え,反復しながら,徐々に支援要因をはずしていく方法が有効であろう。
・対象児自身の発声や発話が可能であるならば,課題遂行時に,行動とともに対象児自身のことばを付随させることは,行動喚起を持続させるうえで有効である。
・教示の際には,ことばの意味的側面で調整されているのか,インパルス的側面で調整されているかをていねいに評価することがたいせつである。

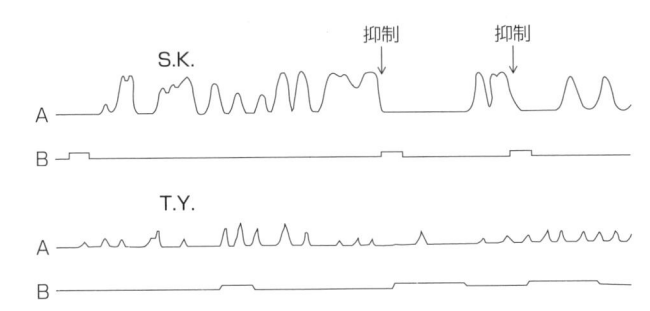

●図 2-5-7　2 事例の先行教示による条件運動反応の結果 (黒田と神, 1977)
2 事例とも, 先行教示によって, 光刺激(B)に対して運動反応(A)を行うことはできなかった。

◆表 2-5-5　直接教示課題における 2 事例の成績 (黒田と神, 1977より作成)

行動特徴	
人形の命名	T.Y. は命名できなかった。S.K. は命名できた。
課題Ⅰ	T.Y. は人形を取れなかった。S.K. は眼前の人形を渡した。
課題Ⅱ	T.Y. は人形を取れなかった。S.K. は眼前の人形を渡した。
課題Ⅲ	T.Y. は人形を取れなかった。S.K. は, 約10回の教示と反復で応答行動ができるようになったが, 運動習慣に従った。
課題Ⅳ	T.Y. , S.K. ともに遂行できなかった。
課題Ⅴ	T.Y. , S.K. ともボールを実験者の手に渡した。
課題Ⅵ	T.Y. , S.K. ともボールを箱の中に渡した。

◆表 2-5-6　視覚情報を伴う支援課題の内容 (黒田と神, 1977より作成)

課題と教示	コップあるいは茶碗の中にキャラメルを入れるようすを子どもに見せて, その後「コップ（茶碗）の中のキャラメルを取ってください」といって子どもに発見させる課題。各条件で 2 回の正反応をした場合に正答と評価した。
直後条件	キャラメルを入れた直後に, 教示して, 発見させる。
習慣化条件	同じ入れ物にキャラメルを入れて発見させる課題を 5 回続けて行わせ, その後入れ物を変えて, 教示する。
遅延条件	キャラメルを隠した後, 10秒間待たせ, その後に教示を与える。
遅延＋習慣化条件	同じ入れ物にキャラメルを入れて発見させる課題を 5 回続けてさせたあとに, 入れ物を変えて, 教示する。教示の際に10秒間待たせる。

6節　言語の概念機能

　言語の重要な機能として概念を表示する働きがある。図2-6-1は「オグデンとリチャーズの三角形」に基づいて，言語，概念，事物の関係を表したものである。ことばと概念は，それぞれ**能記**と**所記**として働く。記号は，記号表現（能記）と記号内容（所記）との関係によって，有契的記号（イコン，インデックス）と無契的記号（シンボル）とに分けることができる。事物は2つとして同じものはないので，共通的属性をとりだす概念の働きは重要である。

　このように概念機能は「能記によって所記を表象する働き」に基づくため認知論的立場によって研究されてきたが，行動主義のアプローチも活発である。

心理学史
⇒コラム

1　認知論的立場からのアプローチ

　ピアジェ（Piaget, J.）とブルーナー（Bruner, J. S.）は概念機能の発達に関して大きな知見をもたらした。

　ピアジェは知的構造の発達を，発生から成熟まで一貫した形式で記述しようとした。その際ピアジェは，概念発達を子どもの知能の表れとして考えた。ピアジェは，知能の起源が感覚運動的活動であると考えた（図2-6-2）。感覚運動期においては感覚運動の**図式**（シェマ）を外的環境との関係で**異化**（調節）ないしは**同化**することが必要である。感覚運動的段階は，出生後の反射活動の時期から出発する（段階Ⅰ：誕生～生後6週）。次いで，反射は別の行動パターンと協応化されるようになり，最も単純な習慣的行動となる（段階Ⅱ：生後6週～3か月）。段階Ⅲ（生後3か月～9か月）では，目と手の協応が可能になり，行動の結果に気づく。しかしこの段階では，隠された対象を手で探すことができず，対象は物としての永続性や同一性をもたない。その後，行動を順番に構成しながら，手段－目的関係において使いこなせるようになる（段階Ⅳ：生後9か月～12か月）。次いで，シェマは柔軟になり，試行錯誤的に新しい手段の発見が可能になる。この段階では，目に見える対象の運動の跡を追える範囲で対象の永続性を理解している（段階Ⅴ：生後12か月～18か月）。段階Ⅵでは，延滞模倣が可能となり，「フリ」をすることが可能となり，表象能力が発現する。この段階で，物は永続性と実体，同一性を持ち，思考における対象概念が成立する。また，動作的に予期や洞察行動を示すようになる（段階

6節　言語の概念機能

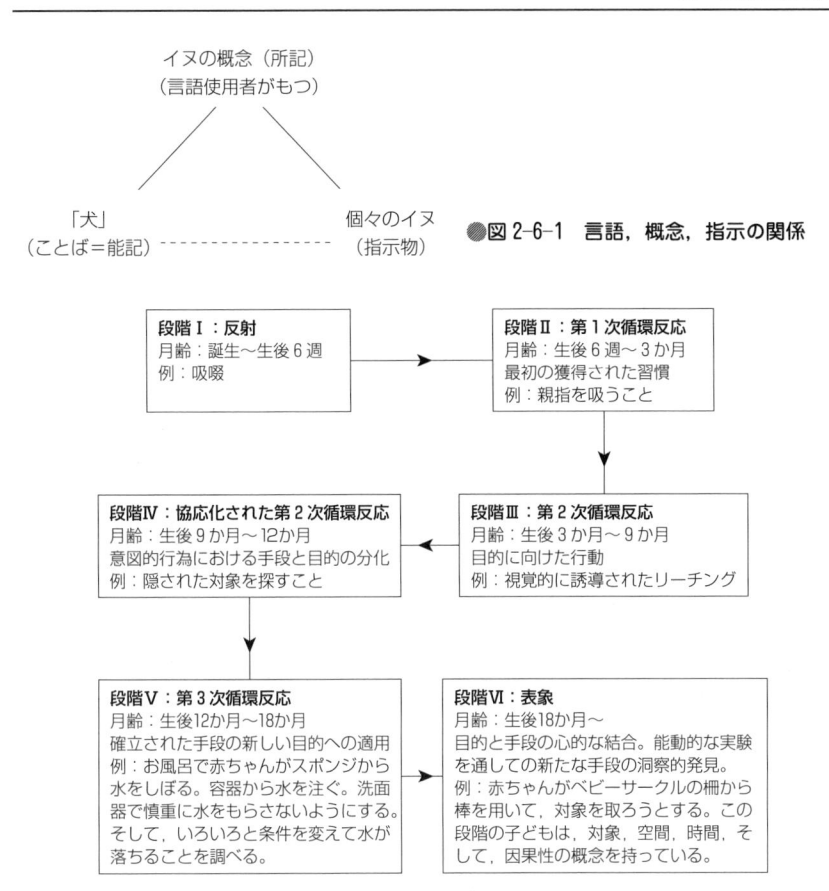

```
                イヌの概念（所記）
               （言語使用者がもつ）
              ╱                ╲
             ╱                  ╲
        「犬」                  個々のイヌ
     （ことば＝能記）----------- （指示物）
```

● 図2-6-1　言語，概念，指示の関係

```
┌─────────────────────┐      ┌─────────────────────┐
│段階Ⅰ：反射          │      │段階Ⅱ：第1次循環反応 │
│月齢：誕生～生後6週  │─────▶│月齢：生後6週～3か月  │
│例：吸啜              │      │最初の獲得された習慣  │
│                      │      │例：親指を吸うこと    │
└─────────────────────┘      └─────────────────────┘
                                         │
                                         ▼
┌─────────────────────────────┐  ┌─────────────────────────┐
│段階Ⅳ：協応化された第2次循環反応│  │段階Ⅲ：第2次循環反応     │
│月齢：生後9か月～12か月       │◀─│月齢：生後3か月～9か月   │
│意図的行為における手段と目的の分化│  │目的に向けた行動         │
│例：隠された対象を探すこと    │  │例：視覚的に誘導されたリーチング│
└─────────────────────────────┘  └─────────────────────────┘
           │
           ▼
┌─────────────────────────────┐  ┌─────────────────────────────┐
│段階Ⅴ：第3次循環反応         │  │段階Ⅵ：表象                 │
│月齢：生後12か月～18か月      │  │月齢：生後18か月～           │
│確立された手段の新しい目的への適用│  │目的と手段の心的な結合。能動的な実験│
│例：お風呂で赤ちゃんがスポンジから│  │を通しての新たな手段の洞察的発見。│
│水をしぼる。容器から水を注ぐ。洗面│  │例：赤ちゃんがベビーサークルの柵から│
│器で慎重に水をもらさないようにする。│  │棒を用いて，対象を取ろうとする。この│
│そして，いろいろと条件を変えて水が│  │段階の子どもは，対象，空間，時間，そ│
│落ちることを調べる。          │  │して，因果性の概念を持っている。│
└─────────────────────────────┘  └─────────────────────────────┘
```

● 図2-6-2　ピアジェによる感覚運動的発達段階　（バターワースとハリス，1994）

◆表2-6-1　ピアジェの発達段階　（村田，1975）

感覚運動期 （0～2歳）	感覚と運動との間の関係の発見を行う。物を把握するために自分の手はどのように働くか，テーブルの端にある皿を押すとどんなことが起こるかなどについて知るようになる。
前操作期 （2～6歳）	表象が発生し，象徴的な行動が発達してくる。＜意味するもの＞と＜意味されるもの＞の関係が生まれ，言語が思考に介入し始める。概念化が進み，推理が生じるが，なお知覚に支配され，直観的である。
具体的操作期 （6～11歳）	具体的に理解できるものは，論理的操作を使って思考する。たとえば，高さや重さで物を系列化することができる。また，以前のように知覚にまどわされることも少なくなる。しかし，具体的な対象を離れると論理的に思考することができない。
形式的操作期 （11歳～成人）	命題に対して論理的操作を加える。結果が現実と矛盾してもかまわない。典型的なものとして，科学における仮説検証のための演繹的手続きがある。

Ⅵ：生後18か月〜）。

　感覚運動のシェマは，イメージとともにシンボル機能の前提となり，模倣や見立て遊びなどが発達する。これらの象徴的行動は，音声言語の獲得に先立って生じる。その後，ことばがシンボルとして機能するようになり，形式的思考へと発達する（表2-6-1）。ピアジェは，知的発達は言語使用に密接に関連するが，言語能力の発達の単純な反映ではないと考えた。

　ピアジェの感覚運動段階に基づき，重度知的障害の概念発達が検討された。マックファーソンとバターワース（1988）は，表出言語をもたない最重度知的障害児（MA2歳以下，平均CA11歳）を対象とし，感覚運動段階の知能を評価し，その特徴を検討した。対象者の半数は移動困難であった。感覚運動段階はアズギリスとハントの尺度によって6領域について評価した。その結果（図2-6-3），感覚運動の段階Ⅲから段階Ⅵにかけて，とくに物の永続性（隠された事物を探す）と模倣（音声と身振り）の得点が他の領域と比べて低かった。物の永続性や模倣には，眼前にない事物のイメージが必要であり，表象機能が関与する。したがって，知的障害が重い場合には，象徴機能の発達が遅れることが指摘できる。

　ブルーナーは，人が現実世界を表象するしかた（ブルーナーの用語では方略）の発達に関心をもった。彼は，表象の作り方として，3つの方略を指摘した（ブルーナー，1966）。第1は運動反応による方略で，これによって**動作的表象**がつくられる。第2は知覚像による方略で，**映像的表象**が，第3は言語や記号による方略で，**象徴的表象**がそれぞれつくられる。子どもの表象は，動作的表象から順次発達し，それぞれの発達段階を特徴づける。ブルーナーは多様な事象から意味のあるクラス（カテゴリー）をつくり出す過程を概念形成とした。

　知的障害児は，このような表象形成に遅れを示すことが分類課題で指摘された。清水（1962）は，絵カードの分類とその言語化をとおして概念形成の特徴を検討した（表2-6-2）。

　清水（1962）の研究から，知的障害児は，MA増加に伴い概念形成能力の発達を示し，その経過は健常児と基本的には異ならないことが指摘できる。不完全分類の反応タイプ（図2-6-4）を検討した結果，知的障害児では，VC'

6節　言語の概念機能

(a) 段階V　　健常児 n=12　　知的障害児 n=7

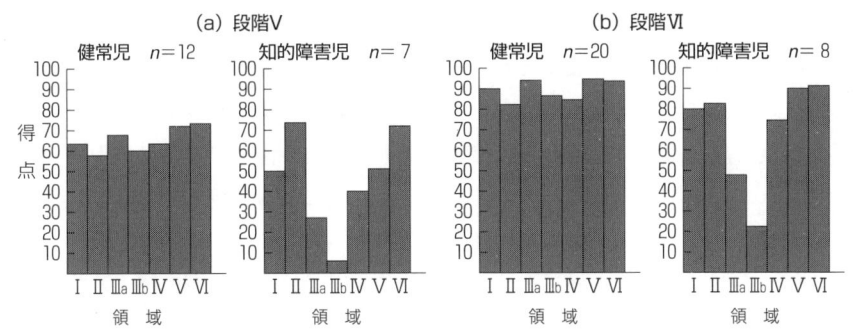

(b) 段階VI　　健常児 n=20　　知的障害児 n=8

●図 2-6-3　**最重度知的障害児における感覚運動段階の特徴**（マックファーソンとバターワース，1988）

アズギリスとハントの尺度に基づいて，感覚運動の6領域（Ⅰ-物の永続性，Ⅱ-手段と目的，Ⅲa-声の模倣，Ⅲb-動作模倣，Ⅳ-操作と原因，Ⅴ-空間内の関係，Ⅵ-物を関連づけるシェマ）について評価を行った。障害児では，物の永続性Ⅰと模倣Ⅲの得点が健常児と比べて低いことがわかる。

◆表 2-6-2　**清水（1962）による絵カード分類課題の手続きと分析**
対象は MA 4歳〜9歳の知的障害児とした。

カード内容	6種のカテゴリーに分類可能な色つき絵カード20枚。
手続き	20枚の絵カードを呈示し，各カードの名前の確認を行った。次に，「この中から，あなたが同じだと思うものを探していっしょに集めてください。いくつに分けてもかまいません」と教示し，分類させた。その後，「これはどうして同じなのですか？」と問い，理由の説明を求めた。
分　析	各カードに対する反応は，6種のカテゴリーに沿った分類と，分類の言語化の2側面から分析された。 分類・言語化ともに正しかった反応（VC），説明は正しかったが分類が不完全な反応（VC'），分類は正しかったが説明が不完全な反応（V'C），分類・言語化ともに不完全な反応（V'C'），前概念的分類（PC）。

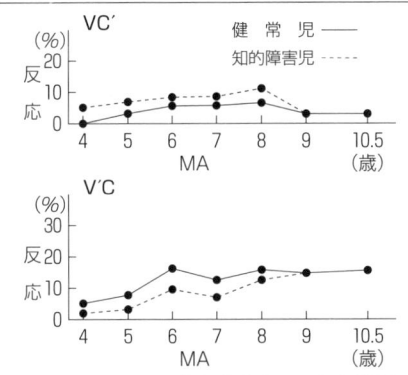

不完全分類の反応タイプの比率について，V'Cは健常児で多かったが，VC'は知的障害児で多かった。
V'Cは，カテゴリーへの分類は正しいがその言語化が不完全な反応であるので，健常児では，概念の実質的使用が先立ち，その言語的定着が遅れる傾向にあることが指摘できる。
他方，VC'はカテゴリーへの分類が不完全であるが，その言語化が正しい反応であり，知的障害児では，概念の実質的内容が伴わなくとも，その言語を使用する傾向が高いことがわかる。

●図 2-6-4　**不完全分類の反応タイプ**（清水，1962）

◆**図式（シェマ）**　（→p.82）　図式と訳されるシェマ（schema）（または，シェマ：scheme）は，ピアジェの用語では，世界を認知したり，外界に働きかけたりする際に土台となる枠組みを意味する。シェマは経験によって，豊かにつくり変えられていく。「反射のシェマ」から「感覚運動的シェマ」へ，さらに「表象的シェマ」「操作的シェマ」へと発達していく。このように，子どもの認知の発達過程はシェマの発達過程と考えられている（「同化と異化」の項を参照）。

（カテゴリーへの分類が不完全であるが，その言語化が正しい反応）が多く，概念の実質的内容が伴わなくとも，その言語を使用する傾向が高いことがわかった。この点について言語的概念化の未発達な状態で生活経験を重ねるため，言語的概念化の裏づけを伴わずに機械的な言語習慣が優位になる傾向があると考察された。また前概念段階のPC反応では，色による分類と「お話」による分類が多く，これが知的障害児の特徴とされた（表2-6-3）。

　寺田（1969）も同様な検討を行い，知的障害児では，言語概念による分類は，健常児に比べてMAで1～2年の遅れがみられることを報告した（図2-6-5）。寺田（1969）はさらに，カテゴリー名を教示して，要素を選択させる課題を行った。これは，絵カード分類課題（要素からカテゴリー名を抽出）とは逆の関係になる。対象児a，bの2人について結果をみると（表2-6-4），2人とも，分類の言語化が困難であったが，「花」「野菜」などのカテゴリー名の指示に対してカードを取り出すことが可能であった。これより知的障害児では，カテゴリー名を語彙として有していても，分類に際して，自発的に使用することに困難を示す。

　絵カードの分類による概念形成ではなく，知的障害児が有している自然カテゴリーの特徴を検討した研究もなされている。

　佐々木（1986）は**自然カテゴリー名**を与え，それに属すると思う事例を言わせる方法（事例産出法）を用いて検討した。対象は中度知的障害児（MA4歳～9歳，平均CA15歳）とした。「野菜」についての事例の平均産出数は，健常児は4.2（不適切反応数は0.1），知的障害児は7.9（不適切反応数は3.3）であった。知的障害児の不適切反応は「果物」「料理」「菓子」など食品一般のカテゴリーであった。このことから，知的障害児では自然カテゴリーの境界領域が辞書的定義と比べてあいまいであり，外延が拡大している可能性が示唆された。

2　行動主義のアプローチ

　行動主義の立場では，概念とは共通の反応を引き起こす複数の刺激（刺激クラス）のことをいう（行動主義の用語については，2節の学習を参照のこと）。特定の刺激群が同一概念であるかどうかは，それらが弁別刺激として共通の反応を引き起こすか否かで調べられる。たとえば，車についての概念が形成され

6節 言語の概念機能

◆表2-6-3 代表的事例における言語反応（清水，1962より作成）
　下線は色名が実際の色と不一致であるもの，太字は分類事態が共通の色をもっていないものを示した。事例1は色による分類，事例2は，「お話」による分類を示している。CAが高い知的障害児は生活経験として多くのことを知っているが，抽象的な概念段階へ進むのが困難で，具体的場面での知識を中心とした反応が優勢になるため「お話」による分類になると考察された。

事例1	MA5歳4か月　CA9歳11か月　IQ54。V'C2，V'C'8，PC6，NG4 そのうち6枚を色によってまとめた。 （巡査・汽船）いろやし，黄色。（ナス・ハイヤー）ナスビやし自動車は乗り物やし，この色とこの色とおんなじやし，黄色やし。（パン・リンゴ）色がいっしょ，ちょっとだけ赤いし。
事例2	MA4歳7か月　CA：12歳3か月　IQ37。V'C'4，PC16，すべて対群に構成した。そのうち18枚が「お話的」反応であった。 （おじいさん・赤ん坊）赤ちゃんをおじいさんが抱いて寝てはる。（編上げ靴・巡査）巡査さんが靴はいてはる。（リンゴ・お姉さん）リンゴをお母さんが食べはる。（ナス・長靴）長靴はいて子どもがナスビとりに行かはる。（汽船・鏡台）嫁さん行かはるとき，船に乗って行かはる。（電車・コイ）汽車で魚取りに行かはる。（ハト・ゾウリ）よその人がゾウリをはいてそーっと行ってすずめつかまえる。（ハイヤー・コオロギ）ハイヤーがギス（コオロギのこと）つかんで持って帰る。

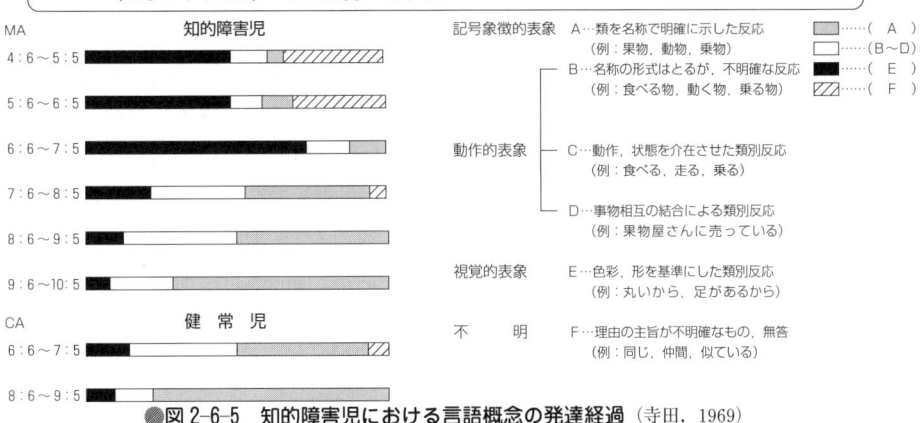

記号象徴的表象　A…類を名称で明確に示した反応
　　　　　　　　　　（例：果物，動物，乗物）
　　　　　　　　B…名称の形式はとるが，不明確な反応
　　　　　　　　　　（例：食べる物，動く物，乗る物）

動作的表象　　　C…動作，状態を介在させた類別反応
　　　　　　　　　　（例：食べる，走る，乗る）
　　　　　　　　D…事物相互の結合による類別反応
　　　　　　　　　　（例：果物屋さんに売っている）

視覚的表象　　　E…色彩，形を基準にした類別反応
　　　　　　　　　　（例：丸いから，足があるから）

不　　明　　　　F…理由の主旨が不明確なもの，無答
　　　　　　　　　　（例：同じ，仲間，似ている）

MA　　知的障害児
4:6〜5:5
5:6〜6:5
6:6〜7:5
7:6〜8:5
8:6〜9:5
9:6〜10:5

CA　　健　常　児
6:6〜7:5
8:6〜9:5

●図2-6-5　知的障害児における言語概念の発達経過（寺田，1969）
　A〜Fは左に示した表象の区分に対応する。

◆表2-6-4　カテゴリー名と絵カードの選択との関連（寺田，1969より作成）

課題	対象者	MA(IQ)	ばら	チューリップ	えんどう	きゅうり	すいか	いちご	りんご	夏みかん	キャラメル	カナリヤ	つばめ	とんぼ	ちょうちょ	ばった	金魚	自転車	自動車	飛行機	ボート	その他
類→要素	a	4:9 69	花	花	野菜	野菜	食べ物	食べ物	食べ物	野菜		鳥	鳥	虫		虫		乗物	乗物	乗物	乗物	
	b	7:3 65	花	花	野菜食べ物	野菜食べ物	食べ物	食べ物	食べ物			鳥	鳥動物	虫		虫動物		乗物	乗物	乗物		
要素→類	a	4:9 69	E3	E4	E1	E1 E4	E3	E3		E4	E2	E2		E2	E4	E3						E3
	b	7:3 65	A1	A1			E1	E1	E3	E3		A2	A2	E2								E2

　対象児aとbについて示した。上段は類から要素の選択の場合（カテゴリー名を教示して，カードを選択させる場合）を示した。表中の記述は，教示したカテゴリー名を表す。下段は要素から類の選択の場合（カードを分類して，分類の理由を答えさせる場合）を示した。表中の記述は，分類した理由を表しており，AとEは図2-6-5の記号と対応する。例として，E1は1回目に分類し，その理由が色ないしは形を基準にした類別反応であったことを表す。

た場合には，さまざまな実物の車や，写真の車などが，弁別刺激として働き，言語反応（「クルマ」）を生起させる。刺激クラスの形成は，見本合わせ課題により検討されてきた（2章2節2（2）を参照）。

　スプラドリンとディクソン（1976）は，中度知的障害者を対象とし，4つの視覚刺激と1つの聴覚刺激の刺激クラスの生成について検討した。図2-6-6は学習経過を示したものである。4つの視覚刺激間のマッチングが確立されたあと，聴覚刺激と1つの視覚刺激とのマッチングが訓練された（期間a）。加えて，同じ聴覚刺激と他の1つの視覚刺激とのマッチングが訓練された（期間b）。**プローブ試行（下段）**では，同じ聴覚刺激を見本刺激として呈示した場合に，残りの2つの（未訓練の）視覚刺激を選択するか検討した。その結果，選択可能になることが明らかとなった。このことは，聴覚刺激が1つの視覚刺激と連合するときは，それはその視覚刺激の名前として機能するが，聴覚刺激が2つ以上のものと連合したときには，グループを表す上位概念のラベルとなることを示唆している（バナナの絵と連合した聴覚刺激は事物の名前であるが，バナナ，リンゴ，ミカンの絵にそれぞれ連合した聴覚刺激は，上位概念の果物を表す）。

　スプラドリンらは，具体的場面で複数の刺激に共通的機能や関係が与えられ，その一部にラベルが連合するならば，ラベルは概念として働く（刺激は共通した制御特性を持つ）ようになることを指摘した。また，日常の概念の多くはこのような獲得経過を取ることを考察した。

◇発達支援の視点◇

（1）　認知論的立場のアプローチ

　言語の獲得は，遊びや模倣の発達にみられる象徴機能の働きに関連しているという知見が健常乳児について明らかにされてきた（マッキン-ニコリッチ，1981）。若林（1994）は，CAが2歳後半以上だが語の理解と表出を示さなかった知的障害児を対象として，象徴的行動と，語の理解・語表出時期との関係を検討した。象徴的行動は，養育者と子どもの自由遊び場面（約30分間）で観察した（表2-6-5）。語の発現の年齢と象徴的行動の関係について検討した結果（表2-6-6），語の理解と表出を示した群では，象徴的行動1と象徴的行動2が観察されたが，その時期は，語の理解と表出の年齢に先立った。

6節　言語の概念機能

●図 2-6-6　4つの視覚刺激と1つの聴覚刺激の刺激クラスの学習経過

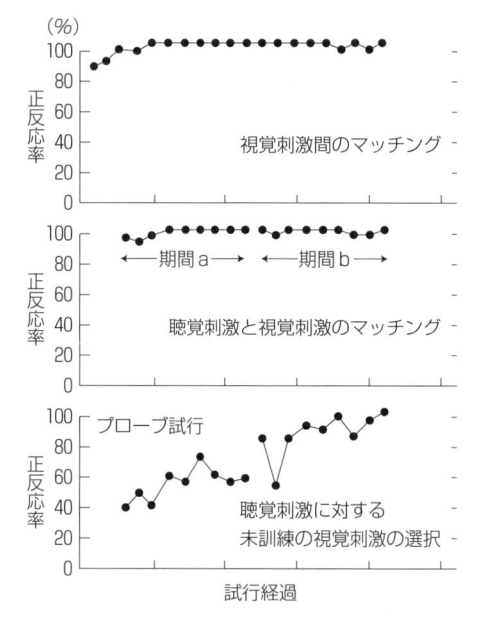

縦軸は正反応率，横軸は訓練のセッションを示す。

上段は，視覚刺激間のマッチング訓練の学習経過を示す。

中段は聴覚刺激（見本刺激）と1つの視覚刺激とのマッチング訓練（期間 a）と，同じ聴覚刺激と他の1つの視覚刺激を加えたマッチング訓練（期間 b）を示す。

下段のプローブ試行では，同じ聴覚刺激を見本刺激として呈示した場合に，残りの2つの（未訓練の）視覚刺激を選んだ反応率を示した。

聴覚刺激と，2種の視覚刺激との間のマッチングが可能になるにつれて（期間 b），同じ聴覚刺激に対して未訓練の視覚刺激が選択されるようになる（プローブ試行）ことを示している。

（スプラドリンとディクソン，1976）

◆表 2-6-5　観察された非象徴的行動と象徴的行動　（若林，1994より作成）

行動の種類		観察内容
非象徴的行動	事物の単純操作	事物を振り回したり，たたいたり，口に入れる。
	事物の関係づけ操作	物の用途に関係なく，2つ以上の事物を関係づける（物を積み重ねたり，コップに積み木を入れる）。
象徴的行動	前象徴的行動	物の用途に従って操作する（コップで水を飲む）。
	象徴的行動1	物を遊びとして操作する（ままごと用のコップで飲むまねをする）。
	象徴的行動2	物の現実的用途から離れて，ふり遊びや見立て遊びをしたり，他者の役割を演じる（積み木を車に見立てたり，人形に食べさせる）。
	象徴的行動3	単一の象徴的行動を2つ以上組み合わせて，連続的に行う（人形に飲ませたあと，寝かせる）。
	象徴的行動4	遊びのプランを立ててから行動に移す。

◆**能記と所記**　（→p.82）　言語を含めて広く「あるものがあるものを意味する」という心理機能を象徴機能（symbolic function）と定義している。その意味するものは「能記（significant）」，意味されるものは「所記（signifie）」とよばれる。能記と所記の結合関係が類似的，有縁的で，具体的，個別的状況に制約される場合，その際に用いられる能記は「標識」とよばれる。これに対し，結合関係が社会的な約束に基づく恣意的，任意的な場合の能記の代表は「言語」である。用いる能記の水準によって意味できる内容が異なるため，象徴機能の発達を表すひとつの側面として能記一所記関係は重要である。

図2-6-7は，象徴的行動が明瞭であった対象児A～C3人について，行動出現率の時間的変化と語の理解と表出の発現時期を示している。語の理解と表出が未獲得な知的障害児において象徴的行動がわずかでも現れることは，語の理解の発現と関係が深いことが指摘できる。象徴的行動の高次化が生じるにつれて，語表出が発現した。

大人のモデル演示は，脱中心化（人形や他者をふり行為の受け手として遊ぶ），脱文脈化（ないものを身振りのみで使用），および統合化（複数の表現を連結して遊ぶ）の点で，**モデリング**効果を示すことが，ダウン症児について報告されてきた。脱文脈化や統合化の程度と，発話（最長文節数）との間に関連があることから，言語発達の支援に象徴的遊びを導入することの意義が指摘された（小山，1994；陽田，1996）。

子どもにおいて事物に応じた操作が可能になることは，事物の基礎概念が形成されたことを意味する（表2-6-7）。重度の知的障害児でも機能的な事物操作が可能であれば，対となる事物やはめ板を用いて事物の基礎概念を評価し，指導する方法が提案されている（国リハ式〈S-S法〉言語発達遅滞検査，小寺ら，1987）。事物やはめ板の「ふるいわけ」と「選択」を課題として用い，スモールステップで指導を行うことで，大人の呈示した事物（見本刺激）に対応した事物を選択する操作を獲得し，その後，大人の身振りや音声に対応して事物を選択できるようになった指導事例が報告された。この方法は，重度知的障害児の個別指導に有効であることが指摘されている（菅井，1996）。

> 見本合わせ課題の支援方法
> ⇒コラム

（2） 行動主義のアプローチ

概念には，動物などの「物に関する概念」とともに，大小，長短などの「関係の概念」がある。行動主義の立場では，概念は条件性弁別として扱われる。「関係の概念」は刺激と刺激との関係性を弁別刺激とした場合の刺激性制御になる。

谷（1992）は，「大きい」あるいは「小さい」という音声弁別刺激に従って，おもちゃを選択する反応について検討した。対象児は自閉的傾向を伴う重度知的障害児3人とした。はじめに訓練試行を行った。対象児の前に，色や形は同じだが，大きさの異なる事物（選択刺激）が置かれた。「大きい（または，小さい）コップ」という聴覚呈示（見本刺激）に対して，対応する事物を選択す

6節　言語の概念機能

◆表 2-6-6　語の理解と表出の年齢と象徴的行動発現の時期　(若林，1994より作成)
　語の理解は表出に先立つ傾向がみられた。語の理解と表出を示した群では，象徴的行動1と象徴的行動2が観察されたが，その時期は，語の理解と表出の年齢に先立った。

対象児	語の理解	語の表出	象徴的行動1	象徴的行動2
語の理解と表出を示した者				
A	2：11	4：4	2：9	2：10
B	4：11	6：5	4：5	4：5
C	2：10	3：9	2：4	2：4
D	4：4	4：3	3：8	3：8
E	9：8	9：8	8：6	9：2
F	3：10	3：10	3：1	3：2
語の理解を示した者				
G	5：9	—	4：6	4：2
H	9：9	—	—	—
I	10：8	—	—	—
語の理解と表出を示さなかった者				
J	—	—	2：8	2：7
K	—	—	1：11	1：10
L	—	—	—	—
M	—	—	—	—
N	—	—	—	—
O	—	—	—	—

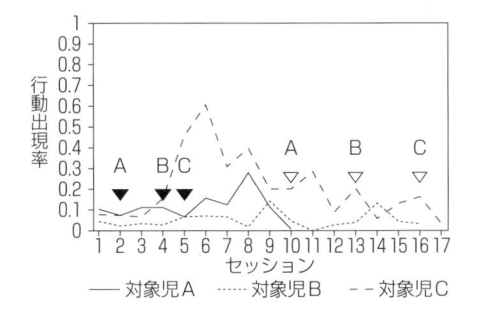

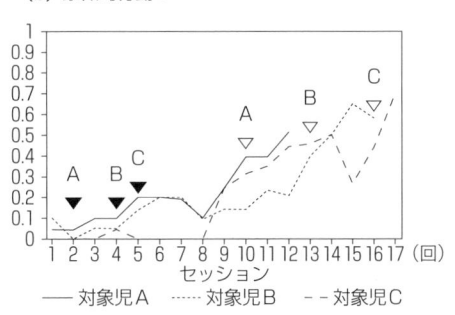

(a) 象徴的行動1　　　　　　　　(b) 象徴的行動2

●図 2-6-7　象徴的行動の出現率と語の理解と表出の発現時期　(若林，1994より作成)
　対象児 A，B，C（表2-6-6）について，象徴的行動1(a)と象徴的行動2(b)の行動出現率を示した。横軸は観察セッションの回数を表す。語の理解（黒三角）と表出（白三角）の発現時期が記された。行動出現率は，観察された行動（表2-6-5）の総数に対する比として算出した。語理解の発現時期では，象徴的行動1と2の出現率は低かった。語表出の発現時期では，象徴的行動2の出現率が高く，増加傾向が顕著であった。

◆同化と異化　(→p.82)　　ピアジェは生理学で用いられる代謝作用を表す同化と異化の概念を，心理機能においてもみられるものとして同化（assimilation）と異化（調節，accommodation）という用語で表現した。同化とは「外界を自己の行動シェマに取り入れること」を意味し，幼児においては典型的には「遊び」の形で表れる。異化とは「外界に応じて自己の行動シェマを変えること」を意味し，模倣の形で表れる。発達は同化と異化の相互作用をとおして，両者の均衡を保つ方向へと進んでいく（均衡化）と考えられた。

る反応が強化された。訓練では，音声刺激とともに，動作的手がかり（「大きい」は両手を広げ，「小さい」は両手の人差し指をつける）を呈示し，コップや積み木を選択刺激とした。強化として誉めるなどの社会的強化子を用いた。まちがった試行に対しては，修正せず強化を与えなかった。1セッションは10試行（大小各5試行）とした。プローブテストでは，聴覚刺激のみで，動作的手がかりは与えなかった。学習達成基準（80％の正答率）に達しない場合に修正手続きを行った。修正手続きでは，「ちがう」という音声刺激とともに，動作的手がかりを呈示した。その後，転移テストを他の3種の事物で行った。

学習経過（図2-6-8）より，対象児T.U.は修正手続きを用いることで，学習達成基準に達したことがわかる。対象児T.Y.では基準に達しなかったので，12試行の追加訓練がなされて基準に達した。追加訓練では，対象児に動作的手がかりを模倣させた。選択刺激についての命名行動を伴わせた場合には，条件性弁別が促進されることが従来，報告された。このことから，大小関係の条件性弁別でも，選択刺激に関する動作的手がかりを導入することが有効であったことが指摘できる。

> 行動形式
> 技法
> ⇒コラム

◉以上の研究を要約すると，次のような発達支援の視点が指摘できる。
・音声言語が未表出な重度知的障害児の言語発達を評価し支援するうえで，遊びによって象徴的行動を促進する指導は重要である。とくに，象徴的行動の高次化のレベルを判断し，的確なモデルを呈示し，模倣を促す方法は効果的である。
・中・軽度知的障害児・者では，分類行動ができなかったり，カテゴリー名を表出できない者がいる。カテゴリーの利用は記憶機能の促進にもかかわるので，日常生活で出会う概念については，分類でき，カテゴリー名を言うことができるように，日常的な機会をとらえた指導が必要である。
・概念を等価な刺激クラスととらえると，複数の事物に共通な機能があり，共通的な関係をもっていることを，具体的経験をとおして学習させ，気づかせることがたいせつである。
・関係する事物すべてに言語ラベルを連合させることは必要ではない。しかし，ひとつの事物のみでは概念の言語ラベルにならないので，複数の事物に対して言語ラベルを連合させる。
・複数の事物の共通的な機能に気づかせる際には，その子どもが獲得している事物の操作レベルを考慮した指導がたいせつである。

6節　言語の概念機能

◆表 2-6-7　事物の基礎概念と単語の学習段階 （小寺，1996より作成）

段階		子どもの状態		大人の働きかけ
		段階の内容	具体例	
事物の記号	3-2 音声記号	他者の成人語音声を理解し絵カードを選ぶ。 他者の幼児語音声を理解し絵カードを選ぶ。	「タイコ」「クツ」 「ドンドン」「クック」	
	3-1 身振り記号	他者の身振りを理解する。	たたく身振りを見せるとタイコを選ぶ。 身振りで靴を取る。	身振りや音声で選べる。物をふやす。
事物の基礎概念	2-3 選択	他者の呈示したものに視線を向け，関連するものを選択させる。	タイコの本体を見せるとバチを選択する。 多くの靴の中から選んで靴を入れる。	関連する物を選ばせるとき，物を見せるのを少なくして身振りや音声を強化する。
	2-2 ふるい分け	自分の手に持っている物を他の物と関連させて弁別的に操作する。	バチを持たせるとタイコの本体をみわけてたたく。 靴を持たせると靴箱を選んで入れる。	物を見せて，関連する物を選ばせる。 靴箱をたたいて靴を入れさせる。
	2-1 機能的操作	身近な物の一つひとつを機能的に操作する。	バチでタイコをたたく。 靴に自分の足を入れる。	お片づけを教える。 遊べる物，扱える物をふやす。
事物・事態の理解困難	1	外界に対する認識が未分化であり，物の機能に即した扱いができない。	バチを投げたり，口に入れたりする。 靴は全介助である。	基本的生活習慣を教える。 身近な物の道具的使用。 感覚運動的玩具で遊ぶ。
		常同的，反復的，自己刺激的行動がみられる。		

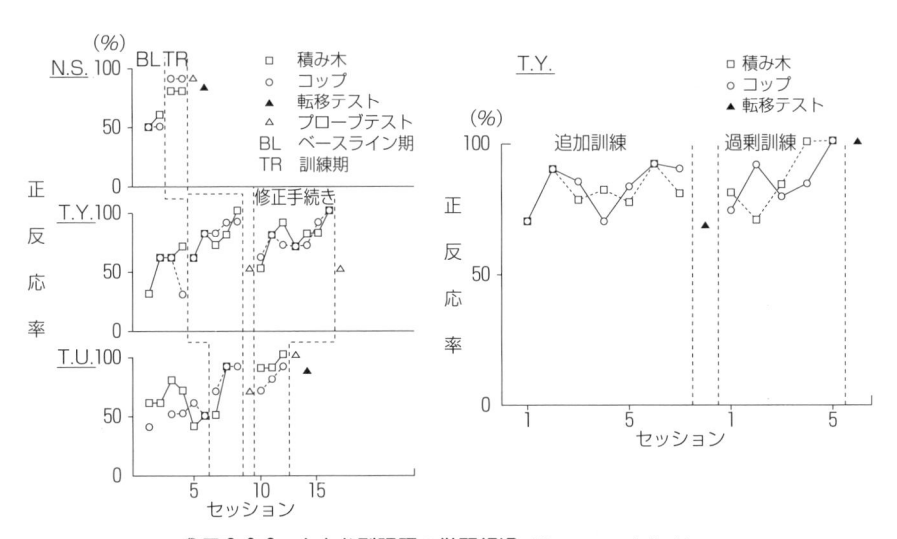

●図 2-6-8　大小弁別課題の学習経過 （谷，1992より作成）
　対象児3人について，正反応率の学習経過を示した。白三角はプローブテスト，黒三角は転移テストを示した。転移テストでは，未訓練の3種の玩具を用いた。追加訓練では，大小を表す動作的手がかりを行わせた。できない場合には対象児に模倣させた。1セッションは一試行とした。右は対象児 T.Y. の追加訓練を示した。

行動形成の技法

コラム5

行動分析学では，行動形成のための技法が開発されている。ここでは，代表的な技法を，加藤（1997）の説明に基づき整理する。行動形成にあたっては，子どものコミュニケーション段階や機能的な言語行動を的確に評価する必要がある。またターゲット行動や，形成方法についての社会的妥当性に関して，当事者を含めて判断を確認することが重要である。

① シェイピング法

行動形成の基礎的技法とされている。はじめにターゲット行動を含む全体的行動を強化し，しだいに，指導者の指示やモデル下での表出行動を強化しながら，ターゲット行動以外の行動を消去する。このようにして，ターゲット行動を形成していく。

② チェイニング法

複数の行動群からなるターゲット行動の形成を行う。最初の段階の行動から積み上げていく方法が通常用いられる。また最終段階の行動を形成し，逆にターゲット行動の初めに向けて形成していく方法がある（たとえば，セーターを着る行動の形成であるならば，セーターを頭にかぶせ，手を入れたところから最後までの行動を形成したあと，しだいに，セーターを手にとって着る行動までの形成を図る）。

③ 行動連鎖中断法

形成されている行動連鎖の遂行を外部からいったん中断させ，その部分にターゲット行動を組み込ませる方法で，強固な行動連鎖が成立しているときに有効である。外部から介入して活動の一部を中断させて行う。対象児は，後続の行動を実行したいという強い動機づけをもっているので，ターゲット行動を速やかに実行してしまい，後続の行動をはやく実行しようとする（たとえば，絵を描くことに強い動機づけをもっている子どもに，画用紙に向かった状態で，介入によって活動を一時中断させ，「クレヨンをちょうだい」などの要求言語行動の表出を促す）。

④ プロンプト法

通常の条件では，ターゲット行動の喚起がとくに困難な場合，その行動の生起確率を高めるために，手がかりとして付加する刺激をプロンプトという。弁別学習や見本合わせ課題のように，試行錯誤学習での反応喚起にも有効である。

プロンプトには，刺激プロンプトと反応プロンプトの2とおりがある。

刺激プロンプトでは，ターゲット行動に対して制御力をもつ刺激を課題とともに呈示し，ターゲット行動の出現率を高める。たとえば，音声言語指示に対して絵カードを選択させる場面で，正カードを指さしする。また，正カードを大きくし，注意を引きやすい刺激にする，などがあげられる。プロンプトには，言語プロンプト，視覚的プロンプトが含まれる。模倣行動が可能な場合には，指導者がターゲット行動のモデルを演じ，同じことを行うよう促すことは，モデリングによるプロンプトに相当する。

指導者が対象児の手を取って，ターゲット行動を誘導することは，反応プロンプトにあたる。

ターゲット行動がプロンプト刺激のもとで安定して出現するようになった場合には，プロンプトを撤去していく必要がある。具体的には，プロンプトによる制御から，プロンプト以外の弁別刺激（ターゲット行動が出現するのに，本来必要な刺激）による制御へ移行させる

必要がある。この方法として，プロンプトフェイディング法と遅延プロンプト法がある。

プロンプトフェイディング法では，プロンプトを徐々に除去していく。物理的にプロンプト刺激を除去していく方法とともに，喚起力の弱いプロンプトに徐々に置き換えていく方法がある（たとえば，身体のガイドによりターゲット行動が出現するようになったら，モデリングや声かけなどの弱いプロンプトを導入する方法）。

遅延プロンプト法は，プロンプトの除去に有力な方法としてよく使われる。プロンプト呈示のタイミングを少し遅らせて，ターゲット行動がプロンプトの呈示前に出現するように促す。遅延時間を少しずつ延ばすことによって，最終的にプロンプトなしでもターゲット行動が出現するよう計画する。

＊加藤哲文　1997　コミュニケーション行動を形成するための基礎的・応用的指導技法　小林重雄（監修）応用行動分析学入門　学苑社　Pp. 97-120.

◆**動作的・映像的・象徴的表象**　（→p. 84）　　ブルーナーは人間の認知発達を，経験を表象する手段の様式の変化としてとらえた。第1に，動作（行為）を媒介とした動作的表象（enactive representation）である。これは，あることを，それを取り扱う習慣的な動作パターンとして知っていることをさす。継時的な順序のパターンであることが特徴である。第2に，知覚的な映像イメージを媒介とした映像的表象（iconic representation）である。これは，生後1年ごろから現れ，初めは動作的表象の関与が強いが，しだいに分離していく。継時的な束縛から開放され，同時的空間的なパターンであることが特徴だが，事象の具体的表面的な性質のみを取り扱うことになる。最後に，言語・記号を媒介とした象徴的表象（symbolic representation）である。これによって初めて，事象の表面的ではない，知覚的にはとらえがたい本質的な性質を取り扱うことができる。発達の過程としては，それぞれの年齢段階で支配的な表象様式があり順次獲得されていくが，次の表象様式を獲得したあとでは，表象システム全体が前の段階とは異なったものに質的に転換するとされる。

◆**自然カテゴリー**　（→p. 86）　　ある概念（カテゴリー）に属する事例は，共通の定義的特性をもっており，そのカテゴリーに属する事例は等価なものとして表象されるとして考えられてきた。ロシュ（Rosch, E.）はそれに対して，果物，野菜などのさまざまな自然カテゴリーは，典型的な事例であるプロトタイプを中心にして構造化されていることを明らかにした。また，カテゴリー間の境界領域は明確でない。自然カテゴリーには，抽象レベルの低いほうから下位水準（例として，台所いす，応接いすなど），基礎水準（いす），上位水準（家具）がある。自然な事物の分類では，基礎水準のカテゴリーが利用されやすい。

◆**モデリング**　（→p. 90）　　モデリング（modeling）は，観察学習（observational learning）や模倣（imitation）の原理を従来の学習理論に取り入れた「社会的学習理論（social learning theory）」で用いられ，その後，行動変容の有力な方法のひとつとして行動療法でも広く利用されている。学習者が自ら直接反応したり強化を受けなくとも，他者（モデル）の行動を観察するだけでその行動型を学習する場合があり，これを観察学習とよぶ。バンデューラ（Bandura, A.）はこの原理に基づく学習をモデリングと称して，認知論的に展開した。彼はモデリングを，注意，保持，運動再生産，動機づけの4つの過程（要因）から考察した。

見本合わせ課題の支援方法

コラム6

　見本合わせ課題は，刺激－刺激学習であるので，記号とその指示内容に関する学習（文字やカテゴリー名，さらには，非音声的コミュニケーション手段のシンボル記号など）に有効である。見本刺激と選択刺激の内容を子どもに合わせて工夫できるので，対象となる知的障害の程度も軽度から重度まで広範囲である。ただ，指導場面が限られるので，学習成果の般化を促す指導をあわせて行う必要がある。また，大人の言語指示に対して絵カードを選択できる段階（記号機能が成立した段階）と，まだ選択できない段階とでは，指導内容と方法が異なることに注意する必要がある。子どもによっては，大人と1対1で課題を行うことを好む者がいる一方で，そうでない者もいるので，子どもの対人認知の特徴を十分考慮することもたいせつである。

　以下に効果的な方法について述べる。

① **正刺激の属性を，知覚的に顕著にする方法**（小川，1993）
　見本合わせ課題では，ひとつの見本刺激に対して，複数の選択刺激が呈示される。その際，選択刺激の区別が困難なことがある。正刺激を選択しやすくするためには，正刺激の知覚的属性を顕著なものにし，注意を引くように配慮する。たとえば，刺激色と背景色のコントラストを高めることで成績が向上したという報告，また知覚的に類似する選択刺激をふやすことで，正刺激とのコントラストを明瞭にし効果をあげたという報告がある。

② **刺激形成法の利用**（小塩，1993）
　正刺激と負刺激を呈示する場合に，学習の開始期では，相違が際立つような負刺激を呈示して，選択反応を容易にする。安定した正刺激の選択が形成されたあとに，負刺激を本来の形態にしだいに近づけながら指導を行う。正刺激は同じものを呈示しつづけ，負刺激を訓練目標とする刺激に移行させることで，学習課題を達成させる。

③ **刺激フェイディング法の利用**（小塩，1993）
　この方法では負刺激を一定の刺激にする。学習の開始期に，注意を引く刺激やプロンプトを正刺激に付加しておく。指導経過で，プロンプトを除去する。子どもがプロンプトに注意を示し，プロンプトがないと反応しなくなることがあるので，配慮が必要である。

④ **排他的推論と刺激等価性の利用**
　選択刺激のなかに，子どもがすでに学習して知っている刺激を負刺激として，呈示する。この事態で，未学習の刺激を見本刺激として呈示した場合には，子どもは未知の選択刺激を選ぶ確率が高く，既知の選択刺激を選択する傾向は低い。子どもは，未知の見本刺激から排他的に推論し，未学習の選択刺激を選ぶ。これによって，誤反応を経験することなく，正刺激を選択する行動を強化する。刺激等価性については2節（p.40）で述べた。

⑤ **「ふるいわけ」課題の利用**

「ふるいわけ」課題は，S-S式言語発達遅滞診断検査で用いられる課題である（通常の見本合わせ課題は「選択」課題とよばれる）。選択刺激は指導者の側に並べる。見本刺激を子どもに持たせ，マッチングさせる。この課題では，子どもが見本刺激を持っているので，通常の見本合わせ課題と比べて容易になる。しかし，本来の見本合わせ操作（見本刺激を注視し，それにマッチしたものを選択する）とは異なるので，見本合わせ課題の補助課題として位置づけられる。「ふるいわけ」や「選択」課題においては，課題材料のひとつとして「はめ板」がよく用いられる。はめ板課題は，マッチングの正誤が子どもにわかりやすい。しかし子どもの注意が「はめる」操作のみに集中し，刺激の属性（色や形）に注意しなくなる場合がある。この特徴は，とくに重度の知的障害児にみられる。見本合わせ操作は色や形などの属性を手がかりとした選択行動であるので，はめ板課題がうまくできても，見本合わせ課題の指導目標が達成されたことにはならない。重度知的障害児で，はめ板課題のみ行う子どもでも，色や形に基づくマッチングへの移行課題をきめこまかく設定することにより，見本合わせ課題による学習が可能になる。

⑥　「選択」課題のストラテジーを教える

　端から一つひとつ選択刺激を取り出し，見本刺激と比較しながら選択するストラテジーを教える。「ふるいわけ」課題が可能な子どもにとって，このストラテジーを利用することで，「選択」課題が容易になる。

⑦　反応の正誤がわかりやすいようにする

　色と形を手がかりとした同一見本合わせの「選択」課題では，アクリル絵カード（透明アクリルカードに刺激図形を貼付したカード）が有効である。アクリル絵カードを重ねることで，色と形の同一性に気づかせることができる。子どもの好きな絵本のページを利用し，アクリル絵カード（カラーコピーしたキャラクタを透明アクリル板に貼る）を作成する。絵本のページを示したうえで，子どもにアクリル絵カードを1枚渡して，対応するキャラクタの上に置かせる（ふるいわけ）。また，複数のアクリル絵カードの中から，指導者の指さしたキャラクタに対応するカードを選択させ，その上に置かせる（選択）。

⑧　刺激の呈示範囲を工夫する

　通常，子どもの正面に選択刺激を呈示するが，子どもの注意範囲が狭いために，選択できないことがある。探索する手を中心に，注意をはらう子どもがいる。その場合には，利き手の側に少し寄せて，選択刺激を呈示することで，子どもの注意の範囲内に選択刺激を置くことができる。

＊小川　巖　1993　精神遅滞児の学習指導の問題　小宮三弥・山内光哉（編著）　精神遅滞児の心理学　川島書店　Pp.207-219.
＊小塩允護　1993　オペラント条件づけに基づく精神遅滞児の行動研究—刺激性制御の研究—　小宮三弥・山内光哉（編著）　精神遅滞児の心理学　川島書店　Pp.66-77.

7節 数概念

　数概念の発達によって，事物の個数や量を正確に把握することができるようになる。知的障害児の数概念に関する研究は，保存概念の研究と数の初期概念の研究に大きく分けることができる。数の**保存概念**は，ピアジェにより理論化された。保存概念の発達は，成人の論理的思考と密接に関係する。数の初期概念は，乳幼児の発達に関する研究のなかで指摘された。この節では，数の保存概念の発達と数の初期概念の発達について，知的障害児の特徴を論じよう。

1　数の保存概念

　ピアジェは，自然数の概念は，類の概念を基礎とする集合数（**基数**）と，系列の概念による順序数（**序数**）の両者の統合によって構成されると考えた。

　基数に関しては，対応づけとカウンティング（計数），保存の成立が検討された。

　表2-7-1は，分離量の保存概念の発達過程を示している（ピアジェら，1941）。保存課題としては，コップとストロー，卵立てと卵，花ビンと花などの2集合が用いられた。課題では，2列に並んだもの（たとえば，おはじき）を子どもに示し，「これらは等しいですか」とたずねる。4・5歳の子どもは同じであると答えることができる。次に，子どもが見ている前で，一方のおはじきの列を短くし，再度，質問を行う。子どもが保存概念を獲得していない場合には，「同じ」と判断せず，列の長いほうを多いと答える（図2-7-1）。

　連続量の保存課題で，刺激の変化を見せないようにして判断を求めた場合には，保存反応が減少することが指摘された（ブルーナーら，1966）。このことから，保存反応は，刺激の見え方に影響を受けることがわかる。

　基数を確実に把握するためには，系列的対応，ならびに序数の認知が必要となる（表2-7-2）。課題として，身長の異なる10個の人形に対応させて，ステッキを10本並べ，人形の列のみの間隔を詰めたあとに，特定の人形がどのステッキを持つことになるのかをたずねた。

　さらに基数と序数とが統合して機能するようになる（表2-7-3）。課題として「棒の実験」が知られている。課題では，短いほうから長いほうへ，順次系列化された10本の棒を階段に見立てて示し，任意の棒の上に人形を置いて見せ

7節　数概念

◆表 2-7-1　基数の保存概念の発達段階（寺田, 1982より作成）

段　階	内　容
保存の欠如期 （約4歳まで）	2集合の要素を数えて，同じ数であることがわかっても，要素の配置具合（集合要素の広がり具合で長くなったり短なったりすること）に左右された多少等の判断をする。知覚によって影響される。
移行期 （6歳前後）	要素の数え上げによって，正しく判断するときがあるが，知覚的な影響を受けるときがあり，要素の配置を変換したときに，「同じだがこっちが多い」などの矛盾した判断をする。
保存の成立期 （約7歳以降）	配置が変わっても，2集合の要素の自由な対応が可能となる。同一律・可逆性・相補性の原理によって，保存を認識する。

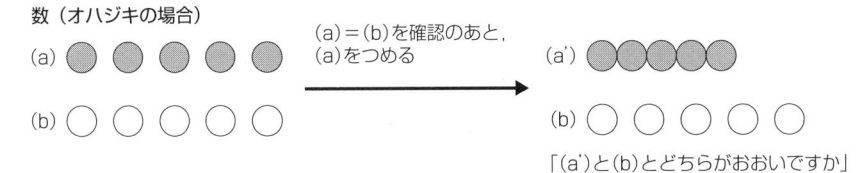

数（オハジキの場合）

(a) ●●●●●　　(a)=(b)を確認のあと，　　(a') ●●●●●
　　　　　　　　　(a)をつめる
(b) ○ ○ ○ ○ ○　　　　　　　　　　　　(b) ○　○　○　○　○

「(a')と(b)とどちらがおおいですか」

●図 2-7-1　分離量の保存課題の例（金子, 1974より作成）

◆表 2-7-2　系列化と序数の認知の発達過程（寺田, 1982より作成）

段　階	内　容
系列化の欠如段階 （5歳半ごろまで）	単純な系列の順序づけができず，2つの系列間の対応化もできない。
試行錯誤的な系列化の段階（7歳ごろまで）	試行錯誤をくり返し，修正したり数えたりしながら，順番に並べ対応づけして正しい系列をつくる段階。活動は知覚によって影響される。
操作的系列化と順序的対応づけの段階	系列化と系列的対応づけが操作的になり，順序的対応づけが可能となる。n番目に大きい人形に，n番目に長いステッキを正しい順序で対応できる。

◆表 2-7-3　統合化の発達過程（寺田, 1982より作成）

段　階	内　容
統合化の欠如段階 （5歳半ごろまで）	系列化の手続きがとれず，したがって人形が何段目かを理解せず，基数化ができない。基数，序数の各第1段階に相当する。保存も系列化も成立していない知覚的レベル。
統合化への中間移行段階（7歳ないしは8歳ごろまで）	試行錯誤によって正しく系列化し，人形が何段昇ったかを数えることはできるが，要素についてこの順位を基数に移行し，全階段の数の中で，位置づけることはむずかしい。
統合的段階	系列化の結果を基数に転換する。系列化の結果を，基数総体から取り除けば残りになるという認識が成立する。

◆**基数と序数**　（→p.98）　　数には類の概念を基礎とする集合数的側面があり，この側面を強調して基数とよぶ。また，系列の概念を基礎とする順序数的側面があり，その側面を強調して序数とよぶ。両者は異なる発達経過を示し，両者が統合されてはじめて数が理解されたと考えられる。

る。そして「人形は何番目の階段にいるか（序数）」「人形が昇ったのは何段か（基数）」「一番上までには，あと何段あるか（序数の基数化）」を問う。課題を解くには，基数と序数が統合されて両者間の移行が可能でなければならない。

基数の保存，序数の保存，基数と序数の統合には3つの段階があり，主観的・知覚的（具体的）段階から過渡的な段階を経て，客観的・言語的（形式的）段階へと移行することが指摘できる。

知的障害児の保存概念の発達について，寺田（1969, 1982）は軽度知的障害児（IQ50～70）を対象として検討を行った（表2-7-4）。そのなかで，知的障害児は，同じMAの健常児と比べて遅れる傾向にあることを指摘した。

2 数の初期概念

メーラーとベーベル（1967）は，2・3歳の子どもでも，知覚的な影響を受けずに数量の判断が可能であることを示した（表2-7-5）。またゲルマンとガリステル（1978）は，4歳以下の子どもでも小さな数の数量を判断でき，その判断は，集合の大きさによって影響されることを報告した。図2-7-2は2～19の集合の大きさに対して子どもがどんな数詞で答えたかを示したものである。この図から集合が小さいほど正確に数を言えることが指摘できる。これより，就学前の子どもは数の保存概念をもっていないが，たんに知覚的印象だけで数を理解しているわけではないことが示された。

幼児は大人と同じ数詞を持っているわけではないが，子ども独自の数詞（計数用の標識でゲルマンはニューメロン，と名づけた）を一定の原理に従って用いて計数していることを，ゲルマンら（1978）は明らかにした。また子どもは，カウンティング原理（表2-7-6）を生得的に有しており，それにガイドされて計数技能が発達すると考えた。

計数技能として，口頭カウンティング，事物のカウンティング，基数の使用，集合の取り出しを区別できる（バルーディ，1999）。

口頭カウンティング（音声数詞を生成すること）に関して，スプラドリンら（1974）は中・軽度知的障害児（平均IQ35）で，正確に5まで口頭カウンティングできた者は約30%であることを報告し，数詞の生成がむずかしいことを指摘した。バルーディ（1986）は，知的障害児では規則に従った音声数詞のまちがい（fifteenを"five-teen"，twentyを"two-teen"）を示すことを指摘した。

7節　数概念

◆表 2-7-4　知的障害児の数概念の発達段階 （寺田，1982より作成）

段　階	特　徴
第1段階 （MA 約5歳まで）	集合や類の概念が芽生え，集合の間で多少等の判断ができる。判断は視覚的な属性に影響される。10くらいまでの数唱ができる。数詞を要素に対応させたり，数詞を媒介として，集合の大きさや順序を示す計数はできない。
第2段階 （MA 約5歳から MA 8歳まで）	集合の要素への数詞の適用が始まる。事物間の対応が完成し，事物対数詞の対応が可能となる。計数が可能となり，集合の大きさを数で表現できる。数量の判断は知覚的な影響を受け，集合の要素が不整一になると判断が困難になる。 ついで，順序数についての表象が成立する。順序数と集合数の統合が始まり，簡単な計算が始まる。数唱や計数は範囲を広げ，自動的に行われる。比較判断に知覚的要素が少なくなる。また合成と分解の初歩が可能になる。
第3段階 （MA 約8歳以降）	計算が理解され，数の合成と分解が進む。集合や順序，連続量の保存の推理は確実に表象されない。子どもは要素を数えて同じと知るが，一方の集合がその配置を変えると知覚に影響されて相等判断に迷い，推理を正しく述べられない（この時期は，健常児の中間移行段階に相当する）。計算力は拡大する。MA10歳前後で「いくつ多い・少ない」「くり上がり・くり下がり」ができる。

◆表 2-7-5　2・3歳児の数の判断 （メーラーとベーベル，1967より作成）

対象は2歳半から4歳の子どもであった。
対象児に4つのキャンディからなる2列を呈示し，同じ長さかたずねた。次に，ひとつないしは，両方の列が変形された。実験者は，第2列に2個のキャンディを加え，その列を短くした。その後，「食べたい列をとりなさい」と教示したところ，2歳半の子どもは，80％以上で，キャンディの多い列を選択した。

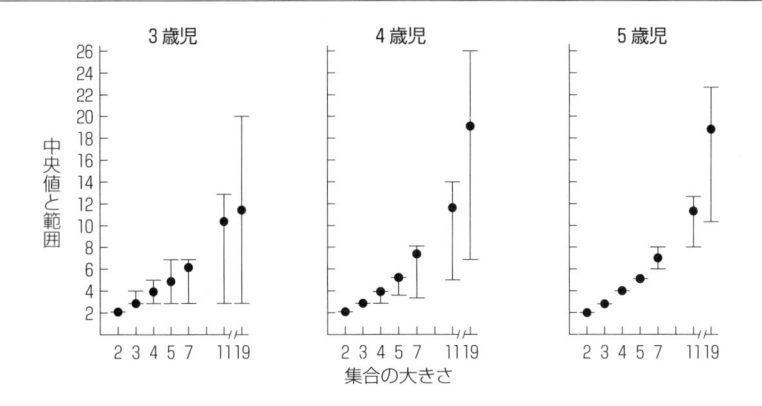

●図 2-7-2　就学前の子どもにおける数の多さについての見積もり
（ゲルマンとガリステル，1978）

子どもに，2～19個の星（円）が書かれたカードを呈示し，何個あるかたずねた。図は，子どもが見積もって答えた数の中央値と範囲を示した。

また自発的で体系的なまちがいは，数詞の規則を能動的に学習し，規則の適用を行っていることを示すと考えた。ケイチョーら（1991）は，数詞の生成で，安定順序の原理に従った者は，ダウン症児（平均語彙年齢4歳7か月，平均 IQ 48）と MA でマッチした健常児とで同じ比率であることを指摘した。

事物のカウンティング（事物を数えて個数をいうこと）に関して，ケイチョーら（1991）は，誤まり発見課題（表2-7-7）を実施した。中・軽度知的障害児では約40％が，人形の行った一対一対応原理の適応の誤まりを発見した。

基数の使用（カウントの最後の数を基数として答えること）に関して，バルーディ（1986）は，知的障害児（MA 3歳〜4歳5か月）13人中9人が「いくつ」の質問に答える際に，数えた最後の数詞を一貫して利用したと報告した。

集合の取り出し（指示された数の事物を取り出すこと）に関しては，他の操作に比べて困難であることが指摘された。スプラドリンら（1974）は，事物を取り出す課題の成績が，数字の読み課題と比べて悪いことを指摘した。バルーディ（1999）は，取り出す課題では，①目標の数の記憶，②数詞による事物の命名，③目標と現在の音声数詞の比較という複数のプロセスが重複し，**ワーキングメモリ**に負担がかかるため遂行が困難になると考えた。対象者のなかには，「ターゲットで終わるエラー」（たとえば，5個の事物を取り出す課題で，1，2，3，4，5，6，7，8，9，5と言いながら数え，最後の事物のみ5という数字で終わる）を示した。このエラーでは，目標と音声数詞の比較を省くことで，ワーキングメモリの負荷を軽減させていることが指摘された。

カウンティングは数記号（数字や数詞）を事物に対応させる操作を含むことから，単純運動反応の行動調整（先行教示に基づき，刺激の反復呈示に対し，把握運動を連続的に行う，2章5節，p.76）の発達と関連する。赤塚（2000）は集合の取り出し課題，事物のカウンティング課題，行動調整課題について，課題達成の順序を検討した（図2-7-3）。知的障害児（MA 3歳〜6歳，51人）では，行動調整の達成は，数7の取り出し達成の直前に位置しており，健常児とは異なった。一対一対応課題も行動調整に関連する。これより知的障害児では，カウンティングや一対一対応の指導効果は健常児と異なり，それらのみの指導では5個以下の取り出しの達成はむずかしいことを指摘した。

カウンティングが未獲得な段階でも，健常児は基数の意味を知っており，小

7節　数概念

◆表 2-7-6　カウンティング原理 （ゲルマンとガリエステル，1978 より作成）

1対1対応の原理	集合の各要素に対して唯一の数詞を使って数える。
安定順序の原理	用いられる数詞は安定した順序でなければならない。
基数の原理	集合数のカウンティングでは，最後の命名が個数を表す。
抽象性の原理	アイテムの種類がちがっても，カウンティングでは，集合の要素として扱われる。
順序無関連の原理	集合の要素は，どんな順序でも数えられ，このことはカウンティングの結果に影響しない。

◆表 2-7-7　カウンティングにおける誤まりの発見課題 （ケイチョーら，1991）

対象は，ダウン症児（平均 CA 9 歳 7 か月，IQ40～60）であった。
対象児にビデオが見せられた。ビデオでは，人形が 5 個の小さなおもちゃの集まりを数えていた。映像には，正解の試行とともに，誤まったカウンティングの試行（真中のアイテムを数えなかったり，あるおもちゃを 2 回数えた）が含まれていた。対象児は，人形が正しく数えたか，まちがって数えたか，問われた。

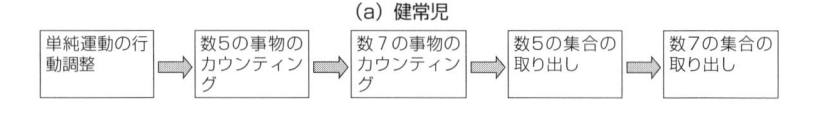

(a) 健常児

単純運動の行動調整 → 数5の事物のカウンティング → 数7の事物のカウンティング → 数5の集合の取り出し → 数7の集合の取り出し

(b) 知的障害児

数5の事物のカウンティング → 数7の事物のカウンティング → 数5の集合の取り出し → 数7の集合の取り出し
　　　　　　　　　　　　　　　　　　　　　↓　　　　　　↑
　　　　　　　　　　　　　　　　　　　　単純運動の行動調整

●図 2-7-3　集合の取り出し課題，事物のカウンティング課題，行動調整課題についての課題達成の順序性（赤塚，2000 より作成）

　課題達成の順序性はオーダリング分析（AB の 2 種の課題について，A 達成 B 達成，A 達成 B 未達成，A 未達成 B 未達成の成績を示す者が多数で，A 未達成 B 達成の成績を示す者が極めて少ない場合，A は B より容易な課題であると考え，発達順序として，A 達成に続いて B 達成が生じると結論する）に基づいた。三宅（1985）の判定基準 II に基づき，順序性の有無を判定した。矢先の課題は，後続する達成課題であることを示す。

◆保存概念　（→p.98）　　6，7 歳以前の幼児では，2 個の等しい粘土玉の形を変えただけで量までも変わったと考えてしまう。対象が知覚的にどんなに変化したり移動したりしても，対象そのものには変化がないと認識することを保存（conservation）という。数量の保存の出現は，子どもが論理的思考（操作的思考）に達したことの表れと考えられる。つまり，「つけ加えても取り去りもしていないから量は変わらない（同一操作）」「もとにもどせば同じになるのだから量は変わらない（逆換操作）」「ある面がふえた分だけ，他の面が減ったのだから量は変わらない（相補操作）」などの論理的思考に特徴的な操作を数量認識にも適用することにより，数量の保存が可能になると考えられている。

さな数ならば指示に従って取り出せる（ウィン，1992）。ミックス（1999）は，見本合わせ課題を用い，見本刺激（1～3個のおはじき）に対して，同じ数の丸が貼付されたカード（ドットカード）を選択できることを，3歳の健常児で指摘した。江尻（2000）は2歳児で，ドットカードに対して事物を取り出すことができることを明らかにした（図2-7-4）。また，音声表出のない重度知的障害児を対象として，ドットカードに対して事物を取り出す課題を指導した（2週に1回，18回）。透明アクリル板に絵やドットを貼付したカードが効果的であり，ドットカードに基づく配布や調達が可能になったことを報告した（図2-7-5）。

> 見本合わせ課題の支援方法
> ⇒コラム

◇発達支援の視点◇

（1） 数の保存概念

　保存概念に対する指導の効果は，保存概念の直接的指導を中心に検討された。

　寺田（1969）は，分離量と連続量の保存概念の形成に関して検討を行った。対象は軽度知的障害児（MA6歳～8歳，CA8歳～12歳）と健常児（CA6歳）とし，全員，保存概念は未形成であった。対象児は，対応づけと計数化の指導がなされたあとに，保存概念を直接指導した群（保存群）と，保存を指導せず多少等の判断を指導した群（多少等群）に分けられた（図2-7-6）。健常児では，保存群と多少等群で，保存概念が促進された。知的障害児では，保存群で保存概念が促進されたが，多少等群では顕著でなかった。促進効果が明瞭な者は，1桁の数式計算ができた。

　金子（1974）は，分離量の保存概念の指導に関して検討した（表2-7-8）。対象は知的障害児（MA5歳～6歳，CA8歳～10歳）と健常児（CA5歳）とした。対象児は，保存自体を直接経験する指導を受ける者（保存指導群）と，数の構造を理解させる指導を受ける者（数指導群），および統制群から構成された。指導は1回約30分で毎日計6回，グループ学習で行った。表2-7-9は課題別に成績の上昇率を示したものである。保存指導群，数指導群ともに，保存課題で成績が増加したことが指摘でき，数の構造の指導によって保存概念が促進されたことが明らかである。このことから分離量に関しては，対応づけや数系列および多少等の判断の指導は，保存概念の促進に有効であることが指摘できる。

（2） 数の初期概念

　概念の定義のなかには，共通の反応を引き起こす複数の刺激（刺激クラス）

7節　数概念

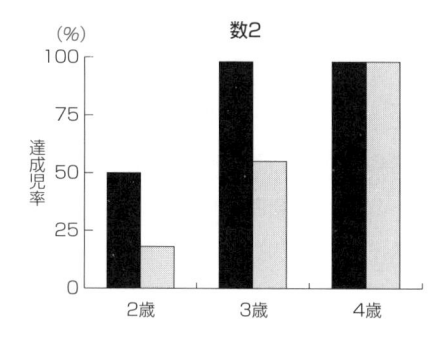

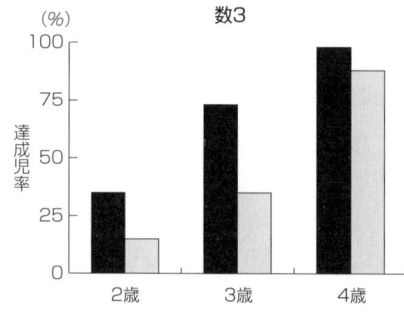

●図2-7-4　数2と3の事物を取り出す課題の達成児率（健常児）
(江尻，2000より作成)

ドットカードに対して事物を取り出す課題（黒四角）と音声数詞に対して事物を取り出す課題（灰四角）の達成児率を示した。ドットカードは、白紙カードに赤色丸を貼付した。事物は赤いマグネット。数2ドットカードに対する取り出しは、高い達成児率を示す。

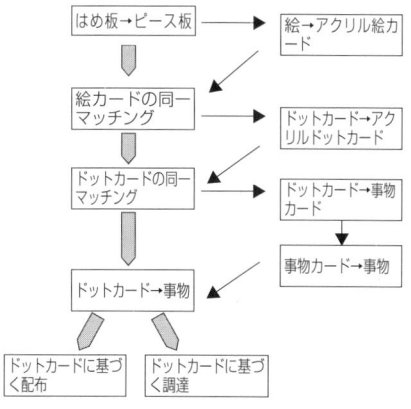

●図2-7-5　ドットカードに基づいて事物を取り出す課題の指導順序
(江尻，2000より作成)

重度知的障害児で行った数1～3の指導課題と順序を示した。灰矢印は中心的課題、黒矢印は支援課題の順序を表す。四角中の矢印の矢本は、見本合わせ課題の見本刺激、矢先は選択刺激を表す。アクリル絵カードとは、透明アクリルカードに絵を貼付したカード。ドットカードとは、白紙カードに特定数の赤色丸を一列に貼付したカード。アクリルドットカードとは、透明アクリルカードに赤色丸を貼付したもの。事物は赤色マグネットとした。事物カードとは、白紙カードに赤色マグネットを貼付したもの。配布とは、机上に複数の組のドットカードとお皿を置いた場面で、ドットカードに従って、複数個の事物を配布する課題。調達とは、紙に記された複数種類の絵とドットに従って、ドット個数分の、複数種類の事物を調達して持ってくる課題。

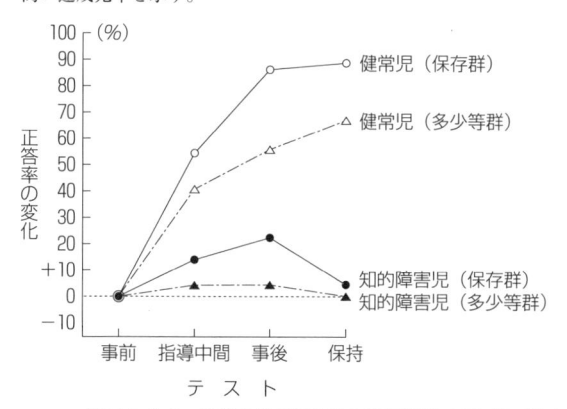

対象児は保存概念を直接指導した群（保存群）と多少等の判断の指導をした群（多少等群）に分かれた。縦軸は、正答率の変化を示した。事前テストの正答率を基準とした場合の指導中間テスト、事後テスト、保持テストの正答率の増減を表した。

●図2-7-6　分離量と連続量の保存概念の形成に関する指導効果　(寺田，1969)

を定義として用いる考え（行動主義的立場）がある（6節参照）。初期概念の研究から，発達に伴って刺激クラスの構成が変化することが考えられる。刺激クラスの構成内容は見本合わせ課題で評価できる。1組の「刺激─刺激」関係のマッチング操作が学習されると，その関係の獲得にとどまらず派生的関係が成立すること（**刺激等価性**）が指摘されている。この刺激等価性は，効率的な概念獲得に関与することが指摘された。ガストラ（1979）は，1から6の数で「数字」「音声数詞（数詞）」「事物」間の対応操作が成立している中度知的障害児を対象として，数詞に対して「数文字（英語表記）」をマッチングさせる操作（以下この操作を「数詞→数文字」として表記）を指導した。その結果，指導しなかった「数文字→事物」と「数文字→数詞」のマッチング操作の成績が改善されたことを報告した。このことから数刺激間のマッチング操作の効率的獲得に，刺激等価性が関与することが示された。小池（2000）は，小さな数2に関して，**対称律**と**推移律**の等価関係を構成するマッチング操作について指導を行い，マッチング操作の拡張が生じたことを報告した（図2-7-7）。対象は重度知的障害児であった。図2-7-7は，指導の前(a)と後(b)におけるマッチング操作の特徴と，指導経過(c)を示したものである。「数詞→数字」「数詞と数字→指表示」「指表示→事物」のマッチング操作が指導された。「数詞→事物」「数字→数詞」の操作の達成率が増加し，マッチング操作の拡張が生じた。重度知的障害児は，可能な数操作が少なく，刺激等価性に基づく拡張がきわめて限られている。小池（2000）は，適切なマッチング操作を形成できた場合には刺激等価性に基づいて拡張が生じ，発達が促進されると指摘した。数操作の獲得段階に応じた数概念の発達支援を明らかにする必要があろう。

◉以上の研究を要約すると，次のような発達支援の視点が指摘できる。
・知的障害児の数概念は，発達上の制約が大きいことが一般的にいわれているが，獲得途上にある数概念に対する発達支援は有効で，指導の効果が明瞭である。
・対応づけや数系列，多少等の判断に関する指導は，分離量の保存概念の促進に効果的である。
・知的障害児では，音声数詞や数字をよく理解しているが，音声数詞に対する事物の取り出しが困難な者がおり，指導上の配慮が必要である。
・数の初期概念を，数に関する刺激クラスの形成であると考えることができる。数操作の達成状態を評価し，刺激等価性に基づいて有効な指導を組み立てることが可能である。ドットカードによる支援は，とくに重度知的障害の小さな数（1～3）について有効である。

7節　数概念

◆表 2-7-8　分離量の保存概念の指導（金子，1974より作成）

保存自体を直接経験させる指導	数の構造の理解を目的とした指導
・1対1対応による2集合の多少の判断 ・1対1対応による2集合の相等の判断 ・具体物を媒介とした2集合の多少等の判断 ・具体物と数詞の対応 ・数詞を媒介とした2集合の多少等の判断 ・保存自体の経験	・具体物と数詞の対応 ・最後の数詞が集合の多さを表すことの理解 ・数系列の理解 ・計数による多少等の判断 ・集合 n に対し，$n±1$ の理解 ・$n-1=0$ の理解

◆表 2-7-9　指導後の成績の上昇率（金子，1974より作成）

　上昇率（％）は指導前と指導後のテスト課題から算出した。「数の保存」のテスト課題は，標準刺激のある条件（2列のおはじきを呈示し，そのうちの1列の長さを変えたあと，質問する），標準刺激のない条件（1列のおはじきを呈示し，長さを変えた後，等しい数か質問する），半連続量の条件（2つのコップにおはじきを入れ，1つのコップのおはじきを形のちがうコップに入れ替えて質問する）の3条件とした。

		計数および数の取り出し	多少等の判断	数の保存
知的障害児	保存指導群	3	9	46
	数指導群	10	29	42
	統制群	3	1	4
健常児	保存指導群	7	22	74
	数指導群	13	21	48
	統制群	0	2	4

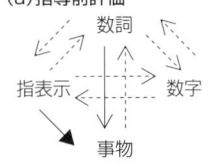

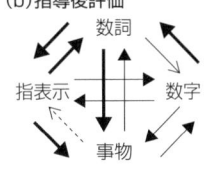

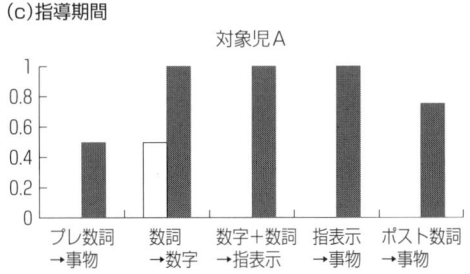

●図 2-7-7　刺激等価性に基づく数操作の指導（小池，2000より作成）

(a)と(b)は，指導前と指導後の評価を数2について示した。(c)は指導期間における正答率を示した。白四角は1～3回の指導の平均正答率，陰影四角は4～6回の指導の平均正答率を示した。指導した数は2であった。

8節　記憶

　知的障害児・者が学習課題で低い成績を示す原因として，記憶機能の不全が考えられてきた。また刺激から受ける影響そのものが弱いのではないかとも考えられた。記憶に関する研究は，格段の進歩をみせ，知的障害は，記憶装置そのものの障害とは考えにくいことが明らかになった。

　記憶システムは，大きくは，**感覚情報貯蔵**(SIS)，**短期記憶**(SM)，**長期記憶**(LM)に分けられることが知られている（図2-8-1）。短期記憶は，情報を一時的に保持しておく所であるが，リハーサルによって，情報を長期記憶に転送することが指摘されている。感覚情報貯蔵，短期記憶，長期記憶は記憶の構造要因とよばれる。それに対して，注意，符号化，リハーサルなどは制御要因とよばれる。制御要因は，主体が自発的に行う活動であるので，訓練や教示により改善する可能性が大きい。知的障害に関する初期の研究では，エリスの刺激痕跡説（1963）やスピッツの皮質飽和説（1963）が提唱され，構造要因の障害が注目された。1970年代の後半から制御要因の障害を指摘する研究が多くなされるようになった。知的障害においては，リハーサルを自発的に行わないため，長期記憶への転送が困難になり，成績が悪いという知見が提出された（エリス，1970）。記憶に関する知識（**メタ記憶**）をもつことも記憶方略として重要であることが指摘され，記憶の改善に関する研究が行われた。

　以下，記憶システムに従って，知的障害の特徴をみていこう。

1　感覚情報貯蔵と符号化

　感覚情報貯蔵とは，感覚器官をとおして入力された情報が一時的に貯蔵されるところ（感覚記憶）で，急速に忘却する。感覚情報貯蔵から短期記憶に転送されるには，刺激の符号化が必要となる。これは，感覚記憶内の物理的形態（たとえば「A」）を何か意味あるもの（文字「A」）を表すと認識することに相当する。通常，記憶課題では「覚えなさい」という教示に基づいて符号化が行われる。

　符号化については，刺激材料のどのような側面が符号化されやすいかについて，知的障害児の特徴が報告されている。松村と木村（1986）は，テープにより単語を1つずつ呈示し，それを記憶するように教示した。次に先に呈示した

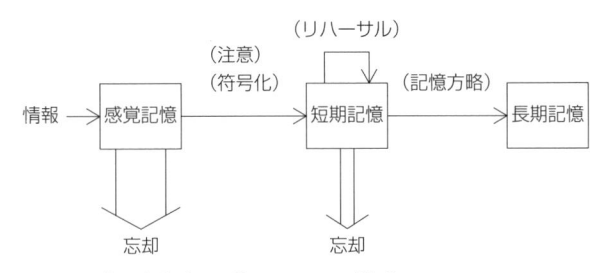

●図2-8-1 記憶システムの構成 (松村, 1995)
　長記憶システムは，感覚情報貯蔵（SIS），短期記憶（SM）長期記憶（LM）に分けられる。

◆**ワーキングメモリ**　（→p.102, 114）　ワーキングメモリ（working memory：作業記憶ともよばれる）とは，情報の処理と保存が同時にかかわるダイナミックな記憶システムを表す。ワーキングメモリは，課題遂行に当面必要な情報を活性化状態で保持しながら，他方でそれを適宜利用して課題を処理するシステムであり，保持と処理の働きをあわせ持つ。またワーキングメモリは，行動やそのプランニングのための記憶であり，認知と行動の時間的統合にかかわり，この意味ではいわゆる記憶以上の働きを含んでいる。ヒトのワーキングメモリについては，バッドリィ（Baddeley, A. D.）の概念モデルが著名であり，1つの中央実行系が2つのサブシステム（音韻ループと視空間的記銘メモ）を従える形になっている。ワーキングメモリの神経基盤として前頭連合野が注目され，学際的に研究が進められている。

◆**対称律と推移律**　（→p.43, 106）　行動分析学の立場では，刺激間の等価関係を構成する論理学的要件として，①反射律，②対称律，③推移律をあげる。①反射律は「AならばA」という関係を訓練したあと，「BならばB」や「CならばC」という関係がテストで成立することを意味する。②対称律は「AならばB」という関係を訓練したあと，「BならばA」という関係がテストで成立することを意味する。推移律は，「AならばB」と「BならばC」という2つの関係を訓練した後，「AならばC」という関係がテストで成立することを意味する。これらの3つの要件が成立したとき刺激間には等価な関係がある，すなわち，「刺激等価性（stimulus equivalence）」をもつと定義される（「刺激等価性」の項を参照）。

◆**感覚情報貯蔵（SIS）・短期記憶（SM）・長期記憶（LM）**　（→p.108, 110）
記憶の分類は種々あるが，しくみとの関係では，近年，3つの段階が考えられている。まず，入力された刺激は意識にのぼる以前の感覚レベルで貯蔵される。これを，感覚情報貯蔵（sensory information storge：SIS）とよぶ。意識にのぼらなかった，つまり選択的に注意が向けられなかった刺激は，1秒以内に消失する。この記憶は，貯蔵の容量は大きく，各感覚それぞれに特有の記憶である。注意を向けられ，符号化された刺激は，短期記憶（short-term memory：STM）に取り込まれる。短期記憶の情報は，記憶方略を用いて長期記憶（long-term memory：LTM）へ転送される。長期記憶に入った情報は，すでにその人がもつ知識体系と結合され，ほぼ永久に保持されると考えられており，想起（思い出す）できないのは検索に問題があるためとされる。

◆**メタ記憶**　（→p.108, 114）　記憶に関する知識はメタ記憶（metamemory）とよばれる。自己の記憶能力を把握し，記憶過程を監視，制御することなどをさす。自己の記憶能力に応じた，課題に適切な記憶方略を選択することによって効率的な記憶が可能となるが，それを支える記憶である。たとえば，就学前児は自分の記憶範囲の限界を正しく答えられない。メタ記憶は発達し，また，学習の対象となる。

単語(標的刺激)と呈示していない単語(妨害刺激)をランダムに混ぜて呈示した。対象児には,以前に呈示された単語であるかどうかの再認判断を求めた。その結果,知的障害児は,同一MAの健常児に比べて音韻的な再認の誤まり(標的刺激と音韻的に似ている単語で答える)が多く,感覚的符号化を行う傾向が高いことが指摘された。

2　短期記憶

　短期記憶とは,符号化された情報を短期的に記憶するところである。一度に貯蔵できる情報の量は7単位(**チャンク**)前後と限られている。短期記憶での忘却速度は速く,リハーサルをしていないと,約10秒という短時間で忘却することが知られている。知的障害者における短期記憶の特徴は記憶の容量,検索時間,減衰速度などの観点から検討されてきた。

　短期記憶における検索時間は,記憶探査課題(**スターンバーグ課題**)によって検討された。モスレイ(1985)は,文字を刺激とした場合の記憶探査課題を測定した。記憶探査課題では,記憶項目をふやした場合に反応時間が増加するが,増加分は項目1個あたりの検索時間を反映する(図2-8-2)。図2-8-3の直線の傾きがそれに対応する。項目数が増加するにつれて反応時間が増加した。傾きの値は,健常者が31.3ミリ秒であり,知的障害者は98.7ミリ秒であり,同じCAの健常者と比べて検索が遅いことが指摘された。

　短期記憶における減衰速度は,**ブラウン-ピーターソン課題**によって検討された(エリスとウッドリッジ,1985)。この課題では,記銘項目の呈示後,リハーサルを防ぐために妨害課題(たとえば連続引き算)が与えられる。その結果(図2-8-4),知的障害者では,健常者より減衰速度が速いことが指摘された。

3　長期記憶と記憶方略

　長期記憶には,短期記憶の情報の一部が転送される。長期記憶は,事物の意味や常識,個人的なエピソードなどを貯蔵する。

　記憶方略は,転送に際して重要な役割を果たす。記憶方略として,リハーサルや体制化,精緻化などの方略があげられる。リハーサルとは情報を頭の中で反復再生することである。体制化(カテゴリー群化)とは,グループにまとめる方略であり,カテゴリーを形成できるときには有用である。精緻化とは,1

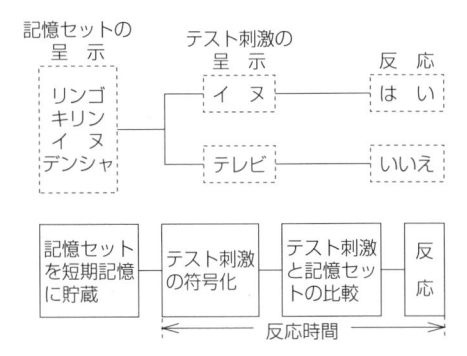

記憶探査課題では，はじめに1～5個の刺激セットが順次呈示され，それを記憶するように求められる。次にテスト刺激が呈示され，それが記憶した刺激セットの中にあったか否かを判断し，反応するよう求められる。テスト刺激後から反応開始までの反応時間は，テスト刺激を読む（符号化する）時間，テスト刺激を短期記憶内の記憶セットのメンバーと比較する時間，および反応する時間が含まれる。記憶セットのメンバーの数をふやした場合には，反応時間が増加する。その増加分より，短期記憶内を検索し，テスト刺激と比較する時間を推測できる。

●図 2-8-2　記憶探査課題における反応時間の構成（松村，1995）

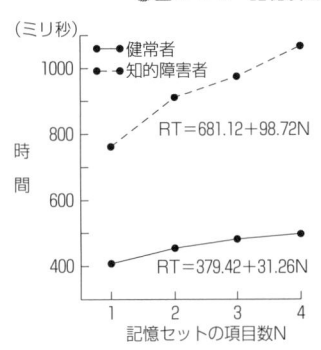

●図 2-8-3　記憶探査課題における反応時間（モスレイ，1985）

実線は健常者（平均CA22歳），点線は知的障害者（平均CA22歳，平均IQ68）を示す。縦軸は文字刺激に対する反応時間，横軸は記憶項目の数を示した。

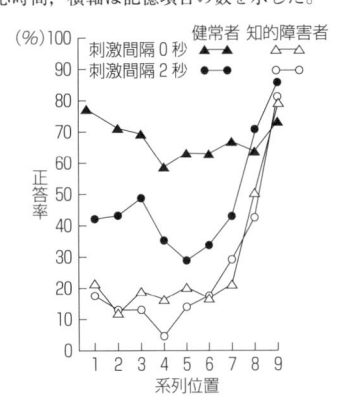

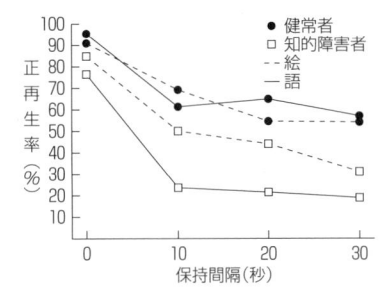

●図 2-8-4　短期記憶における記憶の減衰速度（エリスとウッドリッジ，1985）

絵と語を記銘材料として，健常者と知的障害者の減衰速度を検討した。直後再生の成績は，両群で同じであるが，知的障害者は保持時間が長くなるにつれて減衰が明瞭であり，とくに語を記憶材料としたときに顕著である。

図の縦軸は正答率，横軸は，刺激の系列位置を表す。
対象者は知的障害者（32人，平均IQ60，平均CA20歳）であった。刺激は装置のパネル上に並ぶ1列の9つの窓に，左から右に1つずつ順に現れ，系列呈示された。系列呈示の直後に，それらの数字の1つが，パネルの上方中央の窓に現れた。対象者は，その数字が9つの窓のどれに現れたか，その窓を押すことで反応した。刺激は0.5秒間呈示された。刺激と刺激の間隔は定間隔で2種類（0秒と2秒）の条件が用いられた。各条件で36回試行した。
健常者では，呈示間隔が長い条件で成績が良かった。また系列のはじめ（初期に呈示）とおわり（再生直前に呈示）では成績が良かった。知的障害者では，成績は呈示間隔の影響を受けず，系列のおわりでは成績が良かったが，系列のはじめ（初頭）の部分で成績は低下した。

●図 2-8-5　リストの記憶に基づく系列位置曲線（エリス，1970）

つの文章やイメージに情報を組みこむことをいう。記憶方略は発達とともに，しだいに自発的・能動的に使用される。

　知的障害のリハーサル過程についてはエリス（1970）の研究がある。エリス（1970）は，対象者に長い刺激項目のリストを呈示したあと，その想起を求めた。図2-8-5は，正答率を系列位置との関連で示した。リストのはじめの部分の想起率が高く（初頭効果），終わりの部分も高いこと（新近性効果）を指摘できる（系列位置効果）。初頭効果はリハーサルにより長期記憶として定着したものと考えられる。新近性効果はリハーサルによらない短期記憶によるものと考えられる。知的障害者では初頭効果が明瞭でないが，新近性効果は明瞭に観察されることを明らかにした。このことから，知的障害者の短期記憶は健常者と同様な成績を示すが，項目を自発的にリハーサルすることが困難であることを考察した。

　自発的リハーサルについて検討するためには，対象者が自由なリハーサルを行えるように刺激を工夫する必要がある。ベルモントら（1969）はエリスの装置を工夫し，刺激呈示を対象者がコントロールできる課題を考案した（図2-8-6）。対象者が左からボタンを押すことで，0.5秒間刺激が呈示される。刺激呈示と次の刺激呈示の時間間隔（休止時間）は対象者にまかされているので，対象者はその時間を使ってリハーサルし，記銘を行うことができる。

　健常者における休止時間を系列位置との関連で検討した結果（図2-8-7），休止時間は累積的に増加する傾向を示し，リハーサルを行ったことが推測された。また，知的障害者では，休止時間の変化が乏しかった（図2-8-8）。これにより，刺激を記銘するのに有効なリハーサルを自発的に行わないことが指摘された。

　体制化は記憶材料が多いときは有効な方略である。種々のカテゴリーの単語をランダムに呈示したあとで自由再生させた場合には，カテゴリー群化が生じるが，知的障害児ではカテゴリー群化が生じにくいことが報告されている（松村と小川，1983）。また刺激項と反応項を結びつけて文章をつくり，イメージをとおして記憶するという精緻化の方略も自発的には行わないことが指摘された（松村，1984）。

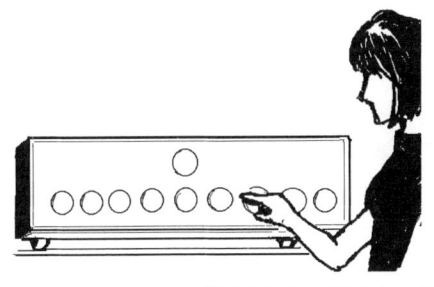

パネルの下方に1列9つのボタン窓が設置されていた。刺激呈示は，対象者がボタン窓を押すことで制御され，窓に子音文字が現れた。対象者は9個を記銘後，パネル上方中央のボタン窓を押し，窓に呈示された刺激が，下方のどの窓に呈示されたか，下方のボタン窓を押すことで反応することが求められた。正反応の場合にはベル音が呈示された。

●図2-8-6　ベルモントら（1969）の刺激装置

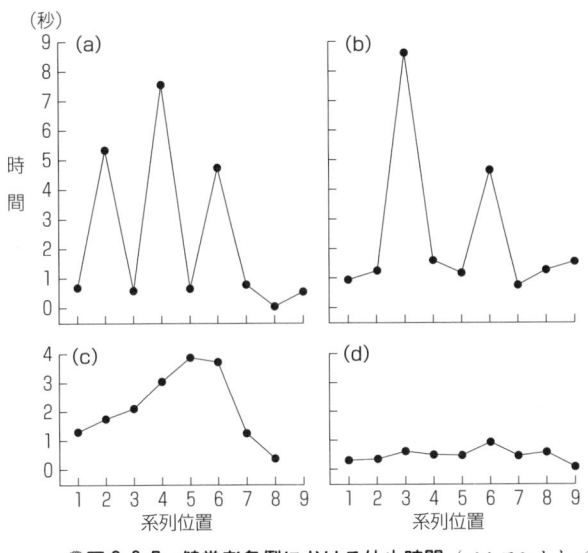

縦軸は休止時間，横軸は刺激系列の位置を示す。健常者では，刺激を(a)2個や(b)3個とまとめてリハーサルする者，(c)刺激の個数を累積的に増加させてリハーサルする者が認められた。

●図2-8-7　健常者各例における休止時間　（ベルモントとバターフィールド，1969）

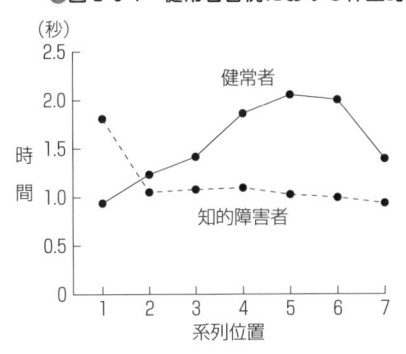

平均休止時間を軽度知的障害者（21人）と健常者（14人）について示した。知的障害者では，刺激系列の位置がリストの後ろにいっても，休止時間は一定の長さを示していた。知的障害者では，健常者でみられるような，意図的に累積してリハーサルする傾向が乏しいことが指摘できる。

●図2-8-8　健常者と軽度知的障害者における平均休止時間
（ベルモントとバターフィールド，1969）

4　メタ記憶

メタ記憶とは，自分自身の記憶能力や**記憶方略**に関する知識として定義される。ジャスティス（1985）は，記憶そのものに関する知識とともに，実際の記憶場面で，自分を評価し記憶を調整する能力がメタ記憶に含まれると論じた。

ブラウン（1978）は，ビデオ再生により記憶方略の知識を検討した。自由想起の場面における4種の方略（絵をたんに見ている場面，絵を命名している場面，絵をリハーサルしている場面，カテゴリーの群で絵をリハーサルしている場面）を見せたあと，どの活動が最もよい成績をもたらすか質問した。

表2-8-1はその結果を示している。MA6歳とMA8歳の知的障害児はリハーサルないしはカテゴリーの方略が有効であることを指摘したが，実際には利用しなかった。このことから有効な方略に関する知識と記憶方略の遂行とは必ずしも一致しないことが指摘できる。ブラウン（1978）は，先行研究の論評のなかで，メタ記憶の発達は急速であり，8歳の健常児で機能的な発達段階にほぼ達することを指摘した。

自分の記憶に関する評価と遂行に関してはブラウンら（1977）の研究があげられる。ブラウンら（1977）は，著名な人物の写真のなかで名前を言えなかった写真について，再認の予測と実際の再認課題を行った。その結果（図2-8-9），MA8歳と10歳の知的障害児では，その人物が再認できそうであると予言した場合に正反応率が高かった。これにより，自分の記憶状態の気づきは発達的変化を示し，MA8歳以降機能していくことが指摘できる。

5　空間的位置の記憶

上述の記憶の制御過程には，意識的な処理がかかわるが，意識を必要としない処理（自動処理）の特性も検討された。エリスら（1989）は，空間的位置の記憶に関しては，軽度知的障害者は健常者と成績が変わらないことを指摘した。さらに佐藤と前川（1996）は中度知的障害児についても同様な知見を報告した（図2-8-10）。空間の位置情報は，知的障害児にとって利用しやすい情報であることが指摘でき，発達支援の際に有効であろうと思われる。

6　ワーキングメモリ

実験心理学および記憶障害に関する知見から，短期記憶システムが単一でないということが指摘され，少なくとも視覚成分と聴覚成分があると考えられて

◆表 2-8-1 記憶方略の知識と実際の利用（ブラウン，1978より作成）
　MA 6 歳とMA 8 歳の知的障害児の100％が，リハーサルないしはカテゴリーの方略が有効であることを指摘した。対象児に対してさらに，ビデオと同じ種類の課題が与えられ，それを覚えるよう教示された。MA 6 歳とMA 8 歳の知的障害児でそれらの方略を用いたのは，MA 6 歳は36％，MA 8 歳は19％の対象児であった。

対象児	人数	優れていると予言した者	方略を用いた者	予言した者の内で方略を用いた者の割合
就学前（CA 4）	46	.58	.13	.22
1 年生	32	.69	.25	.36
3 年生	26	.81	.62	.77
知的障害児（MA 6）	14	1.00	.36	.36
知的障害児（MA 8）	21	1.00	.19	.19

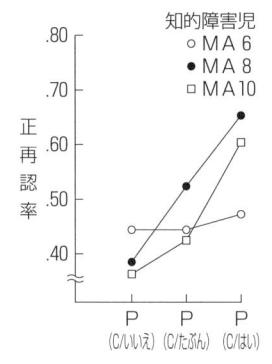

　写真の人物名を再認できそうか予言を求めたうえで，実際に，写真呈示と複数の名前の音声呈示を行い，標的の人物名を指摘させた（再認）。図は，正反応率を示した。MA 8 歳と10歳の知的障害児では，その人物が再認できそうであると予言した場合に正反応率が高かった。P（C/はい）は，予言できる（はい）と言った者のうちで，正反応(C)した者の割合を示している。

●図 2-8-9　写真の人物名の再認に関する予言と実際の遂行
（ブラウンとロートン，1977より作成）

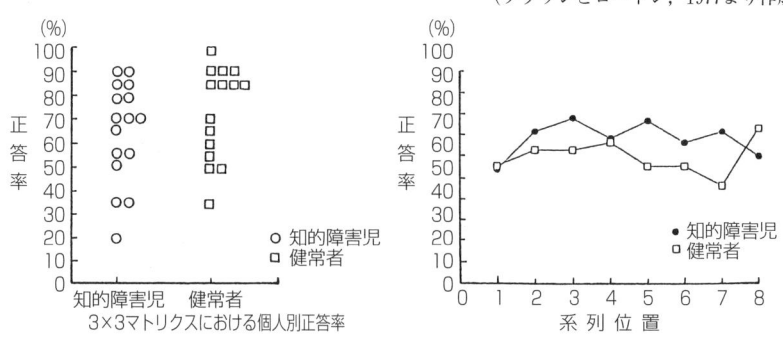

●図 2-8-10　知的障害児と健常者の正答率と系列位置曲線（佐藤と前川，1996）
　各対象者の正答率と系列位置曲線を示した。
　知的障害児（平均 IQ51，平均 MA 8 歳，平均 CA15歳）と健常大学生を対象として検討した。対象児は，3×3のマトリクスに分割した紙に貼付された絵カードを8ページ分72枚について順次，命名したあと，任意の絵カード20枚分について空間位置を指摘するよう求められた。知的障害児の正答率は健常者とほぼ類似した。また系列位置効果（各ページごとの正答率）がみられないことからリハーサルによる制御が関与しないことが推測できる。

いる。バッドリィとヒッチ（1974）は，短期記憶に対して，実行中の作業を制御する役割を重視したワーキングメモリ（作業記憶）モデルを提案した。ワーキングメモリは，音声化によって情報を保持するための音韻ループと，イメージへの符号化によって情報を保持する視空間的記銘メモという2つのシステムを下位成分としてもつ。それら全体は「中枢執行部」という容量の限られた成分によって管理されている。知的障害児に関しても研究がなされつつあり，ダウン症児では，音韻ループシステムの特異的障害を指摘する研究もある（ジャロルドとバッドリィ，1997）。中枢執行部の容量に関しては10節で論じよう。

◇発達支援の視点◇

　知的障害児は記憶方略を自発的に用いることが苦手であることから，方略の利用に対する訓練の効果が検討されてきた。

　このように記憶方略の訓練が検討された背景には，フラヴェル（1970）の産出欠如と媒介欠如の2つの仮説があげられる。産出欠如仮説では，子どもは課題に適した方略を自発的に産出できないが，それを用いるように訓練すれば，それを用いて遂行を高めることができるという仮説である。他方，媒介欠如仮説とは，子どもは必要な方略を産出しているが，その方略が媒介子として機能せず，遂行をうまく高めるように働いていないという仮説である。記憶方略を使わない発達段階があり，記憶方略の訓練の結果，再生成績が改善することが多くの研究で指摘された。このことから，記憶方略の産出欠如は未発達な記憶の特徴のひとつとして考えられている。

　以下，系列再生課題のリハーサル訓練の効果に関する研究を紹介しよう。

　バターフィールドら（1973）は，系列再生課題について，軽度の知的障害者を対象として検討を行った。刺激材料として，1項目1文字の子音からなるリストを用いた。10個のボタン窓が1列に配列してあり，対象者がボタン窓を押すと窓があき，文字が現れた。対象者は，ボタンを1つずつ押すことで窓をあけ，文字系列を学習した。6項目を学習したあと，プローブ刺激の窓をあけて，それと同じ文字が呈示されていたボタン窓を押すことで反応した。訓練は2条件行った（表2-8-2）。訓練セッションの間隔は1週間であった。

　図2-8-11は，リストの前半の3項目と後半の3項目について正反応率を示したものである。リハーサル方略を訓練することで成績が改善した（条件A）。

◆表2-8-2　各訓練条件の内容（バターフィールドとワンボルド，1973）
（　）の記号は，訓練効果の検査時点を表した（図2-8-11）。セッションの間隔は1週間。

訓練条件	訓練期間		
	セッション1	セッション2	セッション3
条件A	方略のプレテスト（プレ） 訓練：6項目リストのリハーサルの訓練。最初の3項目をまとめてリハーサルする訓練（積極的学習）と最後の3項目をリハーサルしない訓練（受動的学習）がなされた。 方略のポストテスト（獲得1）	方略の維持テスト（維持1） 訓練：積極的学習と受動的学習によるリハーサル訓練。 方略のテスト（獲得2）	方略の維持テスト（維持2）
条件B	方略のプレテスト（プレ）	積極的学習と受動的学習によるリハーサル訓練とともに，テスト刺激の検索方略（第4項目から検索し，なければはじめから検索する）の訓練。 方略のテスト（獲得1）	方略の維持テスト（維持）。 訓練：検索方略の口頭での反復訓練。 方略のテスト（獲得2）

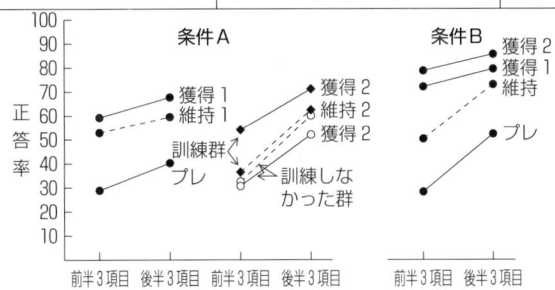

●図2-8-11　記憶方略の訓練の前後の正反応率（バターフィールドとワンボルト，1973）
　　図中の略号は訓練効果の検査時点（表2-8-2）を表す。正反応率は，リスト前半の3項目と後半の3項目について表示した。条件Bで，テスト刺激のリハーサル方略とそれに関連した検索方略を訓練した結果，再生成績が顕著に改善した（維持）。

◆表2-8-3　ボウコウスキーら（1984）の訓練の内容

対象児	MA7歳～8歳，CA平均12歳の知的障害児を対象として，自己教示訓練群，標準教示訓練群，非訓練群を構成した。
自己教示訓練群：	対象児が方略を一人で発言できるよう訓練した。
標準教示訓練群：	自己教示訓練の内容を実験者がことばで説明した。
非訓練群：	方略を訓練しなかった。
訓練した方略 　予期方略	5～8枚の絵のセットが呈示され，方略習得試行に続いて，系列再生テストが与えられた。方略習得試行では，再生できると判断するまで学習を続けることができた。予期方略は，①左から右に絵を名づける（ラベリング），②絵を裏返しにしラベリング，③再生準備のチェックのため絵を見ずに順にラベリング，から構成した。
言いかえ方略	3フレーズの文章が呈示され，文章の要旨で言いかえて再生した。
般化の評価 （物語の再生）	物語を視覚的に呈示し，実験者が読みあげた内容について，要旨を記憶し，再生することが求められた。また，記憶するために用いた方略について，口頭で質問された。

とくにテスト刺激の想起方略を訓練した結果，再生成績が顕著に改善した（条件B）ことを報告した。これより，知的障害者における短期記憶の改善のためには，リハーサルの積極的学習と受動的学習を効果的に連結し，あわせて検索方略を有効に組み込む訓練が必要である。

訓練とは別の課題で記憶方略を応用するという般化については，効果が顕著でないことが指摘された。この点について，メタ記憶の側面を訓練し，般化に及ぼす効果が検討された。

ボウコウスキーとワンボルド（1984）は，絵の系列再生課題における自己教示訓練が般化（物語の再生課題）に及ぼす効果を検討した（表2-8-3）。教示については，3群設定した。自己教示訓練（表2-8-4）は，方略の要素を自分で言語化しながら実行できるようにするので，記憶プロセスのモニタリングと調整の訓練となる。

絵の再生課題の成績（表2-8-5）より，両方略ともに，自己教示訓練群と標準教示訓練群で成績が増加した。

般化課題（物語の再生）で使用した方略の内容を，各教示訓練群で分類して検討した結果（表2-8-6），自己教示訓練群では，言いかえやチェックの方略を用いた者が多かった。この特徴は，個人成績を検討することでも明らかであった（図2-8-12）。訓練2，3日目と長期維持評価（3週間後）で，自己教示方略を用いたことが報告された。それに伴い，般化評価の成績が良好になった。

◉以上の知見を要約すると，次のような発達支援の視点が指摘できる。
・知的障害のなかには，「いかに記憶したらよいのか」という記憶の方略を知らない者や，知っていても自発的に利用しない者もいる。そのため，記憶方略の知識の有無と，方略の自発的利用について，個々の子どもで調べておくことはたいせつである。
・記憶方略の積極的な利用を訓練することは効果的である。リハーサル方略は，記憶検索の方略と合わせて訓練すると効果的であることが指摘されている。
・訓練した課題とは別の課題では，記憶方略を使用しない場合が多い。記憶方略の転移がむずかしいことにも十分注意して，課題を出す必要がある。
・転移が容易になる訓練としては，自己教示訓練が指摘されている。これは，方略の構成要素を自分で言語化しながら実行する訓練である。
・刺激の空間的位置に関する情報の記憶は，意図的努力なしで記憶し，再生できる情報である。そのため，記憶材料を呈示するときには空間的位置を考慮し，記憶の検索の際には，手がかりとして，うまく利用させることが効果的である。

◆表 2-8-4　自己教示訓練における言語教示の内容（ボウコウスキーとバーンハーゲン，1984）

教示の構成	内　容
1）課題の性質に関する問いと答え	「私は何をすればよいのか」「これらの絵を順番に覚えなくてはならない」
2）課題に必要なスキルに関する問い	「どのようにしたら，それができるか」
3）記憶方略のリハーサルに関する答え	「まず，最初に全部の絵を見る。それから全部伏せて，順番に覚えていこう。最初の絵を覚えよう。それが思い出せなかったら，ひっくり返してその絵を見よう。そして絵を見なくても順番に言えるまで，全部覚えていこう」
4）課題遂行をガイドする方略使用に関する自己教示	「さあ，全部の絵を見て，これらの名前を言おう。カサ，カタツムリ，バナナ。全部伏せて最初の絵を思い出してみよう。最初の絵は何だったかな。カサ。正しいかな。そうだ。最初の絵はカサだった。さあ，見なくても順番に全部言えるかな。カサ，カタツムリ，バナナ」
5）自己強化	「よくできた」

◆表 2-8-5　絵の再生課題の成績（ボウコウスキーとバーンハーゲン，1984）

両方略ともに，自己教示訓練群と標準教示訓練群で成績（平均再生数）が増加した。

訓練の条件		訓練前テスト	維持テスト	長期維持テスト
予期方略	自己教示訓練群	13.1	17.3	19.3
	標準教示訓練群	14.5	18.8	19.5
	非訓練群	14.2	11.5	11.8
言いかえ方略	自己教示訓練群	19.2	21.8	23.5
	標準教示訓練群	22.3	25.2	25.7
	非訓練群	17.0	15.2	15.0

◆表 2-8-6　般化課題で使用した方略の内容（ボウコウスキーとバーンハーゲン，1984）

条件	方略の非使用					読み方略					読み・言いかえ方略					読み・言いかえ・チェック方略				
	ⅰ	ⅱ	ⅲ	M	LT	ⅰ	ⅱ	ⅲ	M	LT	ⅰ	ⅱ	ⅲ	M	LT	ⅰ	ⅱ	ⅲ	M	LT
自己教示訓練群	3	2	1	1	－	－	－	－	－	－	3	2	3	3	3	1	2	2	2	3
標準教示訓練群	2	1	1	－	2	4	3	2	4	1	－	2	3	2	3	－	－	－	－	－
非訓練群	2	1	1	1	2	4	3	2	5	4	－	2	3	－	－	－	－	－	－	－

表中の数字は，方略を用いた人数。ⅰ，ⅱ，ⅲはそれぞれ訓練 1，2，3 日目を表す。M は維持テスト（1 週間後），LT は長期維持テスト（3 週間後）を表す。方略とは，物語の記銘時に用いた方略を示した。

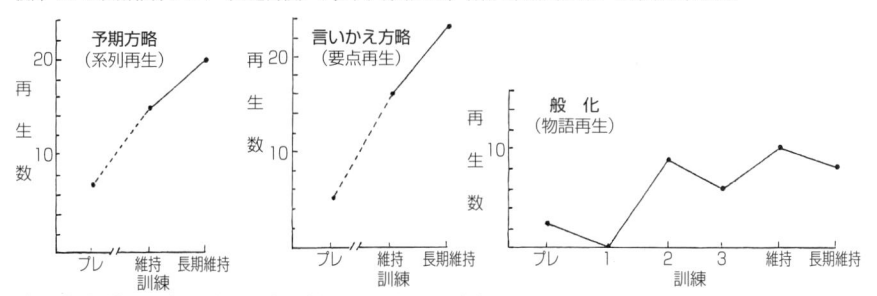

●図 2-8-12　対象児 1 人（自己教示訓練群）の成績（ボウコウスキーとバーンハーゲン，1984）

対象児は，プレと訓練 1 日目の般化評価では，方略を用いなかったと報告した。残りの日の評価では，読みと言いかえとチェック方略を用い，とくに訓練 2，3 日目と長期維持評価で，自己教示方略を用いたと報告した。それに伴い，般化の成績が良好になったことが指摘できる。

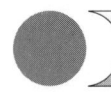

9節　問題解決

知的障害者の自立と社会参加が重要な課題になるにつれて，**意思決定**に対する支援の重要性が指摘されてきた。自立した意思決定が必要な場面では，場面を理解し，解決の選択肢を整理し，可能な選択肢を評価したあとに実行し，問題解決することが重要となる。問題解決は，当初，認知論的立場の学習理論において注目された。ゲシュタルト心理学では，試行錯誤ではなく洞察（insight：問題構造の体制化）によって解決が成立し，創造的思考を含めて研究された。その後の認知心理学の進展のなかで，人間の情報処理プロセスが重視され，問題解決を可能にする情報処理について注目された（図2-9-1）。

心理学史
⇒コラム

以下，認知課題と対人関係における問題解決の特徴について述べ，さらにその発達支援について論じよう。

1　認知課題における問題解決

問題解決場面は，解決に必要な情報がすべて与えられる場面（「良定義問題」）と，問題の定義が不十分で解決者が問題を定式化しなければならない場面（「不良定義問題」）とに分けることができる（野口，1996）。多くの認知課題のなかでも，ハノイの塔課題（図2-9-2）はよく定義された問題であり，その解決過程を詳細に検討できる（図2-9-3）。

スピッツら（1982）は，3枚のディスクで，4ステップから7ステップのハノイの塔課題について検討した。対象は知的障害者（平均IQ 64，平均MA 10歳，平均CA 20歳），健常児（平均CA 6歳の幼稚園群，平均CA 7歳の1年生群，平均CA 10歳の3年生群）とした。目標状態のディスクが呈示され，その後，初期状態のディスクが示された。最小移動ステップ数が教えられたあとに，移動を開始するよう教示された（表2-9-1）。

図2-9-4は，4群の平均正答率を示した。知的障害者は，CA 6歳と7歳の健常児と同程度の正答率を示した。

正しい解決に至るためには，ディスクを移動する前にステップを見通すこと（探索の深さ）が必要である。スピッツら（1982）は，移動の分析に基づき，知的障害児では探索の深さが1ステップであることを指摘した（図2-9-5）。彼らはハノイの塔課題で観察された探索の浅さには，ワーキングメモリの容量

9節　問題解決

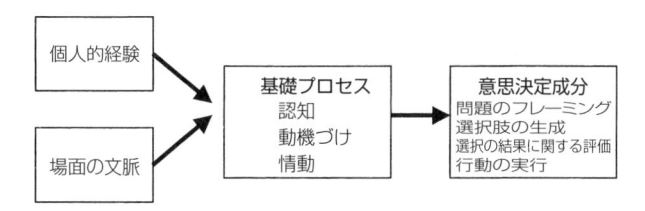

●図 2-9-1　問題解決における意思決定の枠組み（ヒクソンとケムカ，1999）

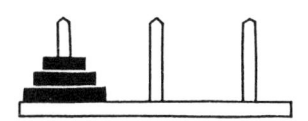

課題のルールは，①1度に1枚だけ移動させる，②小さいディスクに大きなディスクを乗せてはいけない，というものであり，初期状態から目標状態に向かって必要最小限の回数で，ディスクを移動させる。ディスクの枚数が多くなると課題がむずかしくなる。

●図 2-9-2　ハノイの塔課題（スピッツら，1982）

```
(初期状態)    (1)      (2)      (3)      (4)      (5)     (目標状態)
                                                            S
     M                  S        S                M         M
  S  L     S M L     M L      L M       L M S    L S        L
```

●図 2-9-3　ハノイの塔課題での移動例

　初期状態から目標状態に変換するためには，6ステップの移動が最小限必要である。解決には，下位目標の設定を必要とする。初期状態では小ディスク（S）がペグ1にある。その右をペグ2とする。下位目標として大ディスク（L）をペグ1に置くこととすると，中ディスク（M）をペグ2に，小ディスク（S）をペグ2にという移動を見通しておかないと，大ディスクをペグ1に移動することができない。したがって，移動に先立ち見通しておくステップ数（探索の深さ）は2である。

◆表 2-9-1　スピッツら（1982）の課題の例

　解決に必要なステップが4ステップから7ステップである課題について，その初期状態と目標状態が示されている。得点は，各課題の第1試行と第2試行で連続して最小ステップで移動（正答）できた場合には4点が与えられた。また第2試行と第3試行で連続正答の場合は3点であり，同様にして0点まで定義された。

初期状態				目標状態
4ステップ	5ステップ	6ステップ	7ステップ	
M S L	S L M	S L M	M L S	M L S
S M L	S L M	M S L	M L S	S M L

が関与することを指摘した。

2　社会的場面における問題解決

　知的障害者の意思決定の特徴は，問題解決の枠組みのなかで，従来，研究されてきた。対人関係における問題解決には，「良定義問題」とともに「不良定義問題」がある。不十分に定義された課題では，初期状態や目標状態，目標への道筋のルールが明確に述べられていない（表2-9-2：ヒクソンとケムカ，1999）。日常生活では両方の問題に出会うが，解決の困難度は異なることが予想される。

　タイムチャクら（1990）は，問題場面の理解と選択肢について，知的障害を伴う母親と伴わない母親を対象として検討した。母親には，育児に関する高いリスク場面の話（例；赤ちゃんが息を詰まらせている場面）と，低いリスク場面（例；赤ちゃんが機嫌を変えている場面）の話が8話ずつ口頭で呈示された。半分の話は，場面の簡単な描写，可能な動作，動作の結果の描写を含んでおり，完全な情報を与える条件であった。残りの半分の話は，場面のていねいな描写のみであり，部分的情報を与える条件であった。話がなされたあと，対象者は，何をすべきか，それはなぜかが問われた。両群とも，高リスク場面より低リスク場面で適切な選択をし，完全情報の条件より，部分的情報の条件で適切な選択をした。知的障害をもつ母親は，選択肢を考慮しながらも，慎重で段階的な意思決定が困難なために，完全情報の条件で与えられた情報をうまく利用できなかったと考えられた。他方，部分的情報の条件では，場面についてていねいな描写があったので，決定場面の理解とフレーミングが促進され，過去の経験との関連を理解し，適切な反応が可能になったと考えられた。彼らは，過去の経験に基づき自動的に意思決定をしたので，低リスク場面ではうまく適応できたが，未経験の高リスク場面では困難であったと考えられた。

　ジェンキンソンとネルムス（1994）は，意思決定は必ずしも合理的でないことを指摘し，非合理的側面について検討した。対象は中・軽度知的障害者であった。意思決定課題は，結果が長期にわたり高額な出費に関連した意思決定（大決定）条件と，結果が短期間のもので重要でない意思決定（小決定）条件とに分けて検討された（表2-9-3）。対象者には各条件，5場面の話が口頭と絵で呈示された。それに続いて，「あなたならどうしますか？」「それはなぜですか？」という質問がなされた。意思決定は，反応カテゴリ（防衛的回避，衝

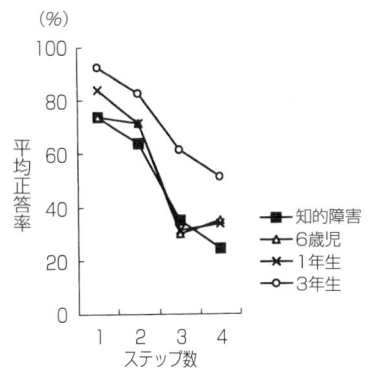

●図2-9-4　4群の平均正答率
　　　　　　（スピッツら，1982）
　横軸は課題のステップ数を示した。知的障害者は，CA6歳と7歳の健常児と同程度の得点を示した。知的障害者はMAから予想されるより低い成績を示すこと（MAラグ）が指摘された。

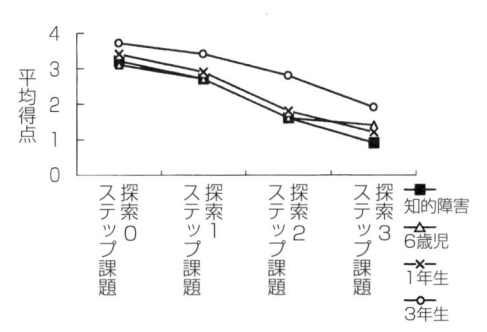

●図2-9-5　探索の深さと平均得点
　　　　　　（スピッツら，1982）
　課題は，正しい解決の最初の下位目標で必要とされる探索の深さに基づいて分類され，平均得点が算出された。CA10歳の健常児（3年生）では，探索の深さが2ステップの課題まで平均得点が高かった。それに対して，知的障害者は，探索の深さが1ステップの課題までは，平均得点が高いが，2ステップ以上の課題では平均得点が著しく低く2以下であった。このことから，知的障害児の探索の深さは1ステップであることが指摘できる。

◆表2-9-2　対人関係における問題解決の例（ヒクソンとケムカ，1999）

良定義問題
1　昼食のときに，好きな音楽をヘッドホーンで聞いています。あなたの友だちは，ヘッドホーンを貸してほしいと言います。あなたはまだ，ヘッドホーンを使っていたいです。
2　友だちが他の子どもをからかっています。友だちは，あなたに仲間に入るよう言います。あなたはだれもからかいたくありません。
不良定義問題
1　昼食のときに，あなたの友人が職場から離れた公園で食事を取ろうと言ってきます。あなたは，仕事にもどるのが遅れることが心配です。
2　あなたは仕事に努力しています。しかしあなたの上司は，仕事が速くないことや呼んでも遅いことでクレームを言っています。上司は，あなたの仕事が給与に値しないと言っています。

◆表2-9-3　意思決定課題（ジェンキンソンとネルムス，1994）

大決定条件
1　ある日，職場から家に帰ってきたとき，ベッドルームが荒らされているのを見つけました。他の居住者の一人が，あなたの許しを得ずに入ってきたのは，確かです。
2　あなたは，新しい家に，好きな友だちといっしょに部屋をとることができます。ただ一つの問題は，仕事場と部屋がとても離れてしまうことです。
小決定条件
3　あなたは，1週間の造園作業でたいへん疲れており，今日は早く寝ようと決めています。しかし，友人が電話をかけてきて，見たかった映画をいっしょに見に行こうと言ってきました。
4　今日は，夕食を作る番です。あなたは，うまく作ることができるのでスパゲティを作るつもりです。しかし，家の他の人はスパゲティが好きでありません。

動的反応，合理的反応）に基づいて分類された（表2-9-4）。

意思決定における反応カテゴリーの平均反応数（表2-9-5）を見ると，防衛的回避と衝動的反応は，健常者と比べて知的障害者に多かった。このことは，知的障害者では，選択肢を考えたり，選択の結果を考える傾向が乏しいことを意味している。知的障害者の大決定条件で，合理的反応が少なかったことは，意思決定の機会が少ないことと関係すると，ジェンキンソンら(1994)は考えた。

◇発達支援の視点◇

支援を行う際には，行動変容をもたらすプロセスに関する仮説が必要となる。さまざまな問題解決に共通する機能として，自己調整機能（self-regulation）が重視されている。フィットマン（1990）は，自己調整機能にかかわるモデルとして，行動分析モデル，認知モデル，社会学習モデルを指摘し，介入のメカニズムが異なることを指摘した。行動分析モデルでは，手がかり刺激と解決行動との随伴関係の形成を重視する。それに対して，認知モデルでは，課題内容と解決選択に関する認知プロセスを重視する。また，社会学習モデルでは，解決プロセスでの人との相互交渉のあり方を重視する。

オペラント条件づけ
応用行動分析学
⇒コラム

（1） 認知課題における問題解決の支援

ハノイの塔課題の指導に関する研究としては，反復訓練の効果を検討した研究（ミンスキーら，1985）とともに，思考プロセスの促進条件を検討した研究（野口と松野，1991）があげられる。

ミンスキーら（1985）は，解決ステップの反復訓練を行い，訓練効果の発現と維持について検討した。対象は，中度と軽度知的障害児であった。ここでは中度知的障害児（平均IQ49，平均MA 8歳，平均CA22歳）の訓練の結果について述べる。CA，MA，IQをマッチさせた統制群については，訓練せず評価のみ行った。表2-9-6は訓練の実施時期と内容を示した。

評価問題は，3枚のディスクで4ステップから7ステップまでの4問で同じ問題が用いられた。転移評価1ではピエロ課題を用いた（図2-9-6）。転移評価2では問題内容の異なる課題がハノイの塔を用いて出された。各問題について3回実施し，正答総数を評価課題の得点とした。

各評価課題の得点について（図2-9-7），訓練効果は，13週後（長期の維持評価）まで維持されたことが明らかとなったが，同じステップ数の課題でも新

◆表2-9-4　意思決定の反応カテゴリーと内容（ジェンキンソンとネルムス，1994）

防衛的回避や衝動的反応は，意思決定に伴うコンフリクトやストレスを反映する反応と考えられた。知的障害者の反応例を示した。課題は上から表2-9-3の問題3，4，2であった。

種　類	内容と反応例
防衛的回避	意思決定を延ばしたり，他の人に決定を委ねる反応。容易な選択肢を選ぶ時の，弱い理由を伴う合理化反応。選択肢をよく考えることなしに，すすめられた新しい行動を選ぶ反応。 「友だちが電話して外出しようと言うので，わたしは映画に行こうと思う」
衝動的反応	可能な選択肢を考えることなしに行う，直接的，衝動的反応。ストレスを減らすために性急に選んだ，直接的救済をもたらす解決。意思決定するという強いプレッシャーを感じるときに生じるパニック反応。 「彼らはおなかを空かせるだろう。私はコーヒーもデザートもあげない」
合理的反応	関連情報を体系的，客観的に検討し，意思決定の前に選択肢を注意深く評価する反応。可能な利益を最大にする選択肢を選ぶ反応。決定の前に，より多くの情報を集めようとする反応。 「私は家を借りない。仕事場に近ければ，病気のときでも楽に帰ることができるから」

◆表2-9-5　大決定と小決定における平均反応数（ジェンキンソンとネルムス，1994）

反応カテゴリー	知的障害者	健常者
大決定条件		
防衛回避	3.88	2.71
衝動的反応	0.92	0.36
合理的反応	0.2	1.93
計	5.0	5.0
小決定条件		
防衛回避	4.16	2.86
衝動的反応	0.12	0.07
合理的反応	0.72	2.07
計	5.0	5.0

知的障害者と健常者で，防衛回避が多かったことは，意思決定が必ずしも合理的プロセスでないことを示しており，知的障害者の意思決定を考えるうえで重要である。

大決定条件では，非合理的反応（防衛的回避と衝動的反応）の比率が高かった。

関連情報を求めたり，決定の結果について考えさせるような，意思決定の方略を促進する指導機会が必要であろう。

◆表2-9-6　訓練の実施時期と内容（ミンスキーら，1985）

評価問題として同じ問題を用いた。訓練はトレーニング用問題（2ディスクと3ディスクによる3ステップ問題，6問）により行った。訓練は，①ヒント教示（はじめに動かすべきディスクについて教示）②例示（解答が指導者によって演じられた）③ステップごとの指示（指導者は，1ステップごとの移動を指示し解決させた）の順に行った。2回連続して正答の場合には，次の援助は与えられず，次の問題に進んだ。トレーニング用問題のあとに，援助なしの評価問題を3問行い，トレーニング時の得点とした。

	実施時期 （トレーニング後）	測定課題と問題内容
ベースライン		ハノイ課題による評価問題
トレーニング		ハノイ課題によるトレーニング用問題と評価問題
短期の維持評価	3週	ハノイ課題による評価問題
転移評価1	6週	ピエロ課題による評価問題
転移評価2	9週	ハノイ課題による転移検査問題
長期の維持評価	13週	ハノイ課題による評価問題

しい解決を必要とする課題（転移評価２）では，訓練効果は顕著でなかった。

　野口と松野（1991）は，課題の材料とともに，課題の役割分担を変化させて，問題解決の様式を検討した。野口ら（1991）は，**ヴィゴツキーの発達理論**（子どもの心理機能ははじめに，大人と子どもとの間の関係において生じ，その後内面化されていくという考え）に基づき，人との相互作用において，思考が行われる条件を設定した。第１の支援課題では，ディスクの代わりに人形材料（人形，イス，じゅうたんと，それを格納する色のちがう部屋）を用いた（人形条件）。人形のように人と関連した課題では，場面の分析と行動のプランニングが活発化し，思考が内面化すると考えた。第２の支援課題では，課題解決を２人で役割分担し，子どもは大人に対して，移動の指示をした（共同条件）。これにより，子どもは発話のプランを立てざるを得なくなり，それとともに，解決のプランを考えるだろうと予想した。対象は中・軽度知的障害児とした。課題は３枚のディスクとし，１ステップから７ステップまでを問題とした。各ステップで，連続２問正解した場合に，そのステップ数を得点とした。その結果，人形条件での成績の改善は，ディスクを用いた場合に成績が悪かった者で顕著に認められた。共同条件の成績は，単独の場合と比べて明瞭に改善した（表２-９-７）。また人形条件の発話では，名詞を用いる完全形態の発話に移行した（表２-９-８）。ミンスキーら（1985）の訓練は行動分析モデルに基づくのに対して，野口ら（1991）の指導は社会学習モデルに基づくことが指摘できる。

（２）　社会的場面における問題解決の支援

　社会的場面における問題解決活動を発達支援するトレーニングは，自立した意思決定を可能にするものとして重視されるようになってきた。対象者の行動レパートリーに社会的行動を加えることを目的とした**社会的スキルトレーニング**（SST）と，ストラテジーを強調する問題解決トレーニングを区別できる。

　キャスルら（1986）は，SSTと問題解決トレーニングの効果について検討を行った（表２-９-９）。対象者は知的障害者（平均IQ63，平均CA24歳）であり，トレーニングを受ける群と統制群が設定された。SSTを受けた群，問題解決トレーニングを受けた群のいずれも，統制群と比べて問題解決行動の種類が増加した。また問題解決トレーニングを受けた群ではとくに，適応行動尺度の社会的責任の得点の増加が見られた。キャスルら（1986）は，問題解決トレ

9節 問題解決

大きなピエロの上に小さなピエロを置くように教示し，ハノイの塔課題と同じルールであることを教示した。材料はピエロを用いたが，ハノイ課題と同じ内容の問題が出された。

●図 2-9-6 転移評価1で用いたピエロ課題 （ミンスキーら，1985）

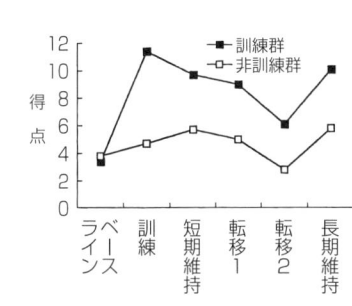

訓練によって得点が増加した。また訓練効果は，13週後（長期の維持評価）まで維持された。新しい課題（転移1のピエロ課題）を用いた場合に訓練効果は見られた。しかし，同じステップ数の課題でも新しい解決を必要とする課題（転移評価2）では，訓練効果は顕著でなかった。この結果は，知的障害児では訓練の転移が困難であるとした従来の知見に一致するものである。ミンスキーらは，対象児の解決行動に大きな変化が生じた（自信を示して，課題に長時間取り組み，ルール違反が減少した）ことを強調した。

●図 2-9-7 各評価課題の得点 （ミンスキーら，1985）

◆表 2-9-7 知的障害児におけるハノイの塔課題の解決条件と成績
（野口と松野，1991）

共同条件の得点（解決可能なステップ数）は，単独条件と比べて共同条件で改善した。

対象児	SM	MY	KY	MH	SA	SK	ST
ディスク-単独	2	3	3	4	4	5	6
人　形-単独	3	4	5				
ディスク-共同		4	5	5	7	7	4

◆表 2-9-8 知的障害児における課題解決での発話形態 （野口と松野，1991）

ディスク条件では，「赤がここ，黄色がここ」という発話であったが，人形条件では，「この人形が赤い部屋に行きます」というように発話が完全形態に移行した。

	発話形態							
	完全発話	中間発話	不完全発話	中間＋不完全	完全＋不完全	中間＋不完全	発話なし	計
ディスク	17	84	26	30	1	12	0	170
人形	97	51	12	17	0	13	1	191

中間発話：移動の対象，移動の位置の一方を名詞，他方を指示代名詞により表現。
不完全発話：移動の対象と位置について，ともに指示代名詞により表現。

ーニングでは，対人関係の選択肢の決定プロセスを教示するので，実際生活上の問題に般化したことを指摘し，特定の社会的行動を形成する SST とのちがいを説明した。キャスルら（1986）の問題解決トレーニングは認知モデルに基づくのに対して，SST は行動分析モデルに基づくことが指摘できる。

（3） 問題解決の制約と促進

　知的障害児・者では，課題がむずかしすぎず，課題の要請条件を理解し，かつ課題遂行に必要な知識を有している場合には，ストラテジーの転移が生じることが指摘されている（フェラティとカバリア，1991）。新しい転移課題では，対象者は，指導されたストラテジーをワーキングメモリに保持しながら，新しい場面への適応を類推しなければならない。フェラティら（1991）は，知的障害児・者におけるワーキングメモリ上の制約が転移を困難にしているのではないかと推測した。

　問題解決の自己調整活動を促す手段として，自己教示，自己質問，相互教示，口に出して考えさせる方法が指摘されている（ショートとエバンス，1990）。

　知的障害者では，失敗した場合に自分の能力や外的要因にその原因を帰属させる傾向が強い。したがって問題解決の機会を与えるだけでなく，失敗は不適切なストラテジの選択の結果であり，適切なストラテジの選択で成功できることを理解させることが重要である（フィットマン，1990）。

◉以上の研究を要約すると，次のような発達支援の視点が指摘できる。
・課題がむずかしすぎず，内容を理解し，必要な知識を有している課題で，先を見とおして考えさせることが大事である。また，そのような思考のステップが，問題解決に結びつくことに気づかせる指導が必要である。
・その際，口に出させて考えさせたり，自己教示させるなどの指導方法が有効である。また，対象児が解決のステップを大人に言語指示して，実行させる方法は思考のプランニングの促進につながる。
・指導場面と異なる課題場面では，問題解決の転移が困難になるので，経験するであろう具体的場面を十分考慮した指導が必要である。
・対人関係の問題解決では，解決プロセスを実際にたどりながら体験する指導が効果的である。とくに社会的スキルのレパートリーをふやす指導とは別に，選択肢を考慮した意思決定を促す指導を図る必要があろう。

◆**表 2-9-9　問題場面とトレーニング内容**（キャッスルとグラス，1986）
　問題場面は，生活調査に基づいて決められた。知的障害者は，7人から9人でグループを作り，いずれかのトレーニングを1週2回，計15回受けた。評価は，適応行動尺度，社会的問題解決とスキルについての質問紙検査により行った。

問　題　場　面	
他者から情報や支持を求めること。	不合理な要求を拒否すること。
妥当な非難に対する対応。	意見が合わないときのふるまい。
新しい人と会うこと。	他者からの気にさわる行動の対応。
トレーニング内容	
<u>問題解決行動のトレーニング</u> 各問題場面の話を聞き，(a) 選択肢の作成，(b) 起こりうる結果の評価，(c) 最もよい選択肢の決定，(d) 選択した解決をうまく行う手段についての列挙の4ステップを行う。各問題について，グループで討議することで選択肢を決め，ロールプレイングにより選択の結果を検討したあと，その選択をうまく行う手段を列挙した。最後に実際生活の2場面について，トレーニングを行う。 <u>社会的スキルトレーニング</u> 指導者が，あらかじめ決められた解決を呈示し，解決行動をロールプレイングにより練習する。最後に実際生活の2場面について，トレーニングを行う。	

◆**記憶探査課題（スターンバーグ課題）**　（→p. 110）　短い数字の系列（例えば，3174：これを記憶セットとよぶ）を，聴覚的・視覚的に呈示し記銘させる。数字は，1つずつ継時的に（一定時間間隔をおいて）呈示される。この記憶セットの呈示が終わってから2秒後に，今度はテスト刺激として数字1つ（たとえば，1）を呈示し，この数字が記憶セットに含まれていたか否かを，できるだけ早くキーを押して答えさせる（この場合，「はい」のキーを押す）。測定するのは，テスト刺激の呈示からキー押しまでの反応時間である。
　短期記憶における情報検索が「直列探索」であれば，1個ずつ次々に比較照合するため，項目数（記憶セットに含まれる数字の数）がふえるほど反応時間は長くなる。「並列探索」であれば，すべての項目を同時に検索するため，項目数がふえても反応時間にはあまり影響しない。この結果，短期記憶の情報検索は直列探索で行われることが明らかとなった。

◆**ブラウン - ピーターソン課題**　（→p. 110）　刺激（たとえば，VJR－386）が呈示され，すぐに消失する。被験者は呈示された数字を逆に（385，384……）数え始め，「やめ」の合図で呈示された文字（正答は VJR）を答える。数を数えるのは，文字のリハーサルを妨害するためである。正常者は遅延（数を数えている時間）が3秒で約80％，9秒で70〜80％を正しく再生できる。18秒後の保持は，10％まで低下する。性，年齢，教育の影響は少ない。この課題は，記憶痕跡の急速な衰退などの短期記憶の低下の検出に役立ち，頭部外傷に最も敏感であるといわれる。

◆**記憶方略**　（→p. 114）　短期記憶の情報を，長期記憶に転送する際に重要な役割を果たすと考えられている心理機能。リハーサルや体制化，精緻化などが含まれる。リハーサルとは頭の中であるいは口に出してくり返し唱えることである。体制化とは，情報をカテゴリーなどのグループにまとめることである。精緻化とは，情報を文章やイメージに組みこむことをいう。

◆**意思決定**　（→p. 120）　意思決定は，心理学用語では意志決定（decision making）の語が用いられる。問題解決の状況において，実行可能な選択肢のなかから最適と思われるものを選ぶことを意味し，行為選択ともよばれる。意思決定は，行為選択とその結果との結びつき方の明確さに応じて，確定事態，リスク事態，不確定事態における特性が検討されている。また，決定者の人数が複数である集団決定についても，その延長の組織内決定を含めて検討されている。

10節　注意

　注意は認知活動の基礎として働く。注意障害は，さまざまな認知機能の不全の共通的原因となる。

　注意は，**受動的注意**と**能動的注意**とに分けることができる。一定の課題を行っている子どもが，周囲の物音に気をとられて集中できなくなってしまうことがある（受動的注意）。受動的注意とは，外的な刺激によって不随意に喚起される注意活動であり，定位反射が知られている。また，先生の話を最後まで聞いていることがむずかしい子どももいる（能動的注意）。能動的注意とは，意図的に情報を取りこもうとするときに機能する活動である。能動的注意として，選択的注意，持続的注意，注意の配分（表2-10-1）があげられる。

　選択的注意に関しては，ジーマンの**注意説**との関連で，2節で論じた。そこで，この節では，持続的注意および注意の配分について論じよう。

1　持続的注意

　持続的注意は，**ヴィジランス**課題によって検討されている。知的障害では，覚醒水準の適切な維持が困難であるとする覚醒理論（クラウゼン，1973）が提案された。しかし刺激が必要とする情報処理に依存して成績は変化するので，一般的な覚醒水準の低下を仮定できない。

　ヴィジランス課題は，長時間の信号監視時の注意を研究するために，マックワース（1948）により開発された。ヴィジランス課題の成績は，信号検出理論を用いて評価された。ゼンメル（1965）は，知的障害児（平均IQ68，平均CA12歳）とCAマッチした健常児を対象として検討した。課題は，標的（光刺激の短時間の消燈）を60分間検出することであった。知的障害児は，健常児と比べて，信号検出の急速な減衰を示すことが明らかになった（図2-10-1）。

　カービーら（1978，1979）は，知的障害者（平均IQ70，平均CA23歳）と知的障害児（平均IQ68，平均CA13歳）を対象として検討した。ここでは視覚課題について述べる。光刺激が3秒間隔で点滅（持続時間500ミリ秒）する場面で，時折強度が強くなった。この強度変化（5％で生起）を60分間にわたって検出した。

　標的の検出率とフォールスアラーム率（標的以外を誤検出する率）の結果を

◆表 2-10-1　注意の区分とその例

選択的注意	課題に関連した刺激を取捨選択し，それに注意を向けるプロセスである (われわれは，パーティのような多数の会話のなかで，自分の話し相手の話を聞くことができる。また，学習の手がかりになる刺激の特徴を，複数の刺激属性から自由に選択することができる)
持続的注意	特定の情報源に対して，一定時間にわたって注意を維持するプロセスである (われわれは，信号の変化を，長い時間にわたって監視することができる)
注意の配分	認知資源の分配を可能にする注意の容量的側面であり，複数の課題を同時に行う場合に必要となる (われわれは，話したり，音楽を聞きながら自動車の運転をすることができる。しかし車の運転にどんなに慣れていても，苦手な外国語の会話をしながらだと，運転がむずかしくなってしまう。自動的にできる処理過程であっても，注意を払うべき処理過程と同時に行うと困難になることから，心理活動は，その難易度に応じた量の処理資源を必要とする)

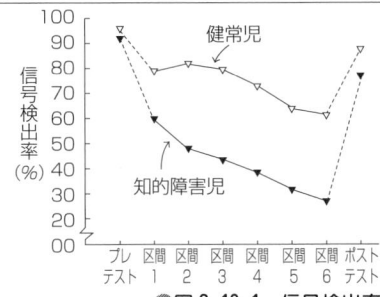

縦軸は信号検出率，横軸は10.25分を1区間として時間経過を表示してある。光刺激が点灯している場面で，標的として，光刺激の短時間の消燈（500ミリ秒）が用いられた。消燈は15秒～240秒の間で生起した。知的障害児と健常児は，時間の経過とともに信号検出率が減少した。知的障害児は，より急速な減少経過を示した。

●図 2-10-1　信号検出率と時間経過（ゼンメル，1965）

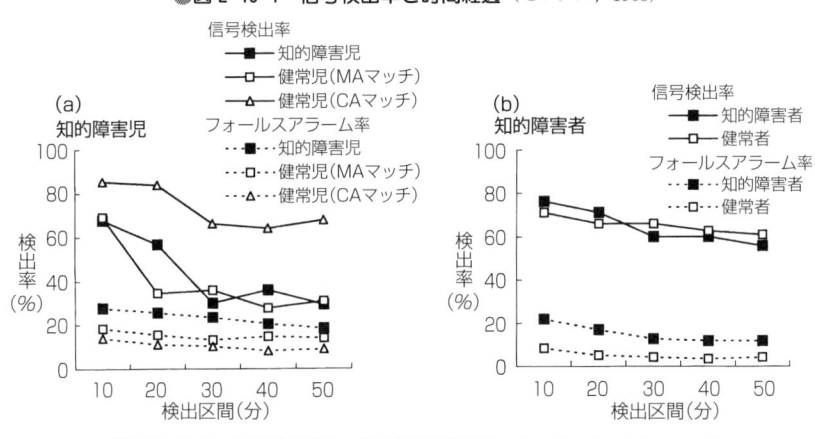

●図 2-10-2　知的障害児・者の信号検出率（カービーら，1978，1979）

　知的障害児(a)では時間経過に伴い，信号検出率（実線）が明瞭に減少した。知的障害児（黒四角）と MA マッチされた健常児（白四角）はともに，CA マッチされた健常児と比べて，信号検出率の減衰の程度は大きかった。フォールスアラーム率（信号以外を誤って検出する率，点線）については，知的障害者の率は MA マッチされた健常児より高かった。知的障害者（黒四角，b）と健常者（白四角）とで差は認められなかった。フォールスアラーム率は，知的障害者で高かった。

みると，知的障害児については，検出率はCAマッチした健常児と比べて低かった。他方，知的障害者は，健常者とほぼ同じレベルを示すことが指摘された（図2-10-2）。

上述のヴィジランス課題では，単純な刺激の検出を行った。次いで，刺激検出に記憶処理を必要とする条件について，信号検出が検討された。

トンポロスキとアリソン（1988）は3種の課題（表2-10-2）で，信号検出率の変化を検討した。対象は，知的障害者（平均IQ62，平均CA19歳）とCAマッチした健常者であった。

課題の検出率（図2-10-3）についてみると，文字検出課題のような単純課題で注意を維持する能力は，知的障害者と健常者で差がないことが指摘された。文字検出課題と比べて，大きさを検出する課題と数列の中断を検出する課題では，知的障害者の検出率が低かった。時間経過にともなう検出率の減少は，両者で明瞭にみられた。

トンポロスキとアリソン（1988）の研究では，知的障害者と健常者で，課題の難易度が異なった。トンポロスキとハガー（1992）は，両者で難易度が同じになるように設定した課題（表2-10-3）を用いた。対象は知的障害者（平均IQ62，平均CA19歳）とCAマッチした健常者であった。

課題の遂行プロセスは，信号検出率(a)，標的に対する反応率(b)，反応潜時(c)により検討された（図2-10-4）。知的障害者は，開始後20分までは，健常者と同じレベルの検出率を示したが，20分以降，検出率が減衰した。刺激呈示から反応までの時間（反応潜時）を検討した結果，知的障害者と健常者では大きなちがいはなく，動機づけのレベルに差はないことが指摘された。

2　注意の配分

知的障害児の認知活動の特徴は，種々の課題で検討されてきた。そのなかで，知的障害児は，課題間で共通した側面に困難を示すことが指摘された。その背景には，最適な認知活動を可能にする，**認知資源**の適切な配分（allocation）の機能不全が考えられている（メリル，1990）。

知的障害児の成績は，意図的努力を必要とする課題で健常児と異なることが指摘された。意図的努力が必要な課題では，複数の認知過程が同時に活性化され，適切な認知資源の配分が必要となる。このことから知的障害児・者におけ

◆表 2-10-2　課題内容（トンポロスキとアリソン，1988）
　大きさの検出課題と数列中断の検出課題は，先行刺激の記憶に基づいて信号検出をするため，よりむずかしい課題であった。

ターゲット検出条件	5％でターゲット呈示。各課題，50分間の検出。
検出課題	
文字検出課題	アルファベット文字を1秒ごとに呈示（持続150ミリ秒）。ターゲットのXを検出する。
大きさの検出課題	3.0センチの四角と4.5センチの四角を2秒ごとに呈示（持続200ミリ秒）。4.5センチの四角を検出。
数列中断の検出課題	数字を1つずつ2秒ごとに呈示（持続150ミリ秒）。数列からはずれた（中断）時点を検出。

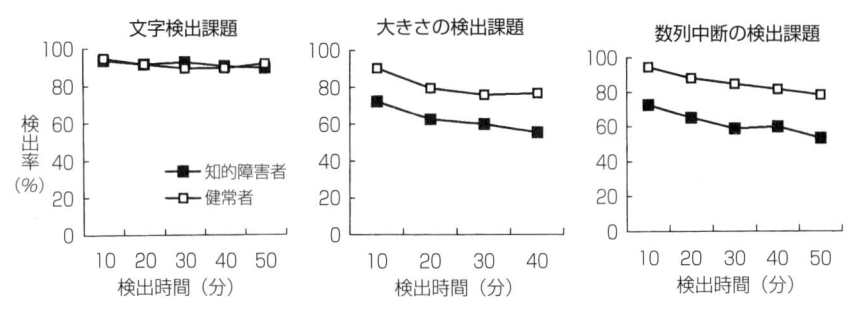

●図 2-10-3　信号検出率の変化（トンポロスキとアリソン，1988）
　文字検出課題では，知的障害者と健常者で検出率の時間的変化に差はなかった。大きさの検出課題と数列中断の検出課題では，知的障害者の検出率は低かった。両者ともに，時間経過に伴って，検出率が減少した。その減少率には両者間で，差は認められなかった。

◆表 2-10-3　課題内容（トンポロスキとハガー，1992）

ターゲット検出条件	2種（5％と30％）のターゲット呈示条件。各条件，60分間の検出。
検出課題	
知的障害者	1から9の数字を1.5秒ごとに呈示（持続500ミリ秒）。数列の中断を検出。
健常者	3桁の数字を1.5秒ごとに呈示（持続500ミリ秒）。999から2つずつ減少して呈示される。1桁ないしは2桁目の数字が数列からはずれたものを検出。

◆ヴィゴツキーの発達理論（内化）　（→p.126）　ヴィゴツキー（Vygotsky, L. S.）の心理学，発達心理学，障害児心理学への貢献は多大であるが，そのひとつにいわゆる内化（内面化，心内化とよばれることもある）の考え方がある。通常，内化とは「外的」なものが人間の内部に取り入れられて「内的」なものになることを意味する（たとえば，精神分析でいわれる内在化：internalization や学習心理学でいわれる内化：interiorization）。ヴィゴツキーは言語の発達について，「はじめ2人の人間に分かれていた機能がのちには子ども自身の行動を組織する手段となる」という基本命題を提起し，人間の心理発達の源泉は子どもと大人とのコミュニケーションにあることを強調した。コミュニケーションの道具としての機能を精神間的機能とよび，思考の道具としての機能を精神内的機能とよび，精神内的機能は精神間的機能を経なければ現れないと主張した。外的なものがたんに内的なものへ移行するのではなく，社会的関係のなかで他者との間で機能していたものが個人内で機能するものに転化するという意味で内化という語を用いたのである。この考え方は，ヴィゴツキー学派を形成するのちの研究者にも受け継がれ，たとえばガリペリン（Galperin, P. Y.）の「知的行為の多段階形成理論」にも強い影響を及ぼした。

る認知資源の利用（注意の配分）について検討されてきている。

　メリル（1990）は，刺激を符号化するプロセスにおける注意の配分について検討を行った。対象は知的障害者（平均IQ60，平均CA19歳）とした。

　刺激の符号化に関しては，絵や文字単語の同一判断について検討した。刺激の符号化時間の測定には，2刺激の同一判断課題（**ポズナーの同一判断課題**）を用いた。この方法では，第1刺激と第2刺激を呈示したあとに，2刺激の同一性を判断させる。

　符号化時間と反応時間の関係（図2-10-5）をみると，反応時間の構成を理解できる。第1刺激の符号化が終了してはじめて，第2刺激の符号化と判断過程が始まる。したがって，第1刺激と第2刺激の時間間隔が短すぎると，第1刺激の符号化が終わっていないので，第2刺激呈示以降も第1刺激の符号化が続くことになる。第1刺激の符号化が終了した時点で第2刺激が呈示された場合に，反応時間が最短になる。この場合の第1刺激と第2刺激の時間間隔が，第1刺激の符号化時間になる。また第2刺激からの反応時間は，第2刺激の符号化と判断過程の時間となる。同一判断課題では，第1刺激と第2刺激の時間間隔を変えて呈示して反応時間の測定を行い，最短の反応時間から，第1刺激の符号化時間を推測する。

　注意の配分に関しては，同時記憶負荷の課題（ローガン，1979）を用いて評価した。この方法では，記憶課題を与えた状態で，同時に特定の課題（ここでは，符号化を含む同一判断課題）を与える。記憶課題をあらかじめ与えた場合には，利用可能な認知資源が制限されるため，刺激の符号化課題の成績が低下する。したがって，この低下の程度を，種々の記憶負荷条件のもとで検討することによって，符号化を含む同一判断課題で必要とされる認知資源を推測できる。記憶負荷課題として最大記憶範囲（フルメモリ負荷）とその半分（ハーフメモリ負荷）の数列を記憶させた。

　反応時間の結果（図2-10-6）より，フルメモリ負荷で反応時間が増加したが，その程度は，健常者が大きかった。したがって，刺激材料として文字単語や絵を用いた同一判断に関して，健常者のほうが認知資源を多く配分していることが推測できる。

　表2-10-4は，符号化時間を算出して示したものである。知的障害者では，

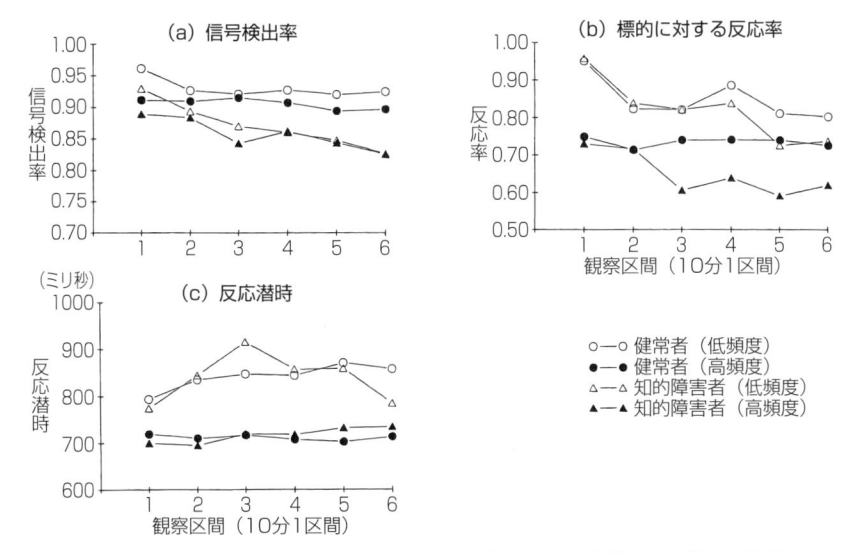

●図2-10-4　信号検出率(a)，標的に対する反応率(b)，反応潜時(c)に関する結果
（トンポロスキとハガー，1992）

　白記号は低頻度標的条件（呈示確率5％），黒記号は高頻度標的条件（呈示確率30％）を示した。横軸は10分1区間として表示した。信号検出率については，知的障害者は，検査開始後20分以降，検出率の減少を示した。標的に対する反応率については，知的障害者は高頻度標的条件で，開始後20分以降で検出率が減少し，反応傾向が減衰した。反応潜時に関しては，知的障害者と健常者はほぼ同じ値を示し，動機づけが維持されていたことが指摘できる。

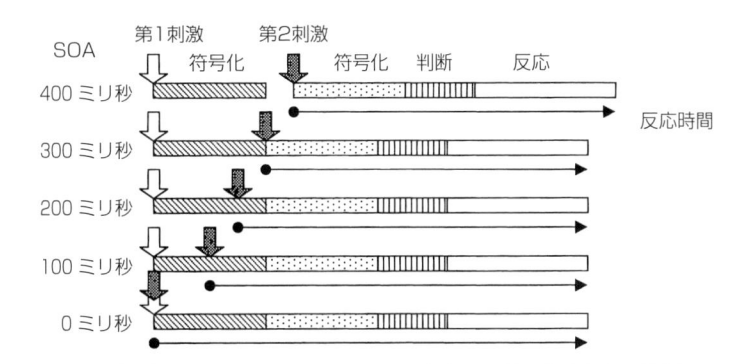

●図2-10-5　同一判断課題における反応時間と符号化時間との関係

　白矢印は第1刺激の呈示時点，陰影矢印は第2刺激の呈示時点を示した。SOA（第1刺激と第2刺激の時間間隔）の数値は例として示した。黒丸と黒矢印の間の時間が反応時間として測定される。

◆**社会的スキルトレーニング**　（→p.126）　　社会的スキル（ソーシャル・スキルともよばれる）トレーニング（social skill training：SST）とは，人とのつき合い方を学び，不足している知識を補い，不適切な行動を改善し，社会的により望ましい行動を獲得する方法の総称である。近年，いじめや不登校が大きな社会問題となるなかで，対人関係の持ち方がひとつの問題として注目を集め，学習障害児や注意欠陥・多動性障害児，自閉症児や知的障害児にも多様な取り組みがなされている。心理療法の技法のひとつとして発展してきたが，精神医学，教育学，心理学，障害児教育などの幅広い領域で扱われるに従い社会的スキルの定義自体幅広いものとなり，SSTの対象やその方法も多様となっている。

記憶負荷課題を与えた場合には，絵の符号化時間に比べて文字の符号化時間の延長が顕著であった。この結果は，文字の符号化のような意味処理レベルで，認知資源の利用が健常児と異なることを表している。

複雑な認知課題では，刺激の符号化のあとに，情報処理が行われる。知的障害児・者では，後続の情報処理に利用できる認知資源の量は，刺激の符合化に依存して変動することが考えられる。このことは同じ認知処理でも，刺激によっては処理パフォーマンスが大きく異なる可能性があることを意味している。

◇**発達支援の視点**◇

注意機能の改善に関する研究としては，信号検出力や反応時間を指標とした研究が多い。

ワーレら（1962）は知的障害者（平均 IQ58，平均 CA17歳）を対象とし，ヴィジランス課題における信号検出力の改善を検討した。ワーレらは信号の検出ミスを，光刺激により対象者に教える条件を設定した。その結果（図 2-10-7），検出ミスに関する知識がフィードバックされた場合には，検出力が増加した。このことから結果に関する知識（KR情報）は，検出力の改善をもたらすことが明らかである。

反応時間の測定では，予告信号に続いて反応信号が呈示される。予告信号と反応信号の間の時間（予告間隔）で，信号の予測や運動の構えが行われる。知的障害児・者の反応時間は健常児・者と比べて長い。近藤（1978）は，知的障害児（平均 MA 9歳，平均 CA14歳）と CA マッチした健常児を対象とし，予告間隔に手がかり刺激を導入した場合に，反応信号の短縮が生じることを明らかにした。手がかり刺激として，空間的に規則的な刺激がとくに有効であることを指摘した。

図 2-10-8は近藤（1978）の刺激呈示装置を示した。予告信号は黄色ライト，反応信号は赤色ライト，手がかり刺激は a〜g の白色ライトであった。予告間隔は15秒で一定とした。予告間隔の間に手がかり刺激が呈示された（持続時間1秒）。手がかり刺激が a から g の順で呈示される場合を空間的に規則的な条件とした。また時間間隔が一定（1秒）の場合を時間的に規則的な条件とした。手がかり刺激は，時間間隔の規則性と空間の規則性の組み合わせによって4条件設定した。最後の手がかり刺激呈示から反応信号呈示までは，1秒で一定と

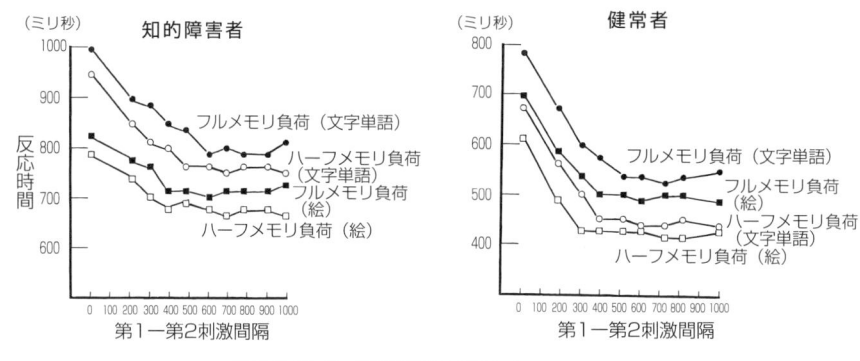

●図 2-10-6　反応時間の結果（メリル，1990）
　縦軸は反応時間，横軸は SOA の間隔を示した。黒記号はフルメモリ負荷，白記号はハーフメモリ負荷を表す。丸は文字単語，四角は絵刺激を表す。知的障害者・健常者ともに文字単語の同一判断課題の反応時間が長かった。またフルメモリ負荷で反応時間が増加したが，その程度は，健常者が大きかった。したがって，同一判断プロセスに対して，健常者のほうが認知資源を多く配分していたことが推測できる。

◆表 2-10-4　刺激の同一判断課題における第 1 刺激の符号化時間（メリル，1990）
　知的障害者では，絵の同一判断の符号化時間は，両負荷条件でほぼ等しかった。それに対して文字単語の同一判断では，フルメモリ負荷で符号化時間が著しく増加し，認知資源が多く配分されていたことが指摘できる。健常者では，フルメモリ負荷によって符号化時間が増加したが，その程度は，絵と文字単語の同一判断でほぼ等しかった。

	健　常　者		知的障害者	
	ハーフメモリ条件	フルメモリ条件	ハーフメモリ条件	フルメモリ条件
文字単語刺激	408	450	467	595
絵刺激	298	342	392	408

（単位：ミリ秒）

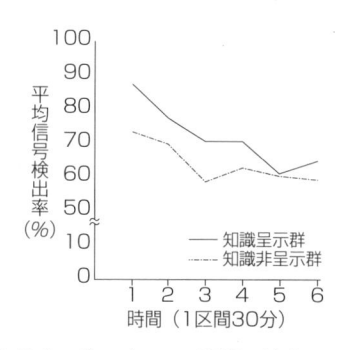

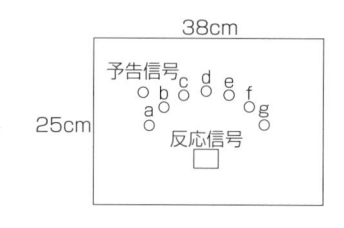

●図 2-10-8　刺激呈示装置（近藤，1978）
　予告信号は黄色ライト，反応信号は赤色ライト，手がかり刺激は a～g の白色ライトであった。

●図 2-10-7　ヴィジランス課題の検出ミスに関する
　　　　　　フィードバック効果（ワーレら，1962）
　検出ミスに関する結果の知識が与えられた場合（実線）には，検出率が上昇した。しかし時間経過に伴う検出率の減衰は改善しなかった。

した。予備測定で，最後の手がかり刺激と反応信号のみを呈示し，反応時間を測定した。

図2-10-9は各条件の反応時間を示した。図中には，予備測定した反応時間（点線）をあわせて示した。知的障害児では，手がかり刺激が，時間的に規則的かつ空間的に規則的な条件（TrSr）で呈示された場合に，反応時間が著しく減少した。とくに空間的に規則的な手がかり刺激は効果的であった。この特徴は，健常児ではみられなかった。

健常児では，予告間隔で刺激が呈示されていなくても注意状態の維持が可能であるが，知的障害児では困難になる。この場合に，外的な手がかり刺激を導入することによって注意状態の改善がみられることが明らかである。

◉以上の研究を要約すると，次のような発達支援の視点が指摘できる。
・刺激の検出に認知判断を伴う課題では，刺激を見落としやすくなる。したがって，注意を要する長時間作業の際には，課題の難易度を配慮する必要がある。むずかしい課題を長時間にわたって行うことは，遂行レベルを維持するうえで有効ではない。
・意図的な努力を必要とするプロセスでは，注意の配分がうまくいかない可能性がある。複数の認知処理を，同時に行わせたために，うまく遂行できていた課題ができなくなることもあり得る。「説明を聞きながら，作業をする」「作業や不安定な動作を片手でしながら，物を数えたり，字を読む」など，日常で遭遇する課題は多い。
・検出反応に対するフィードバックを与えることで，注意の維持が改善される。
・注意の維持を改善するためには，空間的に規則的な視覚刺激を手がかりとして導入すると効果的である。

◆受動的注意と能動的注意 （→p.130） 注意の字義どおりの意味は「意を注ぐ」であり，意識を特定対象に向けることである。このような注意を意識的・随意的・能動的注意とよぶ。他方で，本を読んでいるときに耳慣れない音が聞こえると音源に無意識に視線を向けることがある（コラム3参照）。このような注意を不随意的・受動的注意とよぶ。注意は諸相をもち，多様な観点から分類整理できるが，受動・能動の区分は基本的な分類基準のひとつである。受動的注意は「予期されないもの（新奇性）」によって強く起動し，その後の刺激入力や処理を促進するボトムアップの過程である。これに対して能動的注意は，脳内で発生した注意信号によって起動するトップダウンの過程である。対象の速やかな認知は，受動的注意と能動的注意の両者に支えられて成立する。

◆ヴィジランス （→p.130） ヴィジランスは，監視作業とよばれることもある。たとえば，ベルトコンベアーに流れてくる製品から不良品を探しだす作業のように，稀に起こる可能性のある事象を監視している状況を意味する。このようにヴィジランスは注意の持続の問題であるため，覚醒水準の強度と持続面を問題にする覚醒度を意味する用語としても用いられる（たとえば，ヴィジランスの低下）。

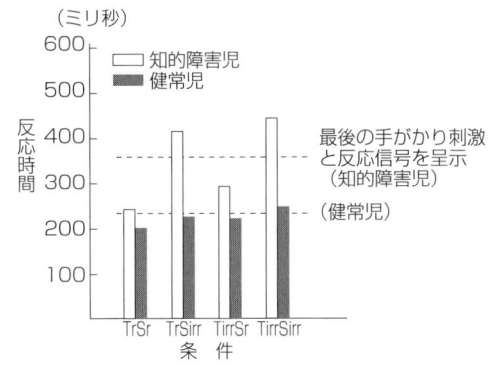

縦軸は反応時間を示す。点線は，最後の手がかり刺激と反応信号のみの呈示によって測定した反応時間を示した。知的障害児では，手がかり刺激が，空間的Sに規則的rかつ時間的Tに規則的rな条件（TrSr）で呈示される場合に，不規則irrな場合と比べて反応時間が著しく減少した。

●図2-10-9　各条件の反応時間（近藤，1978）

◆**認知資源**　（→p.132）　　人間は同時に呈示された複数の情報をよく理解できず，また，一度に行える作業の数には限界がある。注意のこの側面に注目し，カーネマン（Kahneman, D.）は限界容量説とよばれる注意説のなかで「努力（effort）」という用語を用いその配分を問題とした。ノーマン（Norman, D.A.）とボブロー（Bobrow, D, G.）は努力を含め，情報処理に利用可能な記憶容量や伝達経路を資源（resources）とよんだ。心的資源，認知（処理）資源などともよばれる。

◆**ポズナーの同一判断課題**　（→p.134）　　人がものを見るとき，いろいろな処理がなされる。たとえば文字「A」を見たとき，どんな形か，大文字か小文字か，なんという発音か，母音か子音かなど，さまざまなレベルで処理される。ポズナー（Posner, M. I.）は，「A」と「a」のような刺激対が同じかちがうかを判断する同一判断課題を用いて，対の異同判断の基準を変えることによる反応時間の変化を検討した。A-AやA-aを継時的に呈示し，第1刺激と第2刺激の時間間隔が1.5秒以上長くなると異同判断の時間に差がなくなることを示した。以後，この課題を用いて，視覚的な短期記憶や言語への符号化過程の時間特性が明らかにされた。この課題を含むポズナーらによる文字照合実験は，どのような形式で情報が心理過程として経過するかをさぐる手法として高く評価された。

◆**硬さ**　（→p.140）　　レヴィン（Lewin, K.）らがゲシュタルト心理学の立場から指摘したパーソナリティ特性のひとつ。知的障害児では，弁別移行学習で原学習の反応様式に固執したり，単調な行動でも，行動持続の傾向が強いことを報告し，そこから，パーソナリティを構成する領域間の境界が健常児と比べて硬いという特性を指摘した。

◆**動機づけ仮説**　（→p.140）　　スティーブンソン（Stevenson, H.）やジグラー（Zigler, E.）は，弁別学習の実験結果から，硬さは課題への動機づけにより変容するという説を示した。MA（精神年齢）でマッチした健常児と知的障害児の成績の差には，知的障害児の動機づけ要因が関与すると考えた。

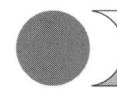

11節　動機づけ

　人が課題を行うとき，その成績は，知識や認知的スキルによって決まると考えがちである。しかし課題に対して意欲的に取り組まなければ，成績は低下する。このように，行動全体の遂行レベル（パフォーマンス）を考えるとき，行動しようとする傾向（動機づけ）は重要な役割を果たす。知的障害児・者の動機づけをていねいに考えることは，個人個人の反応傾向を理解し，パーソナリティを尊重することにつながっていく。また個人に即した教育環境を整備するうえでも，動機づけの特徴を理解することは重要なことである。この節では，知的障害の動機づけに影響を及ぼす要因を中心に考えていこう。

　動機づけに関する初期の研究としては，レヴィン（1935）の研究があげられる。レヴィンは，知的障害児の性格の構造的特徴を"硬さ"という概念により表現し，"硬さ"を伴う行動（うまくいかない行動を変化させることが苦手で，単調な行動でも行動持続の傾向が強い）がみられることを指摘した。クーニン（1941）は実験的に検討し，知的障害児では，単調な課題の遂行時間が長く，課題を変化させても固執反応が強いことを指摘した。

　知的障害児の行動特徴が硬さによって説明できないことは，スティーブンソンとジグラー（1957）やグリーンとジグラー（1962）によって指摘された。グリーンとジグラー（1962）は単調な課題をゲームとして遂行させ，大人の賞賛やうなずきで強化を与えた。課題を遂行した総時間は，施設で養育されている知的障害児（施設養育の障害児）で最も長いことを明らかにした（図2-11-1）。家庭で養育されている知的障害児（家庭養育の障害児）と健常児では変わらないことから，レヴィンとクーニンの硬さ仮説は妥当でないと考えたのである。

　ジグラーは硬さ仮説に代わるものとして**動機づけ仮説**を提案した。ジグラーとバラ（1989）は知的障害児の動機づけに影響する因子として，①社会的剥奪，②正と負の反応傾向，③成功・失敗とパフォーマンス，④強化子ヒエラルキー，⑤外的指向性，⑥自己概念をあげている。MAでマッチした健常児と知的障害児の成績の差には，知的障害児の動機づけ要因が関与すると彼らは考えた。

1　社会的剥奪

　ジグラーとバラ（1972，図2-11-2，表2-11-1）は，社会的強化の動機づけ

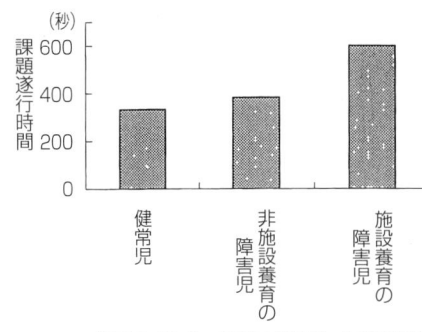

11節 動機づけ

●図2-11-1 課題を遂行した総時間の平均値 (グリーンとジグラー, 1962)

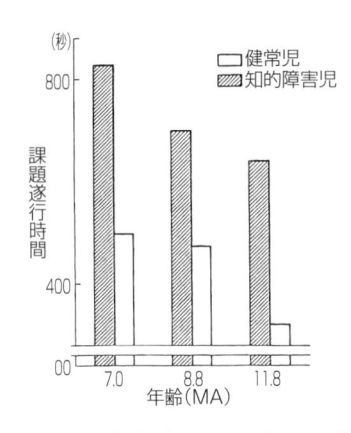

課題は、2種のペグを箱の異なる部位にできるだけ多くさすことであった。対象児には、課題はゲームとして教示された。また課題を中止したいときには、いつでもやめてよいことが教示された。教示者は、50試行、100試行、150試行の時点で対象児に対して、中止の意思を確認した。課題の途中で教示者は、賞賛やうなずき、励ましで言語的強化を行った。遂行総時間は、施設養育の障害児で最も長く、健常児と家庭養育の障害児では差がなかった。

●図2-11-2 課題を遂行した総時間の平均 (ジグラーとバラ, 1972)

縦軸は課題の総遂行時間(対数変換で表示)を示す。課題は、2種のマーブルを区別しながら穴にできるだけ多く入れることであった。課題はゲームとして教示した。また課題を中止したいときには、いつでもやめてよいことを教示した。総遂行時間は、MA 7歳台の知的障害児が最も長かった。

◆表2-11-1 総遂行時間と社会的剥奪尺度の関係 (ジグラーとバラ, 1972)

数値は、総遂行時間と社会的剥奪尺度の得点との相関関係を示したものである。＊は統計的に有意差があることを示した。施設の入所前の社会的剥奪の程度は、剥奪尺度に基づき評価した。MA 7歳台の知的障害児では、社会的剥奪尺度の構成因子との間に正の相関が指摘できた。

	人数	社会的剥奪尺度				
		尺度得点	養育の連続性	養育態度	経済的要因	夫婦の不調和
MA 7歳	14	.55*	-.1	-.07	.48*	.62*
MA 9歳	13	-.09	-.22	-.18	-.13	.06
MA12歳	12	.2	.32	-.28	.38	.02
全対象者	39	.1	-.09	-.19	.32*	.12

と社会的剥奪との関係について検討を行った。その結果，MA7歳台の知的障害児では，施設の入所前の社会的剥奪が強い場合に，総遂行時間が長く，社会的強化に対する動機づけが高かった。MA8歳以上の対象児では，社会的剥奪の影響は小さかった。施設に在園する知的障害児は，大人とのコミュニケーション機会や言語的賞賛を受ける機会が少ないため，社会的強化を受けることに対して強い動機づけを有していると考えられた。

社会的剥奪に影響する要因は，質問紙調査の因子分析により検討し，社会的剥奪の尺度を作成した（ジグラーら，1966）。尺度の構成因子として，養育の連続性，養育態度，経済的要因，夫婦の不調和などを指摘した。なお，社会環境（とくに施設を含む生育経験）を要因として含めて検討した研究の解釈にあたっては，研究の行われた時代背景および，地理・経済的状況を十分考慮して解釈する必要がある。

2　正と負の反応傾向

正と負の反応傾向とは，大人との相互作用に対して，強い動機づけ（正の反応傾向）や用心深さと警戒（負の反応傾向）を示すことをいう。これは，大人との親和的相互作用の機会を得ることに対して強い動機づけをもつが，一方，大人との相互作用に伴う失敗・否定的経験のために，用心や警戒を示すという，2種類の社会的文脈に基づくと考えられた（ジグラーとバラ，1989）。

今野（1977）は，施設養育の障害児を対象として，反応傾向を強化手続きで変化させた。すなわち，先行課題で対象児の反応をすべて言語強化することで，大人に対する負の反応傾向を低減させた。学習課題は対連合学習（16種類の絵と絵の組み合わせを学習する課題）を用い，成功した場合に言語強化することで正の反応傾向を強めた（図2-11-3）。その結果，学習課題に先だって負の反応傾向を低減させ，正の反応傾向を強めた場合には，学習経過が促進されることを明らかにした（図2-11-4）。このことは，対象児の動機づけ特性に十分配慮した学習環境が重要であることを示している。

3　成功・失敗とパフォーマンス

知的障害児は，遭遇してきた失敗経験のために，問題解決事態で成功に対する期待が低下していることが考えられた。複数の選択刺激がある場合，知的障害児は，低い強化率でも安定した強化をもたらす選択刺激を選び，最終的な総

11節　動機づけ

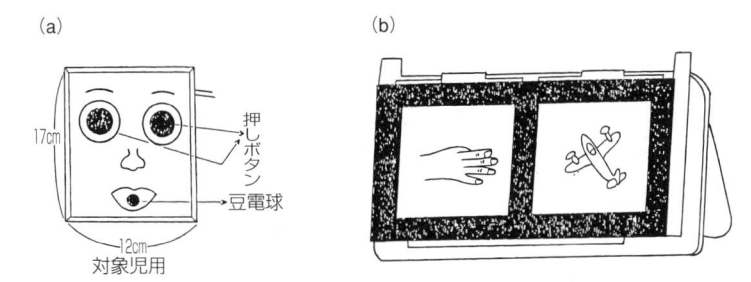

●図 2-11-3　先行課題（a）と対連合学習課題（b）で用いた装置（今野, 1977）

　先行課題はボタン当てゲームであり，2種のボタンのいずれを選択しても言語強化される条件（先行成功）を設定した。さらに先行課題を行わず，成功経験のない条件（先行無成功）を設定した。学習課題は対連合学習とした。第1試行ですべての刺激絵－反応絵を呈示した。次の試行で刺激絵呈示（反応絵を予想），刺激絵－反応絵呈示（反応の確認）を順次行い，完全正反応を2試行連続で行うことを達成基準とした。

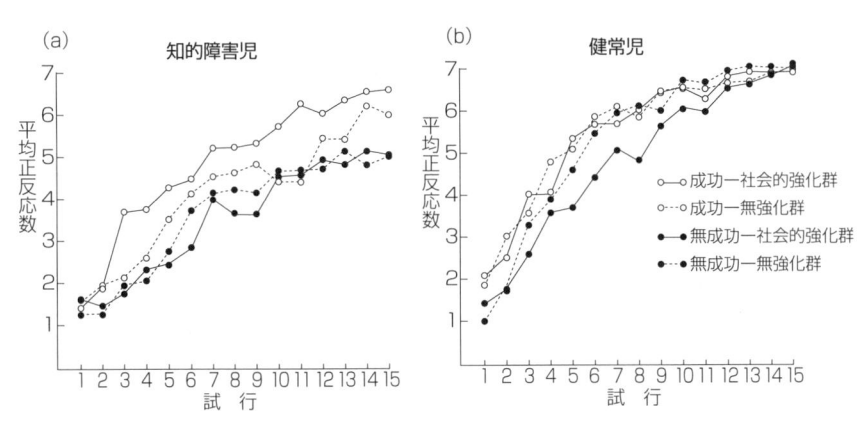

●図 2-11-4　施設養育の障害児（a）と家庭養育の健常児（b）の学習曲線（今野, 1977）

　対連合学習課題の学習曲線を示した。学習課題では，対象児が正反応した場合に正しいことを教えたが，その際に，社会的強化を与える（社会強化）条件と無強化条件の2条件を設定した。先行条件と社会強化条件を組み合わせて，4群の対象者を構成した（各群10人）。平均 CA13歳，MA 8歳でマッチさせた。
　先行成功－社会強化群は，平均正反応数が他の群と比べて高く，家庭養育の健常児と類似した。また先行無成功の条件で与えられた社会強化は，施設養育の障害児の学習に正の効果を及ぼさないことがわかった。

強化量が最大になる方略（最大化方略）をとるのに対して，健常児は，総強化量が低くなっても，より高い率の強化をもたらす選択肢を探す傾向が高いことが指摘された。

田中（1979）は，先行学習課題において，成功条件と失敗条件，および統制条件（成功も失敗も与えない条件）を設定し，先行経験の効果を検討した（成功条件では，対象児の反応にかかわらず成功とし，言語的強化を与えた。失敗条件では，失敗をもたらすよう，検査課題を設定した）。学習課題として，3種の選択刺激（1列に配置）の弁別学習を行った。3種のうちの2種の弁別刺激を選択しても，強化はなかった。残りの1種が正刺激であったが，選択することで部分強化（マーブル）が与えられた。正刺激の位置は，訓練をとおして変えなかった。対象児は知的障害児（平均MA7歳，平均CA13歳）とMAマッチした健常児とした。ここで最大化方略とは，部分強化をもたらす正刺激を選択し続けることであった。

知的障害児は，部分強化が得られる正刺激のみを選択しつづけ，最大化方略を用いた。健常児は選択する刺激を変化させる探索方略をとり，部分強化のみを獲得する方略を用いなかった。結果として，健常児の正反応数は知的障害児より低くなり（図2-11-5），位置を変化させる反応パターンが明瞭に観察された（図2-11-6）。知的障害児の最大化方略の選択は，先行課題で成功経験を得ることで変化することが明らかとなった（図2-11-7）。先行課題で成功条件を受けた群では，平均パターン反応数が増加した（表2-11-2）。このことから知的障害児の最大化方略は，特定の認知的欠陥ではなく，失敗経験に伴う期待水準の低さによることが明らかとなった。

4　強化子ヒエラルキー

知的障害児においては，強化が事物で与えられるほうが，言語強化で与えられるよりも成績がよいことが指摘されている。社会的動機のなかでは**達成動機**づけ（困難な課題を自発的に求め，解決に伴う有能感を求める）が重要である。

ハーターとジグラー（1974）は，達成動機づけに関して検討した。ハーターら（1974）は，MAのほぼ等しい健常児（平均CA6歳群，平均CA8歳群），家庭養育の障害児，施設養育の障害児（高MA群：MA8歳，CA11～15歳，低MA群：MA6歳，CA10～12歳）を対象とした。課題（表2-11-3）は，反

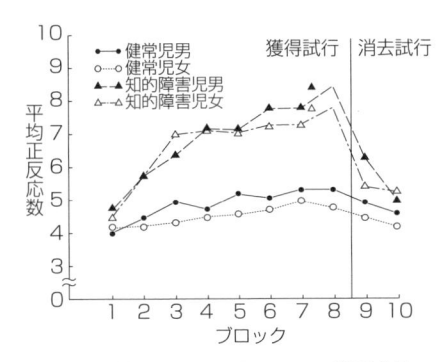

●図 2-11-5　学習課題における学習曲線
　　　　　　　　　　　　　　　（田中，1979）

縦軸は正反応率，横軸は，10試行1ブロックとしてまとめた。学習曲線から，知的障害児は，正反応数が一貫して高いことが指摘できる。

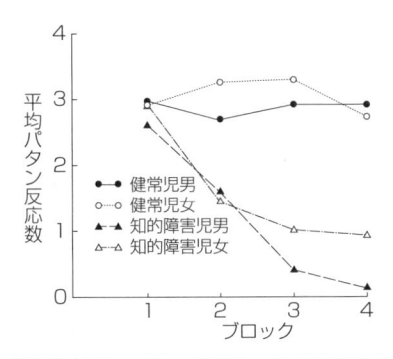

●図 2-11-6　パタン反応についての平均反応数（田中，1979）

左→中央→右や，右→中央→左のように，順に選択位置を変える反応を，パタン反応とした。この反応は探索反応と考えられた。80試行を4ブロックにまとめた。パタン反応は，健常児で多く，知的障害児では，極めて少なかった。

◆表 2-11-2　知的障害児群の平均パタン反応数（田中，1979より作成）

先行課題で成功条件を与えた群では，平均パタン反応数が多かった。成功条件は，3種の先行課題を設定して与えた。

	平均パタン反応数
成功条件	12.7
失敗条件	6.8
統制条件	5.1

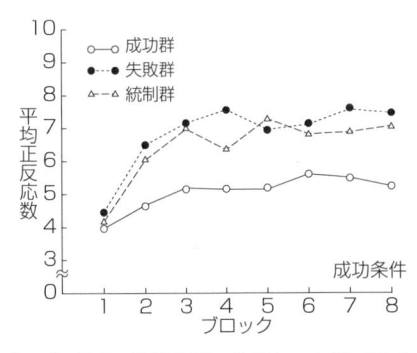

●図 2-11-7　先行課題で失敗ないしは成功を与えた知的障害児群の結果（田中，1979）

先行課題が成功条件であった群では，他の2群と比べて平均正反応数が少ないことが指摘できる。この特徴は，図2-11-5の健常児と類似した。

◆表 2-11-3　達成動機づけに関連した検査課題（ハーターとジグラー，1974）

課題名	内　容
迷路課題	袋小路はなく，どの道を選んでも目標に到達できる。異なる道を選択する程度を評価する。
好奇心課題	10枚の家が描かれているカードがある。カードには2つのドアがある。一方のドアに絵が描かれており，ドアを開けても，同じ絵が出てくる。他方のドアには何も描かれていないが，ドアを開けると新奇な絵が現れる。何も描かれていないドアを選択する程度を測定し，新奇反応を評価する。
パズル課題	難易度の異なる3つの未完成パズルを呈示し，完成させたいと思うパズルを選択させる。

応の変化を評価する課題（迷路課題），新規刺激の選択を評価する課題（好奇心課題），選択した課題の難度を評価する課題（パズル課題）から構成した。課題成績（表2-11-4）をみると，施設養育の障害児は，反応変化の得点（迷路課題）と新奇刺激選択の割合（好奇心課題）が低いことが指摘できる。施設養育の障害児では，新奇刺激を選択したり，反応を変化させる課題での成績が低いことから，達成動機づけが低いことが推測された。一方，家庭養育の障害児は達成動機づけに関連した課題の成績が良好であった。このことから，達成動機づけのような認知機能に関する動機づけの低下が，認知能力よりむしろ，養育のような社会環境の結果として引き起こされる可能性を指摘した。

対処困難な状況で強い苦痛体験を与えられた場合には，**学習性無力感**が生じることが知られている。同じ状況であっても対処可能かどうかということは，個人の認知に依存するものであり，**自己効力感**（セルフ・エフィカシー）に強く関連する。自己効力感が乏しい場合には，対処不可能として認知する傾向が強いことが指摘できる。失敗経験には，そのヒトの**原因帰属**の型が関与しており，それは外的指向性にもつながる。

5　外的指向性

外的指向性（outerdirectedness）とは，自分自身の行動のガイドとして，他者の行動を用いる傾向であり，課題解決の特徴として指摘された。課題解決場面で子どもは解決手がかりを探すが，外的指向性が高い場合には，課題周辺の外的手がかりに依存して解決しようとする。エイクンバックとジグラー（1968）は3選択肢の弁別学習課題に外的手がかり刺激を導入して検討し，知的障害児は手がかり刺激に依存して学習する傾向が強いことを指摘した。木村（1979）は同様な課題を用いて検討した（図2-11-8）。対象は知的障害児（平均MA9歳，平均CA15歳3か月）とMAマッチした健常児とした。知的障害児は，外的手がかり刺激を利用するうえで特徴的なパターンを示した。知的障害児では，手がかり依存型（図2-11-9）が多く，健常児では，手がかり無視型が多かった。

6　自己概念

自己概念は，パーソナリティにおける重要な概念であるが，知的障害に関する研究は少ないうえ，知見は一貫していない。知的障害は，低い自己イメージ

◆表 2-11-4 健常児と知的障害児の達成動機づけの検査課題の成績

(ハーターとジグラー，1974)

課題	健常児		知的障害児（非施設養育）		知的障害児（施設養育）	
	高 MA	低 MA	高 MA	低 MA	高 MA	低 MA
迷路課題	113	96.6	100.6	52.9	71.8	18.4
好奇心課題	50	61.1	44.4	40.0	25.3	36.7
パズル課題	7.3	7.3	5.6	4.7	4.7	5.5

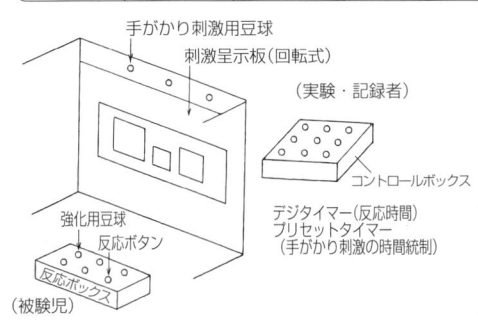

●図 2-11-8　3 選択肢の弁別学習装置
(木村，1979)

刺激材料は，大きさ（大・中・小）と色（赤・青・緑）の次元で異なる正方形刺激（大きな赤い四角など）であった。対象児に 3 種の正方形刺激を順次呈示し，正刺激と思うものを選択させた。正刺激は課題をとおして，大きい正方形とした。課題をとおして正刺激のうえに手がかり刺激（黄色光刺激）が呈示された。手がかり刺激の時間関係は試行の経過で異なった。1〜5 試行は，課題呈示後 1 秒，6〜20 試行は 3 秒，21 試行〜41 試行は 5 秒であった。対象児は，反応ボタンにより刺激選択し，正反応の場合には言語強化された。手がかり刺激呈示後に正反応を行った場合には，手がかり刺激を利用して正反応したことが推測できる。手がかり刺激呈示後の正反応が連続 5 回続いた場合とさらに連続 15 回で続いた場合には，「できるだけ早く押してください」と促進教示を与えた。

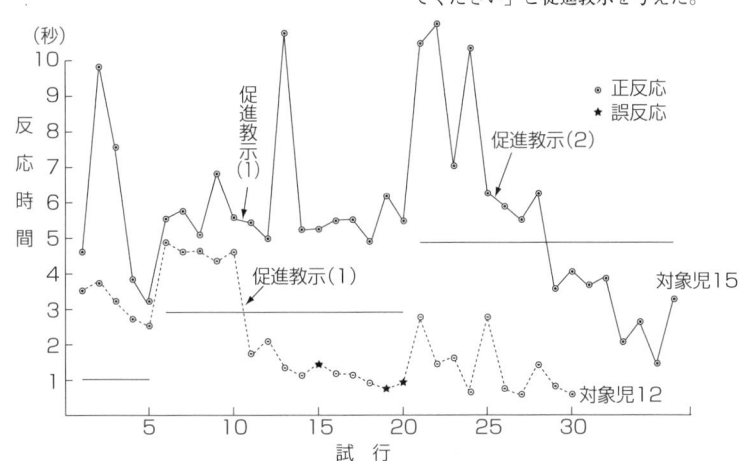

●図 2-11-9　手がかり依存型の解決様式（木村，1979）

縦軸は刺激呈示からボタン押し反応までの時間を示した。図中の横実線は，手がかり刺激の呈示時点を示した。対象児 12 は，10 試行までは手がかり刺激呈示後にボタン押し反応を行い，手がかりに依存して正反応を行ったことがわかる。促進教示後，手がかり刺激前の反応に移行した。対象児 15 は，促進教示にかかわらず，手がかり刺激呈示後に，ボタン押しで正反応した。この特徴は知的障害児で多くみられた。

を有していると指摘する研究があるが（ジグラーら，1972），差がないとする研究もある（コリンズら，1970）。大谷と小川（1996）は，自己評価尺度により検討した。自己概念を，認知的コンピテンス（有能感），運動的コンピテンス，社会的受容度について検討した結果，運動的コンピテンスと社会的受容度に関する自己評価は低い傾向を示すことを指摘した（図2-11-10）。

◇**発達支援の視点**◇

　人間の行動は，環境事象の認知に基づいて形成された意味によってガイドされるという認知定位モデルが提案されている（クライトラーら，1988）。行動を方向づける意味の生成に関与するものとして，信念（Belief）があげられ，4種の信念（目標に関する信念，自己に関する信念，規範とルールに関する信念，一般的信念，表2-11-5）が設定された。

　信念の程度は質問紙調査により評価された。質問紙作成に際してはその特性に関して，代表的な具体的場面を設定し，4種の信念を調査しやすい質問項目を作成した。信念の認知得点は0点（どの信念も特定の行動を意味しない）から4点（すべての信念が特定の行動を意味する）とした。4種の信念は特定の行動の方向づけに密接に関連する。

　クライトラーら（1988）は知的障害児（平均IQ65，平均CA12歳）を対象とした。信念評価では硬さの弱い傾向を評価したので，認知得点が高い場合は硬さの傾向が弱いことを意味した。対象者に信念評価と2種の行動課題が与えられた。課題はカード分類課題とルート描画課題であった。信念の認知得点と行動得点を分析した結果（図2-11-11），認知得点が高い（硬さが弱い）場合に行動得点が高く（行動に変化が生じやすく硬さの傾向が弱い），硬さに関する信念と行動特徴との対応がよいことを指摘した。

　対象児は次に指導群と統制群の2群に分けられた。指導群は，信念の変化をもたらすよう計画された指導を受けた（表2-11-6）。その後，指導前と同じ信念の認知評価と行動課題を受けた。表2-11-7は，指導の前と後の認知得点と行動得点を示した。指導群では，指導後に認知得点が高くなり（硬さが弱くなり），2種の行動得点も増加した。知的障害児の行動変容においては，強化を導入する考え方が主流であるが，言語教示をとおして子どもの信念の変化を促すことで，行動変容をもたらすこともたいせつであろう。

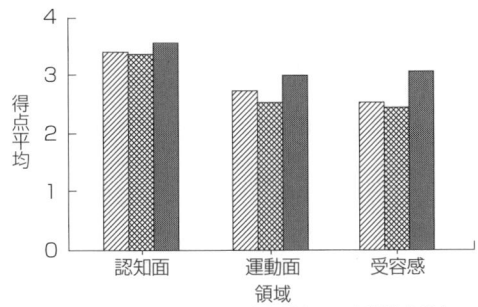

対象は小・中学校特殊学級在籍の児童・生徒（MA 5 歳の知的障害児）とした。運動的コンピテンスの自己評価は小学校高学年で低い傾向を示した。また社会的受容度も類似した傾向を示した。小学校高学年段階で自己概念に対して配慮する必要が指摘できよう。

●図 2-11-10　自己評価尺度の得点分布（大谷と小川, 1996）

◆表 2-11-5　4種の信念とその内容（クライトラーら, 1988）

種類	信念の内容
目標に関する信念	"私"と，"望む"か，または"いやな関係"を表す意味から構成される（"私はやせたい" "私はダイエットがいやだ"）
自己に関する信念	"私"と，能力，癖，感情などの自分の情報から構成される（"私はこの課題を前に行った" "私は家に帰ろう" "私はルールをまじめに考えない"など）
規則とルールに関する信念	許可されている，禁じられている，必要であると考えることがら（"だらしない格好をしてはいけない" "怠けてはいけない"など）
一般的信念	人や事象，事物に関する一般的知識とされる情報（"一度失敗すると，何度でも失敗する" "がんばることは助けになる"など）

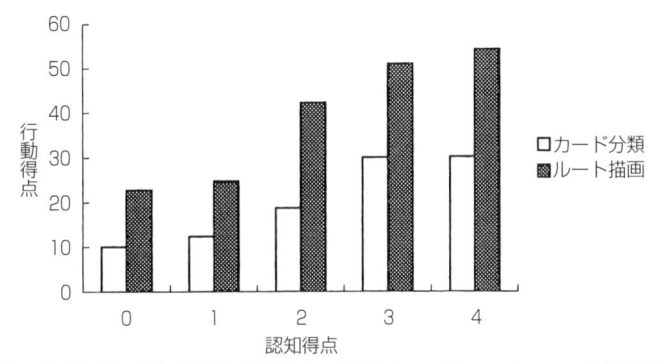

●図 2-11-11　認知得点と行動得点の結果（クライトラーら, 1988より作成）

カード分類課題は，色と形の異なるカード25枚を教示に基づき分類する課題であり，遂行中に分類の変更を反復して教示した。分類の変更が生じた（硬さが弱い）場合は，高い行動得点を示す。ルート描画課題は，格子の描かれた紙の上で，始点から終点までの道筋を描く課題であった。前回とは異なる道筋を描くことを反復して教示した。道筋の変化が生じた（硬さが弱い）場合は，高い行動得点を示す。

◉以上の研究を要約すると，次のような発達支援の視点が指摘できる。
・大人との相互作用に対して，強い動機づけをもつ場合と，用心深さや警戒を示す場合がある。大人に対する警戒は，学習場面ではマイナスに作用するので配慮することが重要である。学習課題の前に，成功経験を与え，正の強化を与えることは効果的である。
・知的障害では，ともすれば，新奇な刺激に対する動機づけが低く，指導者の意図と異なる場合があるので，学習の導入期には，配慮する必要がある。
・行動のガイドとして，大人や手がかり刺激に依存する傾向が強い場合がある。これより，課題解決に必要な手がかりを，わかりやすく呈示する必要がある。
・ことばで表明することができる自己の信念に，行動が影響されることが明らかにされている。教示を通して信念に対して働きかけ，行動変容を促すことは，たいせつである。

◆達成動機　（→p.144）　　社会的動機のひとつ。自分をさらに高め，より完全なものにしたいという欲求，あるいは成功への願望。社会的動機のなかには，他のヒトと仲良くなりたいという親和動機もある。

◆外的指向性　（→p.146）　　他者の教示や態度のような，環境内の外的手がかりに依存して問題を解決しようとする特性。

◆自己効力感　（→p.146, 197）　　セルフ・エフィカシーともいう。ヒトが行動するときには，「行動がどのような結果をもたらすかという予期」（結果予期）とともに，「必要な行動をうまく行うことができるかという予期」（効力予期）を持っている。自分がどの程度の効力予期を持っているかを認知したときに，そのヒトはセルフ・エフィカシーを持っているという。セルフ・エフィカシーは，①実際に行い成功体験をもつこと，②うまくやっている他人の行動を見ること，③自己強化や他者からの説得的な暗示を受けること，④生理的な反応の変化を体験してみること，といった情報源を通して，個人が自ら形成していくものであると考えられている。

◆**表 2-11-6 指導群の受けたセッション**（クライトラーら，1988）
指導は，1週に2回，3週で計6回にわたって行われた。統制群は，指導期間にはゲームで遊んだ。

実験者は，絵に描かれた硬さの弱い子どもについて話をし，対象児に対して，絵の中の子どもの意見を想像してみるよう求めた。
絵の中の子どもの信念として，望ましい目標としての信念が紹介され，その考えを補うよう求めた。それがむずかしい場合には，異なる考えが示され，対象児に対して，最もよいものを選択するよう求めた。
実験者は，子どもの信念を放棄するよう説得するのではなく，異なる信念に気づかせた。また「弱い硬さ」に関する新しい信念を学習するよう働きかけた。

◆**表 2-11-7 指導の前と後の認知得点と行動得点**（クライトラーら，1988）
指導群では，指導後に，認知得点が増加した（硬さが弱くなった）ことが指摘できる。また2種の行動得点も増加した。このことから，指導の結果，硬さに関する信念が変化し，硬さの行動が変容したことが明らかである。

	指導群		統制群	
	前	後	前	後
認知得点	1.3	2.2	1.2	1.
カード分類	16.8	21.0	16.6	16.5
ルート描画	26.4	37.1	27.0	26.7

◆**学習性無力感**（learned helplessness）（→p.146）　セリグマン（Seligman, M. E. P.）が発見した現象。イヌに電気ショックからの回避反応を学習させる訓練場面で，避けることができないショック場面をくり返し体験したイヌは，後に，別の学習場面に置かれても無気力であり，回避可能なショックを避けようとせず，無抵抗にショックを受けつづける。苦痛な刺激場面を経験するという「外傷」体験そのものではなく，「外傷」をコントロールできないという「対処の不可能性」を学習することが，無力感の形成の重要な要因となる。

◆**原因帰属**（→p.146）　行動を行うと何らかの結果や強化が得られるが，その原因をどこに求めるのかという判断。同じ行動に対して与えられた同一の結果であっても，その原因には個人差がある（統制の位置：Locus of control）。内的統制型では，「結果が，自分の能力や努力，あるいは技能などの，自身の要因によってコントロールされている」と認知する傾向が強い。外的統制型では，「結果が運やチャンス，あるいは，他のヒトのような外的要因によってコントロールされている」と認知する傾向が強い。原因帰属の型は，無気力の発生とかかわっている。達成動機が高いヒトは成功経験を，高い能力と努力に帰属させ，失敗経験を努力不足に帰属させる傾向が強いとされている。

◆**外的指向性**（→p.146）　他者の教示や態度のような，環境内の外的手がかりに依存して問題を解決しようとする特性。

12節 運動

　知的障害児・者の運動機能の特徴として，走行や跳躍などの身体運動は健常児と比べて著しく異ならないが，器用さや技術を要する協応運動の側面では遅れがみられることが指摘されている（フランシスら，1959）。脳性の運動障害や末梢性（脊髄・筋）の運動障害は筋緊張や運動パターンの異常をもたらす。知的障害の運動の問題は，筋緊張や運動パターンの著しい異常とは異なる。そこでこの節では，協応運動の例としてバランス能力をとりあげ，知的障害のバランス能力の発達について論じる。

　また健康な運動機能を維持することは，生活の質の改善にもつながることから，フィットネスの問題として注目され始めている。この節では，知的障害におけるフィットネスについてそのトレーニング効果との関連で論じよう。

1　バランス運動の発達

　運動発達においては，下位の神経機構に関与する反射は，発達の初期段階で優勢であるが，月齢が進むにつれて消失することが明らかにされている。この消失は，下位の神経機構がより上位の神経機構に含まれたり，統合作用を受けて抑制されることと関係がある（図2-12-1）。

　運動発達は，外的環境との密接な相互作用のなかで，下位の神経機構と大脳皮質の成熟が進行していくプロセスと考えられている。したがって，知的障害における運動発達を考えるためには，下位の神経機構の成熟を含めた，総合的な側面の発達経過を見ていくことが重要であろう。

　他方，知的障害における協応運動の特徴を考察するうえでは，行動調整との関係も重要である。高次な運動制御系の構成（図2-12-2）をみると，運動制御には前頭前野や他の連合野が関与することがわかる。知的障害においては，運動の指令や実行の側面に障害があるというよりも，むしろ行動や運動プログラムの生成と制御の側面に機能不全がある可能性が考えられる。このことから，知的障害における運動の特徴を，行動プログラムによる行動調整の側面からみていくことも重要であろう。

　バランス能力は，協応運動の発達をよく反映する。そこで，ここでは，知的障害におけるバランス能力について検討する。

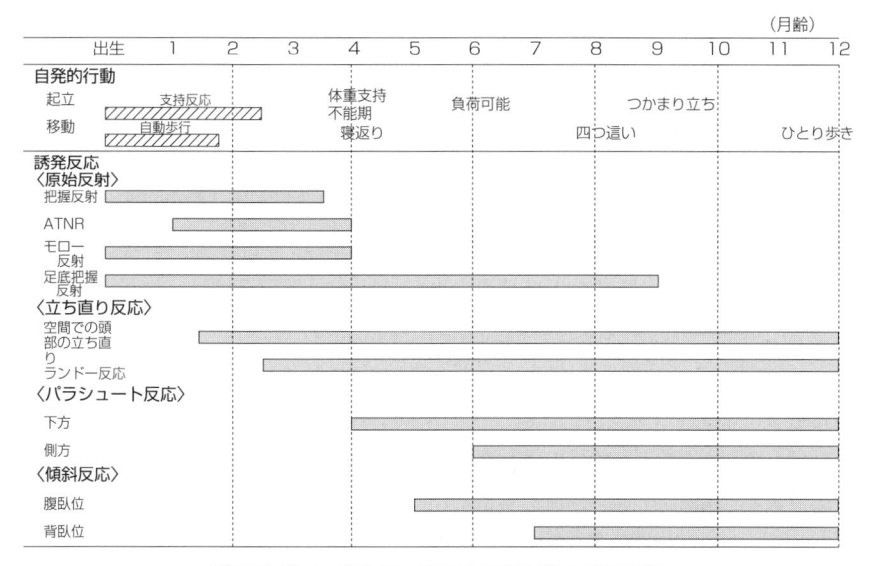

●図 2-12-1　新生児・乳児の反射反応の消長過程
(ミラニー－コンパレティら, 1967より作成)

　自動歩行および原始反射はある時期に限られて出現し, 一方, 立ち直り反応やパラシュート反応, 傾斜反応はそれらの消失後に出現することが指摘できる。行動と誘発反応は代表的なものの一部のみを示した。ATNR とは, 頭部の回旋に伴って, 顔部の上下肢の伸展と後頭側の上下肢の屈曲がおこる。立ち直り反応は, 重力に抗して頭部や体幹, 四肢を適切な状態へ持っていく反応である。ランドー反応とは空間にうつぶせで支えると, 頭を上げ, 背中と下肢を伸ばす反応である。傾斜反応とは, 姿勢を保持していて重心が動いた場合に, 転倒しないよう制御する反応である。

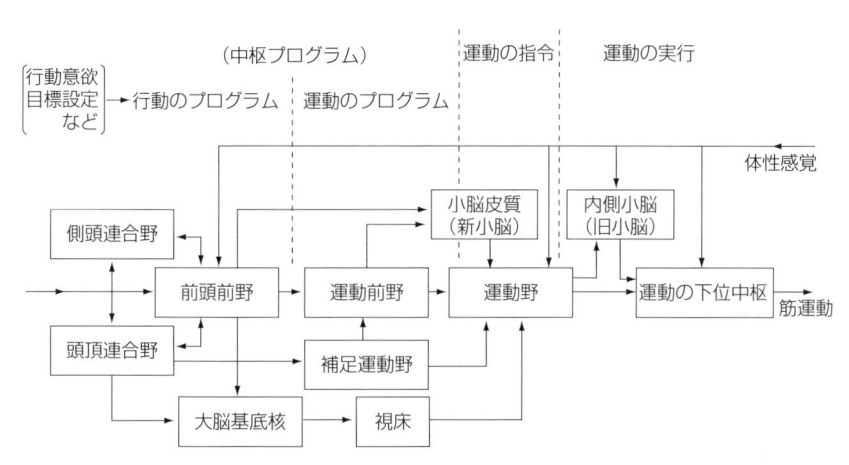

●図 2-12-2　運動制御系の構成 (鈴木, 1985)

(1) バランス能力の特徴

バランス能力は，粗大な運動を行うときに必要となる動的バランスと，静止姿勢を保持するときに必要となる静的バランスに分けることができる。動的バランスは平均台歩き，静的バランスは片足立ちにより評価することができる。

国分（1994）は，この2つの運動に関して，知的障害児・者を対象として検討した。その結果（表2-12-1），バランスに問題があると考えられる者のなかに，平均台歩きと片足立ちの成績がともに低い者（表中X群），片足立ちの成績がとくに低い者（S群），平均台歩きの成績がとくに低い者（D群）を指摘することができた。平均台歩きと片足立ちの成績がともに良好であった者（Y群）も多く認められた。ここで，バランスに問題があるとは，健常児の3歳水準に達しない段階とされた。これらの群について，運動能力の基礎的側面としての反射の特徴，および行動調整機能の側面との関係が検討された。

(2) 反射の特徴および始歩期との関係

国分（1994）は反射の特徴については，**平衡反射**，**緊張性伸張反射**，協調運動に関する神経学的検査により検討した（表2-12-2）。神経学的検査で問題があるとみられた者の多くは，X群に多く認められた。このことからX群で平均台歩き，片足立ちの成績がともに悪い背景には，反射面での障害が関連している可能性が考えられた。

始歩期については，平均台歩き，片足立ちの成績との関係を検討した。その結果（表2-12-3），片足立ちの成績が低い者では，始歩期が遅れる傾向があった。これより知的障害児における協応運動には，下位の反射・反応の成熟の遅れが影響を与えていることが示唆される。

国分（1994）はさらに，バランスタイプの発達的変化を縦断的に検討した（図2-12-3）。6～8歳でX群に属した者の多くは，2～3年後にS群やY群に移行した。これによりバランス能力は，比較的遅い時期まで発達することが推測される。

(3) 行動調整機能との関係

行動調整機能との関係については，運動の維持調整能力検査（MIT）について検討が行われた（表2-12-4）。この検査では，持続的運動の企画・制御について評価する。片足立ちの成績が低い場合には，MITの成績が悪いという

◆表2-12-1 平均台歩きと片足立ちの成績の関係 (国分, 1994)

縦軸は片足立ち,横軸は平均台歩きの成績を示す。表中の数字は対象者の数を表している。対象児・者は6〜51歳の157人であった。平均台歩きは高さ5cm,長さ3mで,幅が2.5cmから12.5cmまで2.5cm刻みで5種類のものを用意し,幅の広いものから順に歩かせた。

評価は,落下せずに歩行可能であった最も狭い平均台の幅によって評価した(Ⅰ〜Ⅵ)。Ⅰの者は2.5cmの幅を歩けた。片足立ちは,開眼で行い,左右3回ずつの持続可能な秒数を測定し,そのうちの最大時間(最長60秒)をとった。6段階で評価した。平均台歩き,片足立ちの成績ともに,健常児の3歳水準をめやす(表中の直交線)とすると,X群32人,S群16人,D群21人を認めた。

	Ⅰ	Ⅱ	Ⅲ	Ⅳ	Ⅴ	Ⅵ	計人数
A (60秒)	15	35	3	1			54 (28%)
B (59〜26秒)	3	15	11	2	1		32 (17%)
C (25〜11秒) ⓨ	1	10	16	5		ⓓ	32 (17%)
D (10〜6秒)		6	8	9	2	1	26 (13%)
E (5〜3秒) ⓢ	1	5	7	3	ⓧ	1	30 (16%)
F (2〜1秒)	1		2	5	6	4	18 (9%)
計人数	21 (11%)	71 (37%)	47 (24%)	31 (16%)	16 (9%)	6 (3%)	192 (100%)

◆表2-12-2 バランスタイプと神経学的検査との関係 (国分, 1994)

行動調整機能に問題がない者を検討の対象とした。平衡反射としては,飛び直り反応を調べた。緊張性伸張反射としては,足関節を背屈に他動したときの可動域を調べた。神経学的検査としては,協調運動を調べる検査として指鼻検査,前腕回外回内変換運動試験を行った。これらの4種の評価で問題が指摘された検査数をサイン得点とした。X群では,他群と比べてサイン得点が2点以上(陽性)のものが多く,反射の問題が指摘できる。

	陽性の有無		
	無	有	計(人)
ⓨ	10	7	17
ⓧ		9	9
ⓢ	1	1	2
ⓓ		1	1

◆表2-12-3 始歩期と平均台歩き,片足立ちの成績との関係 (国分, 1994)

始歩期について,早期は1歳3か月まで,中期は1歳4か月から1歳11か月まで,晩期は2歳以降とした。◆は各群の中央値を示す。(a)は平均台歩き,(b)は片足立ちとした。

(a)

		始歩期		
		早期	中期	晩期	計(人)
平均台歩き	Ⅰ	5	4		9
	Ⅱ	19◆	7	6	32
	Ⅲ	7	14◆	5	26
	Ⅳ		7	9◆	16
	Ⅴ		1	10	11
	Ⅵ		2	2	4
	計	31	35	32	98

(b)

		始歩期		
		早期	中期	晩期	計(人)
片足立ち	A	14	9	3	26
	B	5◆	4	3	12
	C	6	4	6	16
	D	2	7◆	4◆	13
	E	3	9	6	18
	F	1	2	10	13
	計	31	35	32	98

傾向がみられた。これより，行動調整のような運動の高次制御に機能不全がある場合には，協応運動の発達が遅れる傾向にあることが示唆された。

2 フィットネス

フィットネスとは，"身体的に健康な状態"と定義され，柔軟性，筋力，敏捷性，耐久性の成分から構成される（マコナギィとザルツベルグ，1988）。ラリックら（1970）は，標準化されたフィットネステストを用いて，知的障害者のフィットネスを検討した。その結果，すべての項目において知的障害者は2～3年遅れる傾向にあるが，その発達経過は標準値と類似していることを指摘した。フィットネスの項目について，知的障害者は健常者と比べて低い成績を示すということは，ロンダルとジョンソン（1974）によっても報告されている。したがって，有効なフィットネスプログラムを作成する必要があることが指摘された（マコナギィら，1988）。

壹岐と草野（1994）は，知的障害養護学校におけるフィットネス・プログラムの有効性に関して検討を行った。壷岐ら（1994）は，2年間の持久走トレーニングの効果を，トレーニング群と非トレーニング群の比較により検討した。持久走トレーニングは，1日15分間の持久走を，週5日間行った。その結果，非トレーニング群では，7種目のすべての項目で成績は向上しなかった。トレーニング群では，筋力と瞬発力の面において，向上が認められた。これより，知的障害児のフィットネスは長期にわたるトレーニングにより促進されることが指摘できる。成人期において，知的障害者はトレーニングやスポーツの機会を得ることがむずかしいことが問題としてあげられており，成人期のフィットネスの維持に関する研究の必要性が指摘された（マコナギィら，1988）。

◇発達支援の視点◇

上述の議論より，知的障害児においては，協応運動の発達に遅れがみられることが明らかとなった。発達支援を考える際に運動の発現プロセスを考慮した支援が有効である。

運動の重要な特徴として，その自由度の大きいことが指摘できる。たとえば，左，右どちらの手を使っても同じ字を書くことができるし，足で砂の上に書くこともできる。運動の遂行は個別の運動プログラムで制御されるが，それぞれに対応した発達支援は非現実的である。その場合に，2つの支援が考えられる。

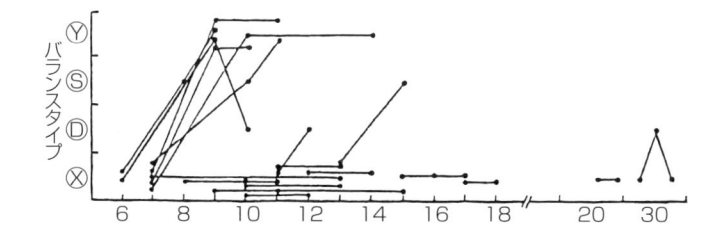

●図 2-12-3　バランスタイプの発達的変化（国分，1994）
　初回の測定で X 群に属した者についての縦断的記録を行い，その経年的般化を示した。同一対象者は実線で結び，黒丸は測定時点を示した。6～8 歳にかけて X 群に属した者 7 人は 8～9 歳での 2 回目の測定では S 群ないしは Y 群に属していることが明らかである。それに対して，10 歳以降で X 群に属した者の多くは同じ X 群にとどまった。

◆表 2-12-4　バランスの成績と MIT 検査との関係（国分，1994）
　横軸は MIT の成績。縦軸はバランスタイプを示した。(a)は平均台歩き，(b)は片足立ちとした。MIT では，3 種の運動課題（閉眼，開口，舌出）について，教示に従って20秒間持続できるかどうか，各 2 試行ずつ検査した。評価は，α タイプ：3 課題 6 試行とも可能，β タイプ：3 課題 6 試行とも可能であるが余分な運動がみられる，γ タイプ：少なくとも 1 試行は可能，δ タイプ：1 試行もできない，の 4 段階とした。

(a) 平均台歩きの成績と MIT の成績

	α	β	γ	δ	計
I	13	4	1	3	21
II	12◆	10	11	4	37
III	10	11◆	13◆	5◆	39
IV	4	3	5	1	13
V	5	1	3	4	13
VI	1	0	2	3	6
計	45	29	35	20	129

◆は中央値

(b) 片足立ちの成績と MIT の成績

	α	β	γ	δ	計
A（60秒）	20*	7	2**	0**	29
B（59～26秒）	6◆	7	8	0**	21
C（25～11秒）	3	8◆	9	1	21
D（10～6秒）	5	3	9◆	3	20
E（5～3秒）	2	3	2	6*	13
F（2～1秒）	4	1**	5	10*◆	20
計	40	29	35	20	124

◆は中央値，残差分析より*は有意に大きいことを，**は有意に小さいことを示す

◆**平衡反射**（→p.154）　バランス保持にとって重要な反射・反応として一連の「立ち直り反射」のほかに，平衡反射・反応があげられる。一般に平衡反応とよばれるものには，パラシュート反応，仰臥位・腹臥位・立位傾斜反応，足背屈反応，跳び直り反応がある。跳び直り反応は，立位の被験者の上腕部を検査者が支え前後左右に押したり引いたりしたときに，被験者は力が加えられた方向に足を踏み出して，頭部・胸部を立ち直らせる反応をさす。

◆**緊張性伸張反射**（→p.154）　脊髄レベルで実現される反射を脊髄反射とよぶが，そのなかで最も基本的，典型的な反射弓から成り立つものに伸張反射（stretch reflex）がある。伸張反射は，筋が外力によって引き伸ばされること（伸張）が刺激となって収縮が生じ，もとの状態へもどることをいう。伸張反射には膝蓋反射や腱反射が著名である。伸張反射は，身体の筋緊張の持続や姿勢保持に欠かせない。立位時の下肢伸筋には，体重により，股・膝関節の屈曲，足関節の背屈が他動的に生じ，それにより伸筋群が常に伸張される状態となる。その結果，反射性の筋収縮が持続的に生じ，一定の姿勢が保たれている。重力に対して平衡を保つために作用している下肢の抗重力筋群が示す，このような緊張性（持続性）の伸張反射を緊張性伸張反射とよぶ。

1つは,運動スキーマの形成に着目する支援である。ほかの1つは,行動調整能力を促進させ,行動を構成する運動能力の改善を図る方法である。

(1) 運動スキーマの形成に関する支援

運動スキーマとは,一般化された運動プログラムであり,運動のクラスあるいは,カテゴリーに対応する(図2-12-4)(シュミット,1975)。一般に,スキーマとは,人が情報を得ようとするときに用いる活動の枠組みであるが,運動スキーマとは,この考えを運動の発現に当てはめたものである。シュミットは,運動スキーマの形成を促すには,特定の動きを反復させるのではなく,多くの要素を含んだ多様な運動を経験させる練習が望ましいと指摘した(多様性練習仮説)。

七木田(1991)は,知的障害児(平均IQ43,平均CA15歳)を対象とし,運動スキーマの形成に有効な練習スケジュールを検討した。課題は,幅20cmの走路で,自動車を手で押したあとに,離して走らせるものであり,できるだけ目標地点の近くで停止するように走らせることが求められた。練習課題の目標地点は,スタートより30cm,70cm,110cmの距離であった。転移課題は,50cmと130cmの距離であった。訓練の条件として,固定条件,ランダム条件,ブロック条件が設定された(表2-12-5)。その結果(図2-12-5),練習中の成績は,ランダム条件群の成績が向上した。転移課題では,ブロック条件で練習した者が成績が安定した。

知的障害児は,完全に多様な試行から構成された練習課題では,運動スキーマが形成しにくいことを指摘できる。七木田(1991)は,課題のくり返しを多様な距離で行うブロック条件では,スキーマに関連した情報処理が入念になり,運動スキーマの形成が促進されたと考えた。

(2) 行動調整機能に関する支援

図2-12-2に示した高次の運動制御系の構成をみてみると,運動プログラムの前段階に行動プログラムがあり,行動意欲や目標設定の入力を受けていることがわかる。行動プログラムが不安定な場合には,運動プログラムが困難になるので,行動プログラムの安定した生成は重要である。行動プログラムを安定して生成する機能は,行動調整機能の1つである。行動を方向づける外的環境を設定し,行動目標を明確にすることにより,行動調整機能の促進を図ること

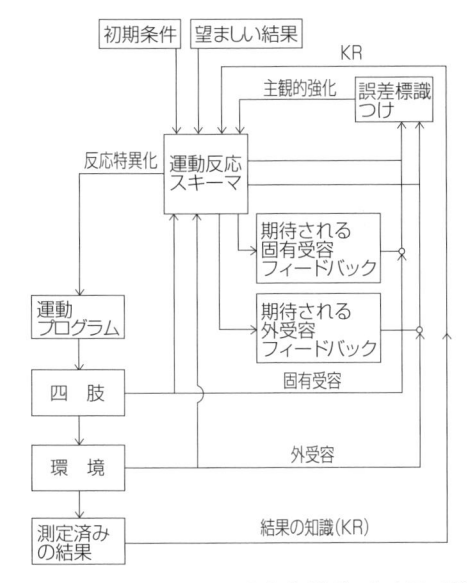

運動した結果を,期待されるフィードバックの値と比較することによって,運動スキーマの修正がなされ,それが運動プログラムとして出力され,運動の修正がなされる。

●図 2-12-4　運動スキーマのモデル
（シュミット，1975より作成）

◆表 2-12-5　七木田（1991）の訓練条件
ブロック条件とランダム条件では,練習した距離の種類数は同じで,運動経験の多様性は同じであったが,練習スケジュールは異なった。

訓練条件	内　容
固定条件	目標地点までの距離が30cm,70cm,110cmである3群が構成された。各群で,それぞれの目標距離を30試行ずつ練習した。
ランダム条件	1回の試行ごとに30cm,70cm,110cmの距離をランダムな順序で変化させて練習した（合計30試行）。
ブロック条件	30cm,70cm,110cmの各距離について5試行ずつ1ブロックとした。それぞれ2ブロックずつで計6ブロック（合計30試行）練習した。各ブロックの順序はランダムとした。

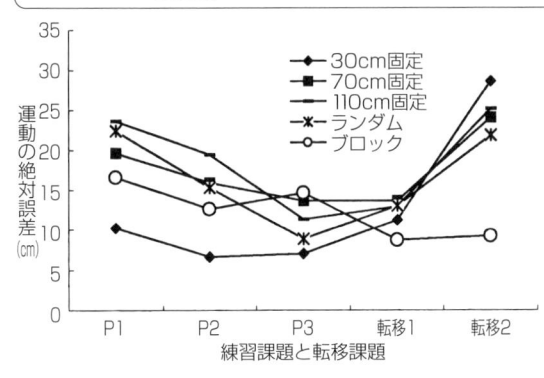

絶対誤差（目標値と自動車の距離）は運動の正確さを示した。P1,P2,P3は練習課題を10試行ごとにまとめて示した。練習課題では,ランダム条件での誤差の減少が顕著であり,高い正確さを獲得したことがわかる。転移課題では,ブロック条件の誤差が小さかった。

●図 2-12-5　各練習条件における平均絶対誤差
（七木田，1991より作成）

ができる。

　国分ら（1994）は，行動調整機能の促進要因として，台上片足立ちを教示し，通常の片足立ちとの比較を行った。バランスタイプと台上片足立ちの成績との関係を検討した結果，平均台歩きに対して，片足立ちの成績がきわめて低かったS群では，台上片足立ちにおいて成績が向上した者が多かった。運動の維持調整能力検査（MIT）との関係を検討した結果（表2-12-6），運動維持が困難な者（δ）では，台上片足立ちにおいて成績が向上した。このことは，運動を持続することが困難な者に対して，台上片足立ちが行動調整に有効に作用し，片足立ちの成績が改善したことが指摘できる。

　大高ら（1997）は，重度知的障害児を対象として，平均台歩きの改善過程を検討した。指導課題として「水の入ったコップをおいたお盆を持って平均台歩きをする」課題と「飛び石歩き」課題を設定した。指導開始時には，幅12.5cmの平均台が歩行できずX群に属したが，1週間に1回の計7回の指導で，幅7.5cmの平均台の歩行が可能となったことを報告した（表2-12-7）。この結果は，行動調整機能を喚起する課題による指導は，平均台歩きという動的バランス能力の改善につながることを示している。

　国分ら（1994）や大高ら（1997）の研究より，知的障害児のバランス指導では，行動調整機能が喚起される場面で練習することが効果的であり，運動能力の改善につながることが明らかであろう。

◉以上の知見を要約すると，次のような発達支援の視点が指摘できる。
・知的障害児におけるバランス能力の発達的変化が縦断的記録より明らかにされたことから，協応運動の発達支援を行うことは，とくに年少期には効果的であることが指摘できる。
・指導に際しては，行動調整機能が喚起される場面で練習することが効果的である。
・また同じ課題を反復するドリル的練習でなく，反復しながら多様な条件を行い，運動スキーマの形成に着目することがたいせつである。
・過度なトレーニングではなく，知的障害児・者のフィットネス向上の視点でのトレーニングがたいせつである。

◆始歩期　（→p.154）　運動発達は，とくに乳児の発達的変化を如実に示す指標となりやすい。そのため，首の座り，寝返り，座位，這う，ひとり立ち，始歩などは発達経過の目印として，運動マイルストンとよばれる。始歩はそのひとつであり，始歩期とは歩き始めた年齢を意味する。

◆**表2-12-6 MITと台上片足立ちの成績との関係**（国分ら，1994）
　横軸は台上片足立ちでの成績の変化，縦軸はMITの成績を示す。台は，恐怖感のない高さ5cm，幅10cm，長さ30cmとした。言語教示を行い，モデルを示したあと，実行させた。MITの3課題（閉眼，開口，舌出）で1試行もできなかった者（δ）では，台上片足立ちで成績が上昇した者（上昇者）が多かった。MITの課題ができたもの（α，β）では，台上片足立ちで成績が上昇も下降もしない者（「その他」）が多かった。

	MIT 3課題の成績				
	α	β	γ	δ	計
「上昇者」	5 (3)	5	6 (2)	10 (10)	26 (15)
「下降者」	4 (1)	5 (2)	5	3 (2)	17 (5)
「その他」	16	16 (4)	13 (6)	4 (4)	49 (14)
計	25 (4)	26 (6)	24 (8)	17 (16)	92 (34)

かっこ内は最初の片足立ちの成績が10秒以下であった者の人数（内数）

◆**表2-12-7　指導と平均台歩きの成績の変化**（大髙ら，1997）
　□は試行の成功，■は試行の失敗を表す。T1は指導前の平均台テスト，T2は指導後の平均台テストを表す。Sは，支援課題を表す。第2回〜第13回は「水入りのコップを置いたお盆を持って，平均台歩きをする」課題。第14回〜第24回は「飛び石歩き」とした。飛び石の幅は，テストで用いた平均台の幅とし，子どもの歩幅に合わせて飛び石を置いた。

◆**運動スキーマ**（→p.158；図式（シェマ）の項p.85参照）　運動におけるスキーマ（schema：図式）の考え方は，バートレット（Bartlett, F. C.）による記憶構造の考え方に由来する。多くの過去経験から，あることがらに相当する内容が，抽象化された形ですべての記憶構造のなかに1つのまとまりをもって蓄えられている。このなかの1つの内容が呈示されると，これに関連したその他の内容が想起される。このような記憶構造をスキーマとよんだ。スキーマは，一般化された概念あるいは状況の図式的な枠組みである。運動のスキーマ理論としては，シュミット（Schmitt, D. R.）のモデルが著名である。シュミットは運動スキーマとして，再認スキーマと再生スキーマの2つを想定し，運動学習を説明した。

事例から学ぶ

◆ 1 障害児と知的障害 ◆

　スムーズに行動しない原因として，自信のないことがある。子どもにとって，失敗を恐れるという傾向はとても強く，自信のなさにつながる。また要求水準の調節がむずかしく，自分で要求水準を高く設定しすぎてしまい，結果として，自信が持てない状態にとどまる子どももいる。そのようなときに，無理やり行動させるのではなく，子どもに合わせてじっくり実力と自信をつけさせるのがたいせつだということを，障害児教育の実践は教えている。

子どものようす　モリ君は，軽度の知的障害を伴います。しかし，何に対しても自信がもてません。しっかり者のお母さんは，そんなモリ君が歯がゆくてしかたないようでした。1年生で入学してきたモリ君は，ひたすらめそめそと泣いてばかりいました。5月になり，運動会の練習が始まりました。ダンスはモリ君にとっては簡単な振りでした。でも，彼はまったく動きません。「できないよ」ということばをくり返しべそをかくモリ君。一方「できるのですからやらせてください」とお母さん。

教師の取り組み　私たちは，間に立って悩みました。たしかに，できそうなのです。できないというのはたんにモリ君の甘えなのでしょうか。でも，やはりモリ君の気持ちを尊重することにしました。こうして4週間，彼は練習のたびに列から離れて立ちすくみ，みんなの練習を見守って過ごしました。これでは今年の運動会は無理かと，だれもがあきらめかけていた本番前日。本当に急に，モリ君は動き出しました。それも，完璧に近い形で踊れるようになっていたのです。4週間，彼のなかで自分では動けないけれど必死に見て覚えていたのだと思います。そして，自分ができると感じることができるまで，彼のなかで自信をもてるようになるまでには4週間の余裕が必要だったのだと思います。もし，無理にやらせようとしていたら彼のなかで抵抗や不信感が育ってしまっていたでしょう。その後も，彼は自分で納得ができるまでゆっくり時間をかけ，自信をつけながら成長していきました。

子どもの発達　中学校2年生になった彼は，障害児学級に通っています。運動が得意な生徒に育ちました。通常学級の子どもといっしょにバスケットボール部に所属しています。たいへんハードな練習にも何とかついていっているようで，レギュラーも夢ではないとか。お母さんは，「先生たちを信じて，待ってよかったと思います」と言ってくれました。

事例から学ぶ　いわゆる境界線といわれる子どもは，自分がうまくできないということを必要以上に自覚してしまい自信をなくしてしまうことが多いのです。まずはその気持ちに共感し，ゆっくり待ってあげることも必要です。

◆ 2 障害児と問題行動と知的障害 ◆

　知的障害が軽度の場合には，周囲の状況が強いストレスの原因となり，お漏らしなどの問題行動が生じることが多い。自分からはけっしてその原因を言わないため，問題状況が理解されないまま放置される場合すらある。子どもの立場に立って状況を把握し，その子の教育的ニーズについて，親と話し合いをもつことがたいせつである。

子どものようす　ヒイ君は，腎不全の病気があり入学直前に，お父さんからの移植手術を受けました。そのため，1学期の後半からやっと登校できたのですが，行動はゆっくりしているものの学習の力はかなり高いので，通常学級でのスタートとなりました。しかし，小さいころから入退院をくり返してきて同年代の子どもとのコミュニケーションは苦手だし，生活経験は乏しいし，行動もスローペースでなかなかみんなについて行くことができません。

事例から学ぶ

2年生になるころには学習面でもほとんど理解できなくなってきてしまいました。

教師の取り組み 2年生の秋の運動会で，交流のためにいっしょに参加した障害児学級の子どもたち以上に，先生の指示が飲み込めず右往左往しているヒイ君を見て，ここでがんばっていてだいじょうぶなのかなと心配でした。案の定，11月ごろになってヒイ君のお漏らしが頻繁になってきたと，担任の先生から相談がありました。ビショビショになっているにもかかわらず，自分からはけっして言わないしまわりの子どもが騒いでも，自分ではないと言い張るのだそうです。先生がズボンを取り替えてあげても，むっとした表情でお礼も言わないので，どうしていいかわからないといわれました。一方親御さんは，家では漏らすことなどないのでおかしいと考え，「先生が自分の子だけに厳しくしているのではないか」と思われたようです。ヒイ君自身も先生とことばを交わすことがなくなり，無表情で，担任の先生との関係もむずかしくなってしまっていました。至急，保健の先生と相談し，お母さんを呼んでいっしょに話し合ってみました。彼にとってお漏らしはSOSのサインであると考えられることを伝え，彼のペースで学習できるように障害児学級への転級を勧めました。試しに学級に1日体験入級してみると，あれほど頻繁だったお漏らしがぴたりと止まってしまったのです。それに，なんとも楽しそうな笑顔で，学級でのできごとを家で報告したとか。お母さんはすぐに入級を決意されたのですが，同居のおじいさんおばあさんに大反対され，ずいぶんたいへんだったようです。それでも，1週間もすると，かわいい孫の変化に家族みんなが理解を示すようになりました。

子どもの発達 その後，マイペースの彼はゆっくりながら，いろいろな知識を身につけていきました。とくに友だちとのかかわり方は最も苦手で，気に入らないと思わずひっかいてしまう行動が高学年まで残りましたが，お兄さんの自覚とともにがまんということも学んでいきました。4年生になって一時再入院という大変な経験もしましたが，「がんばって元気になる！」と自分で目標を立てて，見事に元気になりました。無表情・無口などというのは，だれのことかと思うくらい明るく，ちょっとおしゃべりな少年に育ってくれました。中学に入ってからはパソコンに興味を持ち，デジタルカメラで撮した映像をはがきにして送ってくれたりと，すっかり今風の青春を謳歌しています。

事例から学ぶ 障害のある子どもが，しっかりと生きていく力をつけるには，実りの多い学校生活を過ごすことが必要です。その子どもにあった指導，その子どもが自分を出せる集団，その子どもをたいせつにする家族や地域があって初めて，よりよく過ごすことができるのではないでしょうか。

◆3 興味の狭さと知的障害児◆

知的障害児のなかには，興味の範囲が狭い子どもがいるが，しばしばそれは，強いこだわりとして大人に理解されてしまう。興味の範囲の狭い子どもは，新しい場面での対処のしかたがわからないため，自信を持てずに場面から逃避することが多い。この事例では，子どもの興味の範囲のなかに，新しい場面への適応の展開を導入することによって，自信をつけさせることが可能であることを示している。以下の事例の発達は，子どもの興味の内容を理解することがたいせつであり，さらに，興味の範囲を広げるきっかけを工夫することがたいせつであることを示している。

事例から学ぶ

子どものようす　ケイ君と出会ったのは，彼が6年生のときでした。甘えん坊でよくおしゃべりをしてくれるケイ君ですが，話す内容は大好きなドラえもんのことばかり。それも文庫本を抱えて，その世界に入り込んでしまうことが多いのです。話しているうちに興奮して，自分の服や手の甲を噛んでしまうこともしょっちゅうでした。そのため彼の両手の甲は硬く腫れ上がっていました。簡単な質問には答えられるものの，こちらの話題に入ってくることがどうも苦手です。低学年の漢字なら覚えて書けたり，紙に独特の図を書けば繰り上がりの足し算もできるケイ君ですが，自分で文章を考えることはやはりたいへん苦手で，「できない。わかんない」と鉛筆を片づけてしまうのです。

教師の取り組み　私たちは，歌を使ったパネルシアターで簡単な物語を演じてみました。マンガ大好きのケイ君ですから，大喜びです。とても集中して見ていました。次にそのなかの場面場面を簡単な絵にして，主人公に吹き出しをつけ，それを空欄のまま渡しました。彼がうれしそうにその空欄に文字を書き始めたのは，言うまでもありません。自分で筋を追いながら，自分のことばで吹き出しを埋めてくれたのです。もちろん最初に書いたことばは，とても簡単な単語だけでした。でも何よりも，鉛筆をもつことを拒否していた彼がいそいそと鉛筆を取り出してくれたことがうれしかったのです。ケイ君は，自信がもてるようになるにつれて，少しずつ長い文章を書いてくれるようになりました。

子どもの発達　2学期には，学芸会がありました。そのため，学級では「おむすびころりん」に取り組み始めました。彼はもともと異常なほどの照れ屋で，日直のときでさえ，みんなが見ていると思うと声を出して号令をかけることができませんでした。ですから，彼が劇をするのはむずかしいだろうと思っていました。ところが，場面場面の主人公の動きについては，吹き出しで自信をもってイメージできるようになっていたケイ君は，自分で作ったせりふをものすごく大きな声でいい，また自信たっぷりに動作をしてしっかりとおじいさんを演じてくれたのでした。一つの場面を先生と共有できるようになったケイ君は，いろいろなところで自信をつけ，同時に世界の広がりを見せてくれました。

　今は中学生になっていますが，先日，宿泊学習に行ったからと，おみやげを持ってきてくれました。自信たっぷりのケイ君の笑顔を見ると，声を出せなくて泣いていたころがうそのようです。

事例から学ぶ　事例より，子どもの興味の内容を理解することがたいせつであり，さらに，興味の範囲を広げるきっかけを工夫することのたいせつさがわかります。自信を回復させ，学習にすんなり入ってもらうために，その子どもが好きな物や得意なことを教材に選ぶことも，有効な方法です。

3章　知的障害に関連する諸障害

　近年，ノーマライゼーション思想，その教育上の表れとしての教育的インクルージョンの主張（たとえば，具体的には，サポートつきの通常学級で種々の障害児を指導すべき）が広がりをみせ，その方向での教育改革が進行している。それに呼応する形で，最近，軽度発達障害という用語を目にする。ここには，高機能自閉症，注意欠陥／多動性障害，学習障害，協調性運動障害，軽度知的障害などが含まれる。知的障害児教育の分野には，従来の障害概念を超えた「特別な教育的ニーズをもつ子ども（SEN児）」への積極的な対応が強く求められている。

　この章では，知的障害児とかかわる教育現場で頻繁に見聞きする他の障害について紹介し，基礎的な知識をつけ，発達支援のための考え方の枠組みをもつことをねらいとする。

　取り上げた障害は，てんかん，自閉症，ダウン症，学習障害，注意欠陥／多動性障害の5つである。前者3つは，発達障害の概念が定着する過程で一般にも広く普及した障害概念である。後者2つは，通常学級に在籍するSEN児の問題として知られるようになった障害概念である。

　各障害について，定義，特徴，発達支援の視点の順に述べる。

1節　てんかん

　世界保健機構（WHO）によれば，てんかん（epilepsy）とは，「種々の原因で起こる慢性の脳疾患で，大脳ニューロンの過剰な放電からくる反復性の発作（てんかん発作）をおもな徴候とし，種々の臨床および検査所見を伴う」と定義される。

1　てんかんとは

　脳は健康で正常に働いているときでもその活動によって電気を発生するが，てんかんの場合には，その電気の発生のしかたが通常と異なり，瞬間的に非常に強い電気が発生し，その刺激作用によって発作が起こると考えられる。このような脳の過剰放電は，さまざまな脳病変によって生じる可能性があるため，てんかんの原因は一定ではない。てんかんは単一の疾患名としてとらえられる傾向があり，事例の所見欄に「てんかん」という記載があると，何かその事例についての問題の多くを理解したと勘違いしがちだが，症候群名としての意味合いが強いという点では注意を要する。また，特定の脳病変がなくてもてんかん発作が生じたり，過剰放電（異常波）が示されても発作が生じなかったりと，異常波と発作，原因とは複雑な関係にある。そこで，てんかんやてんかんをもつ子どもについて理解するためには，症状や分類などについての知識が不可欠である。

　一般的に用いられるてんかん発作の国際分類を，表3-1-1に示した。これは，発作症状の詳細な観察に基づく症状分類である。発作症状は，部分発作と全般発作に大別される。部分発作は，左右の大脳半球のどちらか片側の一部に限局した神経細胞の興奮を示すのに対して，全般発作は脳全体が同時に興奮するものである（図3-1-1）。部分発作は，さらにA〜Cに，全般発作はA〜Fの6種に下位分類される。

　この分類のほかに，発作症状のみでなく，臨床経過，原因などを含めて一群の特徴を示す分類も利用される。国際抗てんかん連盟による「てんかんおよびてんかん症候群」の国際分類である。この分類では，上述の症状分類と同様に，部分発作を主症状とする局在関連てんかん，全般発作を主症状とする全般てんかんに加えて，両者の特徴を併せもつものの3つに分類される。さらに，それ

1節　てんかん

◆表 3-1-1　てんかん発作の国際分類（1981）（大沼, 1994）

```
Ⅰ　部分発作
　A　単純部分発作（意識が失われない）
　　　1　運動徴候を呈するもの
　　　2　身体感覚あるいは特殊感覚症状を呈するもの
　　　3　自律神経症状を呈するもの
　　　4　精神症状を呈するもの
　B　複雑部分発作（意識が失われる）
　　　1　単純部分発作に起こり意識減損に移行するもの
　　　2　意識減損ではじまるもの
　C　二次性全般化
　　　1　単純部分発作が全般発作に進展するもの
　　　2　複雑部分発作が全般発作に進展するもの
　　　3　単純部分発作が複雑部分発作を経て全般発作に進展するもの
Ⅱ　全般発作
　A　欠神発作
　　　1　定型欠神発作（いわゆる小発作）
　　　2　非定型欠神発作
　B　ミオクロニー発作
　C　間代発作
　D　強直発作
　E　強直間代発作（いわゆる大発作）
　F　脱力発作
Ⅲ　分類不能発作
```

ぞれが①特発性，②症候性，③潜因性に下位分類される。①特発性とは，明らかな器質的病変がなくはっきりとした原因は不明であり，遺伝性の素因の関与が考えられるものである。初発に年齢依存性があり，臨床と脳波所見に特徴がある。予後は良好である。②症候性とは，脳に器質的病変があり，それにより発症すると考えられるものである。原因疾患として，周産期障害（主として低酸素性虚血性脳障害），脳奇形，生後の頭部外傷や脳炎後遺症などがある。③潜因性とは，症候性と考えられるものの，病因が特定で

●図 3-1-1　全般発作と部分発作（中井と高井, 1985）

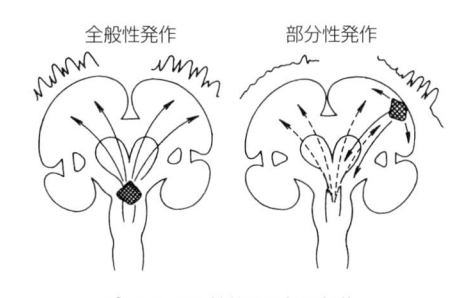

● てんかん性放電の起源部位
→ 放電の伝播
--→ 二次的全般化

きないものである。

以上の分類からわかるように、てんかんは、①発作症状からは、全般性と部分性に、また、②原因からは、遺伝性の素因が推測されるもの（特発性）と脳の器質的病変が基礎疾患にあるもの（症候性）に分けて考えられている。

2 てんかんの特徴

てんかんは、発作の1つであるいわゆる大発作が異様にうつるためか、多くの誤解から偏見がもたれやすい。三宅（1995）による教師に対する調査では、教師がもつてんかんのイメージは、危険（35％）、不安（22％）、かわいそう（17％）、遺伝性（16％）という結果であった。三宅は、この結果について「13年前の調査と比較すると遺伝・精神病・不治の病等の項目は著名に減少し、てんかんへの偏見は少なくなり、より正しい知識が普及しつつある」と述べている。しかし、関係者は現在でも啓蒙活動の必要性を、とくに、教師に対する正しい理解の普及を強調している。

森川（1996）は、てんかんに対する誤解をとくために7つの質問をあげた。7つの質問の正答は、すべて「そうでない場合が多い」である。各質問について、なぜ「そうでない場合が多い」のかを述べる。

「問い1：てんかんとは倒れて泡を吹く病気か？」――前項で述べたように種々の発作症状があり、いわゆる大発作（全身けいれん）だけではない。頭部をカクッと前屈させる、肩や上肢をピクッとさせる、しばらくボーッとして反応しない、体の力がぬけて倒れるなど、いろいろな発作型がある。

「問い2：てんかんは遺伝病か？　問い3：てんかんはうつる（伝染性の）病か？」――従来、その時点での医学的知識によって原因がわからない病気の原因は遺伝性と考えられる傾向があり、てんかんも誤って遺伝性と考えられていた。しかし、遺伝性のてんかんは、全体の8％にすぎない（三宅，1991）。現時点では、概して、原因不明が2分の1、周産期の分娩時異常が4分の1、出生後の感染症、外傷などによるものが8分の1とされる。遺伝性は12分の1にすぎない。現在、多くのてんかんについては、多因子、つまり、環境、成熟、内分泌、遺伝などさまざまな要因がかかわり合っていると考えられている。ただし、前項で述べた特発性のように、全体に占める割合は低いが遺伝子の関与が大きいてんかんもあると考えられている。これらを原因とするため、当然、

伝染性の病気ではない。

「問い4：てんかん患者にはてんかん性格がそなわっているか？」——クレッチマー（Kretschmer, E.）が論じた粘着気質と同じ性格を表す際に，「てんかん性格」という用語が用いられた。また，発作の発症に伴い性格変容をきたす事例もみられる。一次的障害ゆえに社会適応上のさまざまな制約を受け，その結果の二次的に派生する問題としてある性格を共通してもちやすい傾向があるかもしれない。しかし，現在，てんかん児が必ず持ち合わせるてんかん自体による性格傾向は存在しないとされている。

「問い5：発作を誘発するといけないから，また，問い6：発作が起きると危険だから，種々の生活制限が必要か？」——前出の三宅（1995）の意識調査からうかがわれるように，てんかんに対する危険や不安のイメージからか，不必要な制限をしている場合が多い。この点は，学校生活の指導において最も重要であり，次項で詳述する。

「問い7：てんかんは不治の病か？」——イメージするてんかんがいわゆる大発作に表れる難治性のてんかんであれば，発作をコントロールすることはむずかしく完治しないという印象を強くもつかもしれない。しかし，てんかんは周囲に気づかれない小さな発作も含むのであり，それらを含めるとてんかんの頻度は1％（100人に1人）といわれる。そして，てんかん医療の進歩によって，現在，小児期に発症するてんかんの70～80％は完全に発作を抑制できるといわれる（ただし，これは抗てんかん剤の服薬を継続している者も含めての数値である）。小児期に発症するてんかんを，治りやすいてんかんと治りにくいてんかんとに分け，後者を難治てんかんとよぶことがある。森川（2000）によれば，積極的で適切な抗てんかん剤治療によっても発作が反復する真の難治てんかんは，全体の10～20％にすぎない。

最後に，てんかんと知的障害との関係についてみてみよう。基礎疾患として脳障害があり，てんかん発作が1つの症状として表れるものと，精神運動面の発達は正常だが発作のみを症状としてもつ場合がある。脳の器質的障害が特定されない特発性てんかんは，知的障害を伴うことは少ない。これに対して，症候性てんかんはその基礎に脳障害をもつため，知的障害を伴うことが多い。とくに，レンノックス症候群やウエスト症候群に代表される難治てんかんは，基

礎疾患によるものかてんかん発作の反復によるものかの鑑別はむずかしいが，結果として知的障害を伴うことが多い（大沼，1994）。渡辺（1990）によれば，レンノックス症候群の91％，ウエスト症候群の68％が知的障害を伴う。いずれにしても，発作をできるかぎりコントロールすることが重要となる。

◇発達支援の視点◇

てんかんは脳の過剰放電による発作を症状とする症候群であるため，知的障害児，重症心身障害児，自閉症児など多様な発達障害児がてんかんを併せもつことになる。したがって，てんかんをもつ児に共通する指導の基本としては，発作の対処方法やその際の周囲への配慮，てんかん児の生活指導全般のあり方が重要となる。

岩崎（1999）は，発作が起きたときの教師のとるべき態度として，他の児童・生徒が驚いたりおびえたりしないように，まず，落ち着いて対応することが重要であるとしたうえで，具体的に6点の対処方法をあげた（表3-1-2）。また，他の級友への配慮として，学年に応じて親の了解を得てからではあるが，発作の原因，服薬により治る点，発作自体は心配なくすぐに元にもどる点，知能や性格には影響がない点，うつる（感染する）ものではない点など，前述のような誤解が生じないような説明を行う必要性も指摘した。三宅（1995）は，学校生活で発作が起きた後の対処の重要なこととして「その子どもが先生や級友たちから良く理解されており，クラスの一員であるとの確認があることであろう」と述べた。また，そのためには，「適当な機会に個人名を出さずに一般論として簡単に話せば，他の子どもに変な先入観を与えないですむ」とも述べている。いずれの指摘も，てんかん児への具体的な対応として重要である。

◆表3-1-2　てんかん発作への対応（岩崎，1999より作成）

① 周囲の危険物をかたづけ，柔らかい物の上に寝かせるなどして安静にさせる。
② 衣服を緩め，身体を横にさせる。
③ 口の中に物を入れることは，危険なので行わない。
④ 発作の状態をよく観察する（顔色，眼の動き，口元の痙攣，手足の状態，左右差，呼吸状態など）。発作の持続時間を計測する（発作後眠ってしまったり，朦朧状態になってしまうことがあるが，これらは持続時間には含めない）。
⑤ 上記の処置をして，発作のおさまるのを待つ。
⑥ 発作が長く続いたり，何回もくり返す傾向のある児では，医師の指示のもと，抗痙攣剤の座薬を入れることがある。

生活指導全般のあり方について強調されることは，薬物治療のみに依存せず，余分な制限はできるだけ排除して規則正しい生活をのびのびと送ることである（三宅，1995；森川，2000）。家庭生活ばかりでなく学校生活においても同様であり，メリハリのある快活な生活を可能なかぎり他児と同じように保証することが，発作防止の第一とされる。とくに制限を受けやすいのは，宿泊を伴う学校行事や体育への参加である。これらについて，岩崎（1999）は，適切な配慮があれば原則的には参加可能であると述べている。

　以上から，周囲，とくに学校教育においては，教師がてんかんに対する正しい知識をもち，発作への対処はもとよりてんかんをもつ児や級友に対しても適切な援助や配慮を行うことが求められている。

◆エコラリア　（→p.174）　　　反響言語ともいう。言われたことの一部または全体を，そのとおりにくり返すことをいう。一般には，伝達意図のないオウム返しをさす場合が多い。自閉症児のことばに特徴的にみられる。はっきりしたことばであっても，ことばと指示対象や話し手の意図の理解がないという点で，模倣語とは異なる。即時反響言語（他者の言ったことばをすぐにくり返す）と遅延反響言語（以前に聞いたことばやコマーシャルの文句などを反復）があげられる。

◆心の理論　（→p.176）　　　健常児は4歳ごろから，ヒトというのは，世界についての信念を持ち，行動を決定するのは心であることを理解するようになる。フリス（Frith, U.），アラン（Alan, L.）およびバロン - コーエン（Baron-Cohen, S.）は，自閉症児における主な徴候が，「心を読む」という能力の障害に由来すると指摘した。この仮説を検証するものとして，「サリーとアン」課題が知られている。

◆「サリーとアン」課題　（→p.176）　　　この課題では，子どもは，サリーとアンという2つの人形が見せられる。サリーはバスケットを持っており，アンは箱を持っている。子どもは，サリーが自分のビー玉をバスケットの中に入れて立ち去るのを見る。そしてサリーがいない間に，アンがサリーのビー玉をバスケットからアンの箱に移し，それからアンが立ち去る。そこでサリーがもどってくる。子どもは「サリーはビー玉を取り出そうとして，どこを探すでしょうか」とたずねられる。バロン - コーエンらは，精神年齢で4歳を超えた自閉症のうち，80％（20人中16人）がサリーの誤りの信念を理解できないことを見いだした。

事例から学ぶ

◆4 子どもの認知的偏り◆ てんかんをもつ

てんかんをもつ子どものなかには，認知機能に強い偏りをもつ子どもがいる。一見すると，障害がわかりにくいことがあり，偏りに対する周囲の理解が足りないと，失敗経験のために，自信を持てなくなってしまう。子どもの得意な面を理解し，働きかけを組み立てることがたいせつであることが，事例の発達からわかる。

子どものようす　ユウ君は，てんかんをもっており，書字機能に障害があります。てんかんの発作はまだ起きています。出会ったときは6年生のときでしたが，いろいろなおしゃべりを大人顔負けにするので，他の学級の先生に「どこに障害があるの？」とよく聞かれたものです。ところが，そのユウ君が自分の名前もひらがなで書けないし，読めないのです。数も，1対1対応ですらあやしいときては，本人の劣等感はものすごく大きいものがありました。みんなはできるのに，自分は覚えられないということが彼自身でもわかるだけに，指導のむずかしさを感じました。

教師の取り組み　彼は，聴覚の情報処理は比較的得意です。リズム感もいいのです。たまたま，学級にあった和太鼓を打ち始めると，彼はのめり込むようになりました。そこで，学級の授業でも，和太鼓に取り組むことにしました。1人でたたくだけでなく，みんなでたたく楽しさを知ってほしいと，3人で交互にたたく打ちあわせ太鼓や，2人でたたく八丈島太鼓などに次々挑戦しました。せっかくの成果なので，地域の障害者祭りや老人ホームなどでもたたきました。ユウ君の太鼓は，大評判でした。

子どもの発達　ユウ君のなかで，劣等感が少しずつ薄らいできたように感じました。同時に，苦手な文字や数の学習にも，あまり投げやりにならずに取り組むようになりました。彼は歌も好きで，学習している内容から学校では童謡のような歌を多く取り上げていたようです。でも，彼の感性はもう思春期のまっただ中。そこで，井上陽水の「少年時代」を聞かせてみると，すっかり気に入ってしまったのです。3学期の卒業を祝う会で，彼はこのむずかしい曲を独唱してくれました。その顔は喜びと自信にあふれていました。中学に入学した彼は，太鼓のない毎日を送っています。イライラすることも多いようです。まだまだ，自分から発散できるものを探すことができず，むずかしさをかかえています。

事例から学ぶ　どんなに必要な学習でも，苦手なことばかりではやる気をなくしてしまいます。少し方向を変え，子どもの得意なものを探して取り組ませるのも1つの方法です。

◆5 作がある子ども◆ てんかんの発

てんかんの発作には，いろいろなパターンがありますが，発作によって即生命の危機を迎えることはほとんどありません。落ち着いて安全なところに寝かせること，主治医や家庭と連絡を密にすることが必要です。学校でみられるおもなケースをまとめてみました。

子ども（1）のようす　ミイさんは赤ちゃんのころはとても大きくて元気な子だったそうです。お座りするころになって時々動きを止め軽く頭を下げるような行動がめだち始めましたが，そのころはこれが大きな障害につながるなどとは両親は思ってもみなかったそうです。今までできていたイナイイナイバアができなくなり，喃語も消えて表情がなくなってから異常に気づき病院を訪れましたが，なかなかその原因はわかりませんでした。彼女が正しい診断を受けたのは幼児期に入り，点頭てんかんに移行してからでした。そのころには，ことばはまったくしゃべらず日に何回もの発作をくり返すようになっていました。

事例から学ぶ

子どもの発達　入学してからの6年間，彼女の状態はほとんど変わりませんでした。午前9時過ぎ，お母さんに連れられて登校。椅子には座れないので教室の後ろにマットを敷いてそこに座っていました。かかわりはまったく個別のものしかできません。1日に3回〜5回は発作が起こります。発作のときは，座り込んで首をいやいやするように振り続けるのですが，とても苦しそうに「アーアー」と言うのです。そしてじっと宙を見つめるように硬直し，その後脱力して眠ってしまいます。彼女はトランポリンや散歩がとても好きでした。発作はトランポリンを跳んでいるときも散歩の最中も，食事中でも起こります。私たち担任ができるのは，安全を祈ることだけでした。病院とも頻繁に連絡を取りました。このとき役に立ったのが記録ノートです。いつ，どこで，どんな形の発作が，どのくらい続いたか，その後どうなったかを毎日記録したものです。たとえば，"9：30散歩に出ようと靴を替えるため座らせたとたん「アーアー」が始まる。15秒ほど経って全身に強い硬直。瞳がゆっくり右の方に動く。数秒ほどで脱力し眠る。40分で目覚める。12：10昼食を一口食べたとたん「アーアー」，2秒ほどですぐ硬直。苦しいのか「ヒーヒー」というような声を出し，体をゆっくりのけぞらせる。20秒くらい続く。脱力，失禁。その後1時間眠る。"という感じです。こうして6年をすぎた彼女は，思春期を迎え発作も少し落ち着いてきました。中学を卒業してからは発作もあまり起こらなくなったそうです。点頭てんかんはこのように，年齢が上がるにつれて落ち着くことがあります。希望をもって接していきたいものです。

子ども（2）のようす　マス君は，結節性硬化症と診断された子どもです。4年生までは発作もあまり出ず，通常学級で勉強していました。学習面での遅れと，発作が日常的になってきたため心障学級に移ってきました。マス君の発作は，最初に半分意識がなくなりながら動き回ることが多く，それがわがままと勘違いされることがありました。

　たとえば散歩の途中に急に歩かなくなり「いいよもう，いかない」などと言いだしたら要注意。よく，顔を見ていないとわからないのですが，フーッと意識が薄れるようなのです。行動としては「もういかない」などとぶつぶつ言いながら，制止を振り切って歩き回ろうとするのです。半分意識がないので，車が近づいてきても関係なしです。2〜3分くらいジタバタすると，ふっと意識がとぎれたように脱力してしまいます。最初は眠るほど深くなかったので，何だろう？　と思っていました。これが発作の1つのパターンだとわかるのにしばらくかかりました。彼の発作は，不意に起こることが多かったのですが，きっかけがはっきりしていることもありました。1つはびっくりしたりショックを受けたりという瞬間的なストレスです。もう1つは光の乱反射。プールに入って，水がキラキラするのを見たときや，雪が積もったあとにお天気が良くなってまぶしいときなどは非常に起こりやすいのです。

子どもの発達　発作をおそれて行動を制限するのはよくありません。でも，発作の後の安全対策はきちんと考えておかなくてはなりません。今は先生方も携帯電話などを持っているので，散歩の途中などに発作になってもすぐ応援を頼めると思います。管理職や主事さんも含めてみんなで協力体制を組める配慮がたいせつです。

　彼は進行性の病気をかかえながらも専門の病院で主治医に恵まれ，年齢を重ねていきました。今も発作はありますが，近くの作業所に元気に通っています。

2節　自閉症

　ことばの表出があっても，人とのコミュニケーションがむずかしい子どもとして，自閉症が知られている。自閉症児は，特異な行動を示すため，教育的働きかけの困難が従来指摘されてきた。近年，彼らの認知や表出のレベルと内容を重視し，環境要因を含めてコミュニケーションの成立をめざす考え方が出てきた。

1　自閉症とは

　1943年にアメリカのカナー（Kanner, L.）は，特異な行動を示す11人の児童について報告した。その特徴を要約すると，①自閉的孤立―早期（1歳～2歳）から対人関係を形成できず，母親そのほかの周囲からの働きかけに無関心，②言語の障害―発語がないか，あってもコミュニケーションの機能をもたない反響言語（**エコラリア**）や不可解なことばが使われ，不自然な音韻がある，③同一性保持の要求―周囲の環境の変化に適応しようとせず，単調な行動をくり返す，④機械的な物に対する強い興味―回転する物や数字などに対する強い関心，⑤特殊な知的能力の存在などである。その後，カナーは，これらの特徴を集約して，「極端な孤立」と「同一性保持の要求」を取りあげ，その他の症状は二次的であると考えた。

　自閉症は症候群であるために，障害の状態や程度において個人差が著しい。1978年の文部省通達「教育上特別な取り扱いを要する児童・生徒の教育的処置について」によれば，自閉症児の教育は「精神薄弱，病弱などに伴って情緒障害を有する者は，その障害の状態および程度に応じて養護学校又は精神薄弱者若しくは病弱者のための特殊学級において教育する」とあり，続けて「その他の情緒障害者は，そのもののための特殊学級において教育するか，又は通常の学級において留意して指導すること」と定められている。現在，多くの自閉症児は，通常学級，通級による指導，情緒障害特殊学級，知的障害特殊学級，知的障害養護学校で教育を受けている。

　自閉症の原因については，多くの研究がなされてきた。自閉症は，愛情のない環境に対する不適応反応の結果であるという心因論的説明は，現在では支持されていない。他方，自閉症には，器質的原因が存在するという証拠が提出さ

◆表 3-2-1 自閉症の障害機序に関する理論（フェイン，2000より作成）

学　説	脳部位	評　価　法	指　　導
言語説	左半球	言語の評価に焦点化	言語指導に重点
注意／覚醒説	小脳，頭頂葉，右半球，脳幹－皮質入力	基本的覚醒水準を評価　持続的注意や注意の転換を評価する	覚醒入力の低減をはかる　注意の転換や共同注意の障害　注意の転換をうながす
複雑な情報処理説	連合野	機械的課題はよいが，複雑な課題は悪い	簡単な入力からはじめ，ゆっくりと複雑な技能を形成する
実行機能説	前頭前野	実行機能に関する課題（ウィスコンシンカード分類課題など）	衝動性を抑えるよう，課題についての外的な構造化を必要とする
社会情動説	辺縁系，とくに扁桃体	社会的認知課題（同じ認知課題であっても社会的課題でより障害がみられる）	相互作用を積極的に行い，外的強化を用いる
心の理論	前頭前野もしくは側頭葉	心の理論の評価課題（サリーとアン課題など）	心の理論を教える

れた。自閉症では，てんかんの発生率が高率であることが指摘されている。また脆弱 X 症候群やフェニルケトン尿症，結節性硬化症などの疾患では自閉症の発生が高いことが指摘された。これらの疾患や要因（出生時の脳外傷や，遺伝子異常）が脳の特異的な構成要素に影響を与え，結果として自閉症が生じるのかもしれないと考えられている（ハッパ，1994）。しかし，高次な認知機能を脳の特定部位に割り当てることはむずかしく，結論はまだ得られていない。

表 3-2-1 は，自閉症の障害機序に関する理論をまとめたものである（フェイン，2000）。

言語説では，自閉症の一次障害は言語や認知の障害であり，一次障害が他者とのコミュニケーションを阻害し，二次的に情緒の障害をもたらすと考えた。

注意／覚醒説は，注意の持続や注意の転換に障害があり，過覚醒になりやすいことを指摘する。社会的刺激は予測不能で，覚醒効果が高いため，自閉症は，社会的刺激の受容を制限しようとし，社会的障害が二次的に生じると考える。

情報処理説は，自閉症では，機械的課題の遂行は良好であるが，複雑な課題で弱く，その特徴は言語的課題であるか否かにかかわらないことを指摘した。

実行機能説は，実行機能（活動をプランし，衝動性を抑制し，遂行過程をモ

ニターする能力）に関する課題において，自閉症はとくに成績が悪いことから，提唱された。

社会情動説は，一次障害として，社会的行動や人に関連した刺激の認知が弱く，社会的刺激は強化の効果が弱いことを指摘した。同じ認知課題であっても，社会的課題でより障害がみられることを指摘した。

心の理論に関する説は，自閉症の一次障害として，他者の視線や心の状態を理解できないことを指摘した。他者の行動を理解するためには，他者には，自分や現実世界と独立した心的状態（人は，自分と異なることを信じ，また現実とは異なることを信じることがある）が存在することを理解する必要がある。自閉症は，他者の心的状態について理解困難であることを指摘した。「**サリーとアン**」**課題**が有名である。

これらの説は自閉症に特徴的な行動を説明するのに有効であり，対応した脳部位が考えられている。しかしすべての自閉症に当てはまるわけではなく，現在議論が続けられている。

2　自閉症の特徴

自閉症に関するカナーの最初の記述は，時間とともに修正が加えられた。すなわち，自閉症の臨床像は，知的能力や年齢に従って個人個人の間でも，あるいは個人の経過のなかでも，多様であることがわかってきた。自閉症のなかには，対人的な接触を避ける者もいるが，ひたすら受動的であったり，あるいは独特で奇異なやり方ではあるものの対人関係にむしろ積極的であったりすることがわかってきた。

今日，自閉症の診断の基礎となっている診断基準（DSM-Ⅳ）では，次の3つの基本的障害が指摘されている。

- ●社会的相互作用の質的障害
- ●コミュニケーションの質的障害
- ●行動，興味，活動の限定された反復的・常同的パターンが認められること

3歳以前に始まり，対人相互作用，対人的意思伝達に用いられる言語，象徴的または創造的遊びの領域のうち，少なくとも1つの領域において機能の遅れまたは異常が認められる。

これらの障害は，自閉症に特異的で普遍的に認められる行動の多くを把握す

るのに有効である。自閉症のなかには，話しことばやジェスチャーを示さず，反響言語だけを話す人がいるとともに，流ちょうではあるが奇妙なことばづかいをする人もいる。これらの多様な現象は，コミュニケーション障害の表れととらえることができる。毎日同じ服を着たり，日課や物の配置など，いつものやり方やパターンに強く固執することは，活動や興味が著しく限られていることと関連する。

　自閉症の子どもや成人にはこれらの中核特徴に加えて，他の特徴もみられる。

　そのひとつは，知能テストの項目に著しいアンバランスがみられることである。自閉症は多くの者で精神発達遅滞を示すことが知られている（精神発達が良い者は高機能自閉症とよばれる）が，そのなかでも，非言語性能力は，しばしば言語能力と比べて相対的に高いことが指摘されている。このことは，ウェクスラー式知能検査（WISC）により検討されており，言語性課題に比べて動作性課題の成績が良く，とくに「積み木」や「組み合わせ」などの課題で成績が良いことが指摘された。また体を前後にゆすったり，つま先で歩いたり，手をひらひらさせたり，目の前で指を速く動かすなどの常同行動を見せる。このような自己刺激行動は，ときには，手をかんだり頭をぶつけたりするといった自傷行動となる。常同行動や自傷行動は，重度の知的障害児・者でもみられる。

　ともすれば，自閉症の人は偏った興味を示し，不適応の原因を理解することがむずかしくなる。また，特異的行動に目を奪われてしまう。その際，彼らが，環境をどのように認知しているのかということを理解することが重要である。なぜならば，個人が環境に適応していくうえでの不適応やストレスは，環境の認知レベルに合わせて生じるからである。環境の認知レベルは，言語発達評価や知能検査という側面だけでは評価できない。音声言語の受信や表出がなくとも，その人独自の記号表象に基づく意味の世界を有しており，その世界を理解しようとする積極的姿勢が重要である。

◇**発達支援の視点**◇

　自閉症児の言語獲得や発達には障害が認められる。話しことばを獲得しても，話し方にさまざまな障害が認められる場合がある。また話しことばを獲得しないままの状態で発達する自閉症児も存在する。したがって発達支援に際しては，獲得されていることばの種類や使われ方をていねいにアセスメントする必要が

ある。また非言語的な行動を介したコミュニケーションの支援も重要である。

家庭や学校生活のなかで自閉症児が見通しをもって行動できることは重要であり，そのために，指導の場や教材を構造化することが注目されるようになった。ショプラー（Schopler, E.）らによる治療教育プログラム **TEACCH** が通級制の情緒障害学級に導入され，教育の場でも，自閉症児にとって行動の手がかりが得やすく，見通しをもちやすくする工夫が図られてきた。

自閉症児は，聴覚刺激に対する認知よりも視覚刺激に対する認知がよいことが多いので，具体物や文字，絵カードなどが教材として使用された。しかし，指導場面を統制しすぎると，学習された行動が日常生活のなかで般化しにくいことが指摘され，子どもの意図や要求に基づく自発的行動を尊重した指導（**フリーオペラント技法**）が工夫されるようになってきた。

自閉症児の障害の特徴が，表象機能の不全にあることが指摘された。太田と永井（1992）は，表象機能の段階を，シンボルが機能しない段階（ステージ

◆表3-2-2　**表象機能の発達水準の定義**（太田と永井，1992より作成）

	シンボル機能の特徴	評 価 基 準
ステージⅠ	シンボル機能が認められない段階	
Ⅰ-1	手段と目的の分化ができていない段階	ほとんど要求手段がない
Ⅰ-2	手段と目的の分化の芽生えの段階	基本的には単一の要求手段しかもたない
Ⅰ-3	手段と目的の分化がはっきりと認められる段階	複数の手段で要求できる
ステージⅡ	シンボル機能の芽生えの段階	6種の物についてその名称で質問し，4種以上を指さしで答えることができる（「名称による物の指示」課題を利用）
ステージⅢ-1	シンボル機能がはっきりと認められる段階	6種の物についてその用途で質問し，4種以上を指さしで答えることができる（「用途による物の指示」課題を利用）
ステージⅢ-2	概念形成の芽生えの段階	大きさの異なる3つの円図形を呈示し，そのうちの2つずつの全組み合わせについて，「どっちが大きい？」「どっちが小さい？」という質問に答えることができる
ステージⅣ	基本的な関係の概念が形成された段階	イヌ，ハサミ，箱，ボタン，積み木3個を子どもの前に置き，「取る」「上に置く」「そばに置く」という指示に，それぞれ2回ずつ従うことができる

Ⅰ）とシンボル表象期（ステージⅡ）とに分類し，評価法と発達課題を明らかにした（表3-2-2）。松永ら（1997）は，3歳から6歳にわたって自閉症児を追跡的に検討し，3歳台においてステージⅠ-3にある対象児が，6歳台でステージⅡ以上に至ったことを報告した。また3歳台においてステージⅠ-1やⅠ-2にいた対象児のうち，半数は6歳台でステージⅡ以上に向上したが，そのような者では，3歳台でおもちゃを機能的に取り扱うことができたり，模倣行動が可能であったことを指摘した。これらの特徴は，変化しなかった者と比べて異なった。このことから，自閉症児の発達支援を行ううえで，彼らの表象機能の段階を十分に考慮した指導が効果的であることが指摘できる。

氏森と小池（2000）は，自閉症児のコミュニケーション支援の留意点をまとめた（表3-2-3）。そのなかで氏森ら（2000）は，コミュニケーションは相互交渉なので，自閉症児のほうから相手に率先してかかわる事態が尊重されなければならないことを指摘している。

◆表3-2-3 自閉症児に対するコミュニケーション支援の留意点（氏森と小池，2000）

支援の留意点	内　容
支援者の意図に対する自閉症児の理解を促進する	自閉症児は，支援者の意図を理解することがむずかしいことがある。指さしや身振りを併用しながら，簡単明瞭なことばがけを行うようにする。
対象理解の促進をはかる	自閉症児は，対象が指示されていることを理解する能力に弱さがあり，指示された対象の弁別がむずかしい。見本合わせ課題による指導で，指示対象を理解する能力を育てることがたいせつである。
コミュニケーション支援をする場面や方法を構造化する	コミュニケーションの見通しが成立し，一連の行動を行ううえでの文脈的な理解が成立しやすいように配慮する。応答行動の契機となる手がかり刺激が場面のなかに含まれることもたいせつである。
応答行動の獲得を促進する	コミュニケーションが成立するためには，自閉症児が応答のしかたを獲得していることが必要となる。大人がモデルを呈示し，子どもが模倣するという方法は有効な支援の1つである。
補助・代替コミュニケーションの利用	話しことばの未獲得な自閉症児に対して，サイン，手話，図形シンボル，コミュニケーション・ボードを活用した支援が試みられるようになった。
自発的な要求をたいせつにする	人に対して要求行動が出現しやすいように生活環境を工夫する。環境と要求行動の機能的関係をきめ細かく分析し，支援の方策を立てることがたいせつである。

事例から学ぶ

◆6 児と多動自閉症◆

　自閉症児のなかには，低学年のときに多動が強く，指導に手がかかるという子どもがいる。しかし，学年が進み，教育的働きかけをていねいにすることで，多動が少なくなり，周囲に対する理解も進んでくる。発達に伴って子どもの行動は変化するものであり，現在の状況だけで子どもを理解してはいけないことを，事例の発達は教えている。

子どものようす　サチさんは動きの激しい子どもです。教室から出たいと思ったら上窓からでも脱出してしまうので「忍者・サチ」とよばれていました。入学当時は，食事のときもロッカーの上に寝そべって片手を出します。好きな挽肉などを一口分乗せると，やっと食べるという調子でした。もちろん授業中も，席になどついてはいません。無理に座らせようものなら大暴れ。大声でことばにならないことばを叫びながら逃げていってしまうのでした。そんなときはしかたがないのでみんなで散歩に出かけました。外に出ても彼女は自由奔放です。みんなと歩くのには２年近くの時間が必要でした。席について食事ができるようになったのは３年生になってから。授業もそのころからちゃんと座って受けることが多くなってきました。

教師の取り組み　最初に私たちは，まず彼女と大人１人が信頼関係をつくるように心がけました。彼女がどこに走っていってもいっしょに走り，彼女の口にするコマーシャルをいっしょに口ずさんでみました。しばらくすると，彼女が隣にいる大人をちらっと見るようになりました。そのうち，気に入ったコマーシャルをいっしょに言えというように目の前で言い，彼女と声をそろえると，うれしそうな顔をするようになったのです。こうなったらしめたもの。こうして１人の教師となんとか関係がとれるようになるのに，１年がかかりました。次の年はもう１人の教師が，３年目にはさらにもう１人が，と，ゆっくり確実に彼女とかかわれる人をふやしていきました。同時に，叱ったり禁止したりというかかわりもできるようになりました。といっても，ことばではなかなか通じないのでサインを決め「サチ，バツ」と言いながら手で×印をつくるようにしました。４年生のころには，大きらいだった牛乳もまわりにはやしてもらうとがんばって飲めるようになりました。

子どもの発達　彼女の場合，安心してかかわり，自分を受け入れてくれる人がいることを理解できるようになると同時に，こちらの世界を受け入れるようになったと考えられます。もちろんこのあとも，お風呂がきらいで入れるのに大格闘したり，髪の毛を切るのもたいへんでした。好きなときに好きな所に出かけてしまうので，自宅は外から鍵をかけたりと，問題は尽きなかったのですが，大人になるにつれてまわりの世界を受け入れる割合はずいぶんふえてきたように思います。今は，近くの作業所に毎日通っています。夏にプールに誘いましたが，かつての忍者の面影はありません。それでも，きらいな番組を消そうとテレビを洗ってしまうなど，まだまだ厳しいこともあるようです。

事例から学ぶ　自閉傾向の子どもは，人とのかかわりが最も苦手です。最初からたくさんの人とかかわらせようとしても混乱が大きくなってしまう場合，とくにかかわる相手を１人か２人に限定していくと，比較的うまくいくことがあります。

事例から学ぶ

◆ 7 自閉症児における生活の見通し ◆

　自閉症児は，周囲の状況をその子ども独自のしかたで認知しているが，しばしば，日常と異なる行事などのスケジュールで，周囲の理解が困難になり，自傷行動が強くなることがある。このようなときには，その子ども独自の認知のしかたを十分に把握し，生活の見通しをもつことができるように，周囲の人が工夫することがたいせつである。それによって自傷行動が軽減するようになる。

子どものようす　タカ君は発語はありません。今年6年生になりました。大人には甘えた素振りも見せるけれど，自分から同年代の子どもにかかわろうとすることがなく，コミュニケーションをとろうとすることの少ない子どもです。決まった日常生活のなかでは，それなりに見通しを持って生活できますが，行事などがあって日課が変わってしまうと自分がどうしたらよいのかわからず，イライラして激しい手たたきや頭突きなどの自傷行動が始まってしまいます。とくに5年生の後半ごろから，思春期の影響かこの自傷行動がだんだん激しくなってきました。6年生の宿泊行事を前に，どう取り組んだら彼のイライラが少なくてすむか，いろいろと試みることにしました。

教師の取り組み　タカ君は，ことばでの説明には反応を示さないのですが，視覚からの情報判断はかなり的確です。昨年度は，イラストの絵カードを使いましたが，彼の反応はあまりよくありませんでした。そこで今年は状況説明に写真を使うことにしました。宿泊行事の荷物整理に，持っていくものの写真を撮りそれを見せることで，ハイキングに行くとか，お風呂にはいるなどの理解が容易にできるようになりました。運動会では通常学級の子どもといっしょに組体操をしたのですが，このときも，自分がポーズを取っている写真を次々に示すことで，なにをやったらよいかがわかったようです。一番わかりにくい状況のなかで，いらつくことなく過ごすことができました。

事例から学ぶ　このように，ちょっとした工夫でまわりの状況がわかるようになると，それまでのイライラがぐんと減ってくることがあります。かかわる大人は，その子どもに最もわかりやすい手がかりは何かを，常に確かめる必要があります。自閉症児は，情報を取り入れる方法がかなり偏っていることが多く，指導者はその子どもがどのようにして情報を得ているかをきちんと把握することがたいせつです。

◆ 8 自閉症児の社会参加に伴う困難 ◆

　自閉症児のなかには表出言語レベルが高いが，興味の偏りが強い子どもがいる。周囲の人は表出の側面を重視するので，社会参加に必要な条件を見落としがちである。結果として，子どもが社会参加するうえで，周囲の支援が得られにくくなる。充実した社会参加を果たすうえでの教育の役割を子どもに即してていねいに明らかにし，保護者との意見の一致をはかることがたいせつであろう。

子どものようす　ケン君は，自閉傾向の強い子どもでした。入学したときには，かなり発語もあり文字も書けたようです。ただ，こだわりが強くて興味のある薬屋には毎日通い詰めていたようです。私が出会ったのは4年生のときでしたが，「三枝医院」などという漢字をすらすら読み，ちょっとカン高い声で独特の抑揚をつけながらも，好きな運送会社の話題ならいくらでも話してくれるケン君でした。でも，たとえばトイレの男性用の便器にある丸い陶器を，その形が気に入ったからといって集めてきてしまったり，中学に行ったら女子生徒

事例から学ぶ

の制服が着られると本気で信じていたりと，変わっているということばでは片づけられない部分も多くありました。小学校でのケン君はいろいろ問題はあったものの，少しずつ世界も広がり成長して卒業していきました。中学校の障害児学級に進学したケン君は，他の子どもに比べると学力的にかなり高いと見なされたようです。1年の後半から通常学級に交流に出ることが多くなり，2年生からは，通常学級に移ることになりました。でも，そこに待っていたのはいじめでした。彼は2年の後半からは学校に行けなくなり，そのまま中学校を卒業したのです。

子どもの発達　その後，中学校の先生の支援もあり，1年遅れて夜間高校に入学。4年間きちんと登校はしたそうですが，単位を取るのはたいへんだったようです。でも，なんとか卒業できて，近くの工場に就職しました。仕事はプラスチックの成型だったようです。ここでも，無遅刻無欠勤でした。ところが，不景気の波をまともに受け10年以上勤めた会社を，昨年クビになってしまいました。彼は，障害者手帳をもらっていません。養護学校を卒業していないので，再就職についてのアドバイスを受けるのもむずかしいようです。何よりもむずかしいのは，保護者が本人の障害を認めていないという現状です。今，彼はあり余る余暇をもてあましているのですが，受け止めてくれるところがありません。行くところがないので，小学校のとき担任だった私のところにしょっちゅうやってきます。今でも大好きな薬を手みやげにやってくるのです。だれかに薬をあげて「役に立った」と言われたいのですが，薬をもらってくれる相手もなかなかいません。しかたがないので，1人でボーリングなどをして過ごしています。彼はかなりの腕前（170〜200）ですが，1人だと1ゲームが5分くらいで終わってしまいます。まったく新しいところで友だちをつくっていくのは，コミュニケーションの苦手な彼にはかなりむずかしいのです。

事例から学ぶ　どんなにいろいろな手立てを尽くしても，学校生活は9年間，高校に行っても12年間です。どの子も，卒業後の人生のほうが長いのです。これからの障害児教育では，卒業後の長い人生を見すえて，地域のなかでどんなケアを選んでいくかも考えていかなくてはならないと思います。

◆**TEACCH**　(→p.178)　ノースカロライナ大学のショプラー（Schopler, E.）らにより児童研究のプロジェクトとしてはじめられ，州規模のプログラムに発展した治療教育プログラム。CARSやPEPなど評価に基づく，個別教育プログラムにより実施される。対象児が状況を理解できるよう，生活や学習の場の環境を物理的に作りかえるという「構造化」が，指導の重要な要件とされている。構造化には，物理的な構造化，タイムスケジュール，ワークシステム（学習や作業の内容，量，その終わりを伝えるシステム），課題の組織化（視覚的説明や指示，文脈に基づき，自発的作業が可能になる課題の構成）があげられている。

◆**フリーオペラント法**　(→p.178)　行動を表出する機会が本人にまかされている状況下で，自発された行動に対して，行動形成を働きかける方法。習得したスキルについての自発性と機能性が重視され，用いられるようになった。

3節 ダウン症

　ダウン症（正式には「ダウン症候群」）の原因は，21番染色体の過剰という染色体異常にある。1866年にイギリスの医師ダウン（Down, J. L. H.）が後にダウン症とよばれる症例を報告し，1959年にレジョーヌ（Lejeune, J.）らによって，このことが明らかにされた。ダウン症児は，すべて知的障害をもち，また，他の染色体異常と比べて際立って出現率も高い。このためダウン症は，ヒトにおいて知的障害の原因であることが最初に証明された染色体異常として，詳細に検討が進められてきた（日暮ら，1983）。

1　ダウン症とは

　ヒトの体細胞の染色体は23対46個（44個の常染色体と2個の性染色体）である。両親の体内で生殖細胞（父親の精子と母親の卵子）が作られるとき，正常な場合は精母細胞と卵母細胞の46個の染色体は，減数分裂によって半数の23個になる。これが，正常に分離せず22個と24個に分かれた（不分離した）とき，22個のほうは死滅する。そして24個の染色体をもつ生殖細胞と23個の染色体をもつ生殖細胞が受精すると，その胎児は正常より1つ多い47個の染色体をもつことになる。

　常染色体には大きさによって1番から22番までの番号がつけられている。ダウン症児では小さい21番目の対の染色体が2個ではなく3個ある者が95％にのぼり，これを「標準型21トリソミー（トリソミーは「3」の意味）」とよぶ（図3-3-1）。あとの5％には，21番染色体の過剰な1個が他の染色体に付着している「転座型」や，46個の正常な染色体数の受精卵が卵分割によって増殖する過程で不分離が起き，全細胞の一部が正常，一

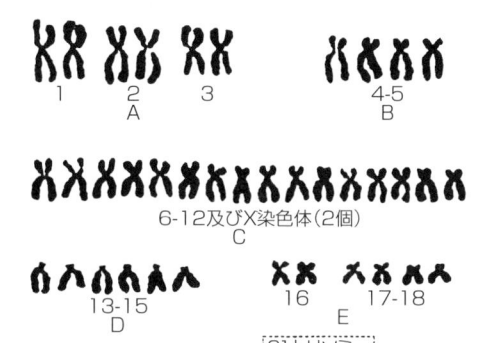

●図 3-3-1　標準型21トリソミーの染色体構成
（池田，1985）

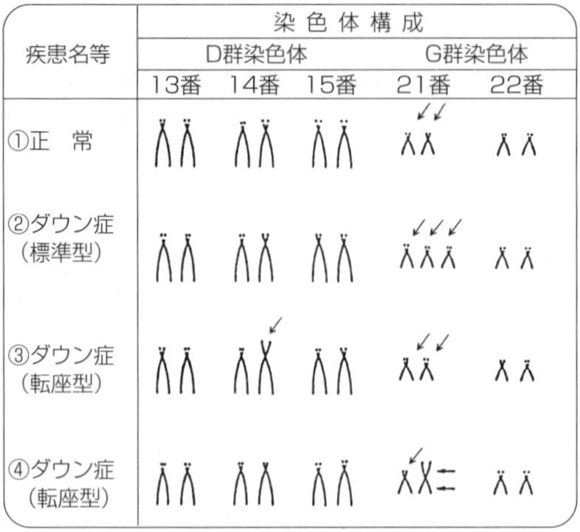

疾患名等	染色体構成				
	D群染色体			G群染色体	
	13番	14番	15番	21番	22番
①正常	⋀⋀	⋀⋀	⋀⋀	⋀⋀	⋀⋀
②ダウン症 (標準型)	⋀⋀	⋀⋀	⋀⋀	⋀⋀⋀	⋀⋀
③ダウン症 (転座型)	⋀⋀	⋀⋀	⋀⋀	⋀⋀	⋀⋀
④ダウン症 (転座型)	⋀⋀	⋀⋀	⋀⋀	⋀⋊=	⋀⋀

染色体はA群からG群までに分けられるが，D群(13〜15番)とG群(22番，23番)のみを示す。矢印は21番を示す。染色体の核型を世界共通の記号で表すISCN 1995の推奨する表記法によって示せば，上から，① 46,XY(男の場合。以下も同様)，② 47,XY,+21，③ 46,XY,der(14;21)(q10;q10),+21，④ 46,XY,der(21;21)(q10;q10),+21となる。derは構造異常が生じた染色体番号を示す。短腕をp，長腕をqで表し，q10は動原体(短腕と長腕の結節点)付近で切断がおきたことを意味する。したがって，③であれば，染色体数は46だが，14番と21番の動原体付近に切断がおき，2本の染色体の長腕どうしが転座して，21番の染色体が実質的には1つ多い(+21)ことを意味する(図の説明は中込弥男との私信(2001.9.22.)による)。

●図3-3-2　ダウン症候群にみられる核型 (中込，1976を一部修正)

部が21トリソミーの細胞からなる「モザイク（混合）型」（全体の1％〜2％）がある。このように，ダウン症の本性は，21番目の染色体が，実質的に3個あることである（図3-3-2）。

　ダウン症の原因である染色体異常を遺伝性と誤解している人がいるが，染色体異常は，まれにおきる「異常」ではなく，むしろ日常的に起きている，生物学的に必然性の高いできごと（突然変異）と理解されている（飯沼，1993）。たとえば，妊娠の15％は自然流産を起こし妊娠の事実自体気づかれないことが多いが，流産した組織の25％〜50％に染色体異常が認められる。21トリソミーについては，出生頻度は母親の出産時年齢の高さと正の相関があり，父親の年齢とは相関がない。このため，21トリソミーには，卵母細胞の不分離が大きく関係していることが推測されている。しかし，不分離は父親側でも起こることであり，また，不分離を誘発する具体的な要因も解明されていないため，不分離の個々の原因を特定することは，現時点では不可能といわれる。

　ダウン症児は約1,000人に1人の頻度で生まれている。ただし，出現率を考える際には，モザイク型の存在について特別に考慮に入れておく必要がある。さきに述べたように，モザイク型は細胞の一部がトリソミー状態だが，検査を受けてモザイク型と判定されるケースは，全般的あるいは重要な臓器に偏って多くのトリソミー細胞をもち，臨床像からも「異常」が見逃されなかった場合

のみである。トリソミー細胞の占める割合（モザイク率）が低いものをダウン症児に含めて考えれば，その出現頻度は高いことになる。また，このように考えると病理型知的障害の代表とされるダウン症であっても，生理（正常）と病理（異常）とに質的に二分されるのではなく，連続性をもつことに気づかされる。

　臨床像については，個人差は大きいが，概して21トリソミー型と転座型とでは大きな差はない。モザイク型は，正常細胞の占める割合が高いほど，正常な生理機能が備わっていることが原則とされる。

　以上まとめると，ダウン症は21番染色体が実質的に3個ある過剰によって生じ，その多くは生殖細胞の減数分裂時の不分離が原因とされる。この不分離を含む染色体異常は，現在では，生物学的必然によって生じる日常的事象で，遺伝性ではないと考えられている。ダウン症には3つの型があり，標準型21トリソミーが95％と大半を占め，その他に転座型とモザイク型がある。臨床像は標準型と転座型は類似し，モザイク型では，正常細胞の占める割合が高いほど正常な生理機能が備わっている。

　以下では，標準型のダウン症児を念頭に述べていく。

2　ダウン症児の特徴

　ダウン症児の特徴を，彼らがかかえる問題と直接結びつきやすい合併症と発達障害の2つの側面からみていく。

(1) 合併症

　かつてダウン症者の平均寿命は，20歳前後といわれた時代もあったが，感染症治療や先天性心疾患に対する管理法などの医療の進歩によって，今では50歳前後といわれるまでになった（日暮，1995）。この平均寿命の延長は，いかにダウン症児が合併症を持ちやすく，それにより短命を余儀なくされてきたかを表しており，合併症のフォローや管理の重要性を示している。日暮（1995）は，年齢段階別に，死因となりやすい疾患および発症しやすい疾患をあげた（図3-3-3）。また，それを念頭に，ダウン症児の健康管理上必要な検診スケジュールについても試案を述べている（図3-3-4）。まったく健康な子どもから，合併症を罹患しやすく入退院をくり返す子どもまで，個人差は大きいが，合併症の有無にかかわらず定期的な健康管理が必要となる。

		乳児期	幼児期	学童期
死因となりやすい疾患		先天性奇形 肺　　炎 心　疾　患 急性腸炎 髄　膜　炎 他感染症	肺　　炎 白　血　病 髄　膜　炎 心　疾　患 他感染症	白　血　病 肺　　炎 心　疾　患 他感染症
各年齢層で発症しやすい疾患		点頭てんかん 　　　　　　頸椎環軸偏位 クレチン症 　　　　　斜視・屈折異常　白内障 　　　　滲出性中耳炎(→難聴)		甲状腺機能障害 肥満

●図 3-3-3　ダウン症と罹病性（日暮, 1995）

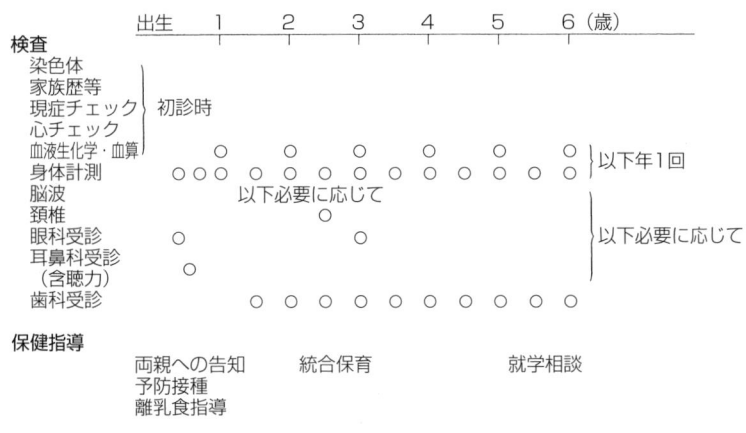

●図 3-3-4　ダウン症児の健診スケジュール（日暮, 1995）

　合併症のなかで特筆すべきは，筋緊張低下（hypotonia）であろう。このため，ダウン症児は関節の動く範囲（関節可動域）が大きく，また筋肉自体も柔らかい。この原因として，小脳の未成熟が重視されている。筋緊張低下は眼位や眼球運動，舌の運動や摂食行動，構音や発声，消化器の働き，排せつコントロールなど，目に見える問題や見えにくい問題に，あるいはその他の合併症に大きく影響を及ぼしている。低緊張は青年期に向かって徐々に改善されるが，早期からの理学療法的介入・訓練の必要性も指摘される（鈴木, 2000）。

（2）発達障害

ダウン症児は身体発育，心身両面の機能発達の全般に困難をもつ。

① **身体発育**　身体発育については，出生時すでに，身長・体重や頭囲が小さく，幼児期には健常児と差が拡大する傾向で育っていくとされる。ダウン症児は，小学校低学年で肥満傾向が認められる。ただしこれは，体質よりも食生活や活動量など日常の生活習慣の影響が大きく，周囲の配慮や将来的には本人の管理が重要といえる。

② **運動発達**　肥満との関連で，どの程度の運動活動をいかに日常的に保証するかは大きな問題となるが，ダウン症児の運動発達自体はどのような特徴をもつのだろうか？　乳幼児期については，運動発達のめやすとなる各行動は，遅れはするが健常児と同様の順序で獲得されるといわれる。橋本（1992）は，学校や施設でダウン症児と直接かかわる教員や施設職員からの指摘として，次の8点をあげた。筋力が弱い，手先が不器用，動作が鈍い（敏しょう性に欠ける），平衡感覚に乏しい，身体が柔軟である（体が柔らかい），高い所を怖がる（階段・平均台等で緊張して怖がる），疲れやすい，運動ぎらい。また，基礎運動能力として，筋力，巧緻性，平衡機能（静的・動的），全身の協調性，手指の分離・模倣，敏しょう性の6領域をあげ，学齢期のダウン症児の特徴として，次の2点をあげた。第1に，全領域に遅滞を示すが，静的平衡（片足立ち）を除いて，加齢に伴い向上する。第2に，巧緻性（タッピング）や協調性（ボールの的当て，膝曲げ両足跳び）は比較的良好だが，筋力，平衡機能，手指の分離・模倣，敏捷性は劣りがめだつ。

ダウン症児は，その合併症（とくに，低緊張）から運動発達が阻害されやすく，また，平衡機能の弱さなど運動発達が進みにくい固有の困難ももち，結果として運動ぎらいになり，ますます運動をしなくなるという悪循環が起きやすいといえる。この点をふまえて，橋本（1992）は，「『できない』のか，『できるが，やらない』のか，『身体的に無理である』のか，子どもの体や運動能力をきちんと見極め，『どんな運動でも課せばよい』のではなく，『どのような運動をどのように課すか』を吟味しなければならない（p.82）」と指摘している。

③ **言語・コミュニケーション発達**　ダウン症児の言語発達に関しても，運動発達と同様に，個人差はありながらも，健常児と同様の発達経過を示すといわ

れる。その一方で，他の知的障害児とは異なる特徴も指摘されている。

　第1に，ダウン症児では，他の領域に比べて言語領域の発達が遅く，この遅れは加齢に伴い大きくなる。第2に，言語理解に比べて表出に大きな遅れをもつ場合が多い。第3に，発語不明瞭な場合が多い。言語発達を阻害する要因として，難聴などの聴覚・音声系（聴覚情報処理）の機能的障害，口腔内の構造や唇などの構音にかかわる器官の障害があげられる。また，知的障害ともかかわるが，ダウン症児は聴覚的短期記憶（たとえば知能検査の項目では「数唱」「文の記憶」）がとくに弱く，これも大きな阻害要因となっている。

聴覚情報処理
⇒コラム

　聴覚・音声系の話しことばの理解・表出に比べて，非言語によるコミュニケーションやその背景に必要となる社会性の発達は良好な場合が多いことも指摘される。音声表出の弱さを補うものとして，身振りなどのサインの導入も奨励されるが，これはあくまで話しことばが不明瞭で相互のやりとりに支障をきたす子どもへの一時的な援助のためとし，話しことばの改善とともに音声言語への移行がめざされるべきである（池田，1996）。

④　**知的発達**　　従来，ダウン症児の知的発達遅滞の程度は重度であるといわれてきたが，早期から適切な養育環境のもとで乳幼児期を過ごして学齢期が迎えられる現在では，軽度（IQ・DQ75〜50）から中度（50〜25）のレベルである（池田，1984）。これは早期療育の成果といえる。菅野（1992）は，早期療育を受けたダウン症児を対象とした知能検査の分析に基づき，良好な発達を示す項目として，「物の名称の理解表出」「知覚−運動」「物の概念理解と表現」の3つを指摘した。他方，発達水準が低いまま変化を示さない項目として，「短期記憶」「文章の理解」「数概念」の3つを指摘した。菅野は，良好な発達を示した検査項目に必要となる諸能力については，早期介入の効果を指摘すると同時に，低い水準にとどまった項目については，より組織的で体系的なプログラムの計画的遂行の必要性を指摘した。

　以上から，ダウン症児は身体発育と心身の機能発達に大きな困難をもつ。種々の合併症が発達の阻害要因として働くばかりでなく，ダウン症独自の弱さももち合わせている。多くの領域では，発達の速度は遅く共通の経過をたどるが，ダウン症独自の特徴（良好に発達する面と弱さの軽減・克服が困難な面）がある。

◇**発達支援の視点**◇

　前項では，ダウン症児の発達的特徴を述べたが，どうしても弱さや苦手な部分を強調することとなった。それは，そのような特徴をあげることによって，それに応じて適切な教育的配慮が講じられると考えたためである。しかし，ダウン症児の療育・教育に直接携わる者に対して，まず最初に強調すべき視点がある。「彼ら（ダウン症児・者）が特別の存在ではなく基本的には個性ある一人の健常な子どもで，ただ21トリソミーによる影響が付加されているという視点」（長谷川，1998）である。この視点は，ダウン症児にかぎらず他の障害児と相対するときにも同様に重要であるが，病理や染色体異常の代表として述べられることの多いダウン症児については，とくに強調すべき点である。

　この視点との関連で，ダウン症児にはダウン症児の発達の速度があるのだから，まず，各児の発達の速度を尊重することが重要である。長谷川（1998）は，「その子に適したものが何かは，すべてが障害と見てしまわないで遅いながらも正常の発達過程であることを認識し，その子に添った速度で接して，安易に評価せず，暖かく観察することから自ずとよめることであろう（p.275）」と述べている。教育的にかかわるうえでは，これは基本的に重要な態度であろう。

　近年，ダウン症の告知は，生後1年以内となり，早期療育の成果とあいまって，家庭での教育プログラム（たとえば，ポーテージ早期教育プログラム）もふえている。そこでは，どうしても同年齢児と比較したり，目に見える変化を求めたりしがちで，内面の育ちやその子の発達の速度を無視した形での期待や要求が形成されがちである。上述の基本的な視点と態度を基礎としたうえで，発達特性に応じた指導が求められている。

事例から学ぶ

◆9 ダウン症の子ども◆

一口にダウン症といっても，いろいろな子どもがいる。知的な遅れの程度も子どもによってさまざまであり，心臓などに障害をあわせもつ子どももいる。視力や筋力が比較的弱いといわれているが，そうでない子どももいる。ダウン症の子どもは，どの子も顔が似ていると思われがちだが，実際に接してみるとそれぞれの両親にとてもよく似ているのに気づく。ただ，切り替えがきかないというようすはよくみられるが，それすら一人ひとりでようすが異なるものである。性格が似ているというよりは，むしろ，彼らの情緒的な発達が比較的順調で，自分のできないことに対するいらだちや失望感が必要以上に強くなってしまうからだと考えることができる。

子どものようす　トモさんに初めてあったとき，感激したくらいかわいらしい子でした。小学校の入学時に心障学級を見学に来たのですが，「もう，字も読めるんです」とお母さん。ことばはかなり不明瞭ではありましたが，排せつも自立しており，通常学級でスタートを切りました。担任の先生はとてもじょうずにクラスにとけ込ませてくれて，1年生のうちはあまり問題がないようにみえました。ところが，漢字がふえて学習がむずかしくなったとたん，彼女の反乱が始まりました。教室から飛び出す。トイレや空き教室にこもる。トイレで流した水をこれ見よがしに飲もうとする。屋上の鉄柵に登って身を乗り出す，など。もう安全の保証ができないということで，3年生からは心障学級に移ってくることになりました。

ダウン症児は，生後早い段階で発見されることが多いので，ケアも早くからなされます。少しでも発達を促すように，両親も一生懸命がんばるのです。学級に来た当初のトモさんは，ほとんど口をききませんでした。教師に対する不信感は強く，たとえば体育館へ移動すること1つとっても，「やだ！」と座り込むのです。彼女は情緒的には非常に順調な発達をしてきていました。ですから，この転級に際して両親が強く挫折感をいだいたのを，敏感に察したのだと思います。通常学級では，彼女のテンポで動くことはできませんでした。そのことも，彼女に強い劣等感を与えていました。この劣等感が，優しかったはずの教師に裏切られたような思いをいだかせ，ひいては教師という存在への強い不信感となっていったのだと思われました。

教師の取り組み　教師に対する彼女の不信感が消えるのに1年近くの時間が必要でした。できるだけ彼女のテンポを尊重し，彼女に意見を言わせてそれをとり入れ，彼女の安定を図りながら学級を運営していきました。同時に，彼女にとって楽しい取り組みを工夫し，できることやわかることをふやしていきました。学校は彼女にとって楽しい場となり，彼女の笑顔がたくさんみられるようになりました。

子どもの発達　高学年になるにつれ，彼女は学級のリーダーに成長していきました。でも，何か新しいことに挑戦するとき，彼女のテンポより速くものごとが動くときなどは，ほとんど切り替えがきかず，頑固になってしまいます。なんとなく不安げに大人の顔色を見る癖も消えません。学級の教師とのかかわりのなかではその原因はつかめませんでした。

彼女には勉強の良くできる妹がいました。お母さんもお父さんも，トモさんをとてもかわいがっており，妹と比べることなど意識していないようでしたが，家庭のなかで，彼女は自分に対する評価を敏感に感じ取っているのでした。「いいんだ，あたしなんか」という彼女の口癖のなかに，その気持ちが痛いほど感じられました。彼女が目に見えて明るくなってき

たのは，高等部を卒業するころだったように思います。彼女のなかで，彼女なりの自信が育ってきたのでしょう。今は，作業所で働くかたわら，趣味でかわいいキャラクターを描き，それをインターネットを使って発表するのが楽しいといっています。ものによっては，買い手がつくほどなのだそうで，いかにも今の女の子です。

事例から学ぶ　このように，一見特徴といわれていることも，むしろ情緒の発達がすぐれ，まわりを見る目が育っているために，まわりの評価を気にするところに由来していることも多いように思います。そう考えると「ダウン症は」と考えることはできないなあとしみじみ思います。

◆**微細脳障害**　（→p.192）　　脳障害についての研究が進むなかで，1940年代の後半に，微細な脳障害のある子どもは粗大な運動障害ではなく，行動面や言語・認知面でのかたよりにのみ症状がみられるであろうという「仮説」が登場した。脳の微細な損傷を客観的にとらえることが困難なことから，1960年代には機能障害という概念に移行した。行動異常の基序を考えるための仮説であり，診断分類名としては用いられていない。

◆**言語性 LD と非言語性 LD**　（→p.195）　　学習障害（LD）の分類法として，言語性 LD と非言語性 LD に大別する方法が広く行われている。言語性 LD には，読み書きの視覚性言語に障害を示す者，「話を理解する・ことばで表現する」聴覚性言語に障害を示す者がみられる。それに対して，社会的認知障害や空間関係や関係判断に困難を示す者は，非言語性 LD とされる。WISC 知能検査の言語性 IQ と動作性 IQ に基づいて分類する方法も用いられている。この場合には，包括性 LD や注意・記憶性 LD があわせて指摘される。

4節　学習障害

　子どもの情報処理能力の発達には個人差があり，個性にも関係する。しかし，学校教育のなかで，学力面の偏りや弱さとして表面化した場合には，その結果として学習態度や意識が低下し，情緒や行動面の不適応を示す事態が生じる。小・中学校の教育において学習障害に対する理解と関心が高まり，指導の充実が求められるようになってきた。

1　学習障害とは

　学習障害（learning disabilities：LD）は，1896年の先天性語盲（文字は読めるが，ことば・文章の意味が理解できない）の症例報告にまでさかのぼることができる。その後，**微細脳障害**（MBD）という用語が用いられた時代もあった。学習障害は，アメリカのカーク（Kirk, S., 1962）によって定義され，変遷を経てきた（表3-4-1）。日本においては，1999年に「学習障害児に対する指導について」という報告書が，文部省の「学習障害及びこれに類似する学習上の困難を有する児童生徒の指導法に関する調査研究協力者会議」によって提出された（山口，2000）。学習障害の特徴として以下の点があげられる。

① 全般的な知的発達に遅れはない。
② 聞く，話す，読む，書く，計算する，推論する能力（これらは学習上の基礎的能力といえる）のうち，特定のものの習得と使用に著しい困難を示す。
③ 障害の原因として，中枢神経系になんらかの機能障害が推定される。
④ 視覚障害，聴覚障害，知的障害，情緒障害などの障害が直接の原因ではない。
⑤ 環境的な要因によるものではない。

　行動の自己調整（注意集中や多動），対人関係などの社会的適応性の問題については，それのみが生じたり，そのことが原因で学習が遅れる場合には学習障害でないことから，中核症状からはずされた。これらの問題は，一次的に学習障害と重複して現れる場合と，学習上の困難の結果，二次的に生じている場合があることが指摘されている。

　また，判断・実態把握基準と留意事項が述べられ，特異な学習困難として，

◆表 3-4-1　学習障害の定義の変遷

（上野，1991；川村，1992；山口，1995；熊谷，1999；高達，1999より作成）
心理学・教育学領域における学習障害の定義を各構成要素について示した。

構成要素	Kirk (1962)	NACHC (1968)	USOE (1977)	NJCLD (1981)	ICLD (1987)	NJCLD (1988)	文部省 (1999)
知的水準についての記載	無	有※1	有※1	有※1	有※1	有※1	有※2
中枢神経系の機能障害についての記載	脳機能不全及び情緒・行動障害	無※3	無※3	有	有	有	有
基礎的心理過程の障害についての記載	心理的障害	有	有	有※4	有※4	有※4	有※4
学力（読み書き計算）の障害についての記載	有	有	有	有	有	有	有
基礎的技能（聞く・話す・考える能力）の問題についての記載	有	有	有	有	有	有	有
その他の問題の記載	無	無	無	無	社会的技能	無	無
個人的能力の差異に関わる言及	有	有	有	有	有	有	有
顕在の時期についての記載	無	子どもに限定	子どもに限定	※5	※5	生涯を通して存在	※6
その他の障害の共存についての記載	無	無※7	無※7	有	有	有	無
行動の問題についての記載	無	無	無	無	有※8	有※9	無

注）
NACHC；全米障害児問題諮問委員会, USOE；米国教育局, NJCLD；学習障害に関する全米合同委員会, ICLD；学習障害に関する官庁間連絡委員会
※1：精神遅滞の結果としての学習上の問題はLDに含めないとしている。※2：「基本的には全般的な遅れはないと」と明記。※3：「知覚的障害、脳障害、微細脳機能障害、読み障害、発達性失語症などの状態を含む」という表現にとどまり、明確に言及されていない。※4：「聞く・話す・考える能力の獲得と使用の著しい困難」などの表現で心理過程の障害の結果であるとしている。※5：生涯を通しての存在であることは明記されていない。※6：中間報告（1995）では「主として学齢期を過ぎるまで明らかにならないこともある」と表現。※7：「主として精神遅滞や情緒障害の結果や環境的・文化的・経済的に不利な境遇に置かれている結果による学習問題をもっている子どもを含んでいない」という表現にとどまっている。※8：「学習障害が他の障害とか、社会環境的影響とか、とりわけ注意欠陥障害とか、学習問題を引き起こすであろうすべてのものと一緒に生じるとしても、学習障害というものはそういった状態や影響から成る直接的な結果ではない」という表現のなかに、一部（下線部）を言及している。※9：「自己調整行動や社会的知覚・社会的相互作用における諸問題は、学習障害とともに存在するかもしれないが、それらだけで学習障害というものの構成要素となることはない」という形で表現している。

国語または算数(数学)の評価の観点中に,著しい遅れを示すものが1つ以上あることが指摘された。ここで,著しい遅れとは,小学校2・3年ならば1学年以上の遅れ,小学校4年以上または中学校ならば2学年以上の遅れと示された。なお,小学校1年では,学習障害の判断を急いではいけないことが指摘されている。教育指導については,①担任の配慮による指導,②ティーム・ティーチングによる指導,③授業時間以外の個別指導(オープン教室),④特別な場での指導(通級による指導)の4点があげられている。

学習障害の背景としては,中枢神経系の機能障害により情報処理過程の機能不全が生じ,その結果,学習上の基礎的能力の習得困難が引き起こされ,教科学習の困難が生じると考えられている。したがって,情報処理過程の特性を十分考慮した働きかけが必要とされる。

中枢神経系の機能障害は,その領域と程度によっては,軽度の自閉症(3章2節)やAD/HD(3章5節),さらには軽度の知的障害の原因ともなりうる。このことから,他の障害と明確に区別するのが困難な場合がある。診断名が同じでも子どもの実態は異なる。診断名のみによって教育的対応が決定されてはならない。学習障害の周辺の子どもを含めて,子どもの障害実態に合わせた教育的対応が必要とされる。

2　学習障害の特徴

学習障害は,学習困難をその特徴とするため,どのような領域で困難が生じているかによって,分類することができる(上野,1996,表3-4-2)。この表から社会性,運動,注意力のように国語や算数以外の広い領域に,困難が生じていることがわかる。

学習障害は,情報処理過程の機能不全をもつことから,情報処理特性に基づ

◆表3-4-2　問題領域からの学習障害の分類 (上野,1996)

分　類	問題となる領域・分野
学力のLD	読み(音読,読解)・書き(書字,作文)・算数(計算,推論)
ことばのLD	聞く・話す
社会性のLD	対人的行動
運動のLD	微細運動・粗大運動・協応運動
注意力のLD	注意の集中・多動

◆表 3-4-3　情報処理特性による学習障害の分類（上野，1996 より作成）

評価は WISC-R による。下位検査間の平均評価点により，言語操作力 VO（類似・単語・理解），空間操作力 SO（絵画完成・積み木模様・組み合せ），注意・記憶力 AM（算数・数唱・符号），知識習得力 KA（知識・算数・単語）が評価された。

分　　類	特　　徴	評　　価
言語性 LD	音やことばの聞き分けと理解，言語表現などの聴覚的な言語面での問題をもつ。学習面では，文章の読解や作文に困難を示すことが多い。	動作性 IQ が言語性 IQ より 15 以上高く，空間操作力（SO）が言語操作力（VO）より 3 以上高い。
非言語性 LD	空間処理性ともいえるが，形や位置関係，状況など視覚的に理解することが苦手で，それに伴った運動や行動面での問題も大きい。学習面では，算数の量や図形の概念の習得などがむずかしいことが多い。	言語性 IQ が動作性 IQ より 15 以上高く，言語操作力（SO）が空間操作力（VO）より 3 以上高い。
注意・記憶性 LD	注意集中力や短期記憶能力に問題をもつタイプ。言語性 LD や非言語性 LD と重複することもある。学力の習得が記憶に頼る部分も大きいため，学力全般にわたって遅れやすい。	注意・記憶力（AM）が，言語操作力（SO）と空間操作力（VO）の平均より 2 以上低い。
包括性 LD	特定の能力に一貫した落ち込みがあるのではなく，いくつかの部分的な落ち込みが重複してみられるタイプ。能力の落ちている部分によって問題のあらわれ方が異なり，特徴を理解しにくく適切な対応が得られにくい。学力面，行動面に深刻な問題をもつケースがある。	数唱，迷路を除く主要下位検査の平均評価点よりも，3 以上下回る下位検査が，言語性領域と動作性領域に 1 つ以上ある。

く分類が知られている。上野（1996）は，WISC-R 知能検査に基づいて，学習障害のタイプと特徴を指摘した（表 3-4-3）。そのなかで，**言語性学習障害**では，音やことばの聞き分けと理解，言語表現などの聴覚的な側面での問題が指摘された。他方，**非言語性学習障害**は，形や位置関係などの視覚的理解（視覚情報処理）が困難である。注意・記憶性学習障害は注意集中や短期記憶に問題をもつ。包括性学習障害には，部分的な落ち込みが重複してみられる。これらのタイプは典型的な類型であり，すべての学習障害が 4 タイプに分類されるわけではない。

視覚情報処理
⇒コラム 8

　尾崎ら（2000）は，学習障害を，情報処理過程の特徴との関係で理解することが必要であると指摘し，日常生活行動の特徴について整理している（表 3-4-4）。情報処理特性として，K-ABC 検査によって評価される同時処理と継次処理の能力の偏りも指摘されている。

◆表3-4-4　学習障害児にみられる行動特徴 （尾崎ら，2000より作成）

＜聴覚認知に困難がある＞ 一生懸命聞いているが内容が理解できない。音声言語のみの指示がわかりにくい。 話しことば中心の一斉授業の内容が聞き取れず，学習が遅れる。勘違いのような行動がみられる。 ある行動を始めたのに，他の刺激につられてちがう行動をしてしまう。
＜短期記憶に困難がある＞ 話しているうちに話題がずれていってしまう。 指示されたことを忘れて何度も聞き返す。複数の用事を頼むとこなすことができない。 繰り下がりのある計算をすると，「となりから借りたこと」を忘れてしまう。
＜視知覚に困難がある＞ 注目したい箇所に焦点を合わせることが困難。落ち着きがないようにみえる。 教科書の文字を追えなかったり，行を飛ばし読みする。 よく似た字を読みまちがえる。また漢字の細かいところが不正確である。
＜空間認知の困難＞ 筆算の桁がずれやすい。また，図形の学習が苦手である。 地図の見方がわからない。また前後左右などが即座にわからない。 ロッカーの位置を覚えにくい。視点を変えてみることがむずかしい。
＜社会的知覚の困難＞ わかりきっていることをずっと話す。 ことばに添えられた思いを推し量ることが困難。相手がどう思っているのかわからない。 周囲の状況が理解できない。またその場の雰囲気がわからず，そぐわない対応をしてしまう。
＜身体知覚の困難＞ 歩・走・跳の運動などの動きがギクシャクしていて，滑らかさに欠ける。 ボール運動が苦手で，運動を模倣したり，覚えたりするのが苦手である。 同じ姿勢を保つことがむずかしく，絶えず身体を動かしている。きちんと座っていられない。 力の加減ができない。またバランスが悪く，ころびやすい。 手先を使う動作が苦手である。またボールをキャッチするのがむずかしい。

◇発達支援の視点◇

　学習障害の発達支援に関しては，通常学級での指導と，通常学級以外での指導とを整理して考える必要がある。

　通常学級では，ともすれば行動面の問題が顕在化するため，子どもの努力や親のしつけのせいにし，適切な支援がなされないまま問題をこじらせてしまうことがある。学力の遅れや行動上の問題が発達のどのような偏りから生じてきているのか把握することは，通常学級の担任にとって必要な課題である。学習障害のアセスメントには，知能と認知機能の評価，さらには既往症などの資料が必要で，学習担任一人では収集がむずかしい。そのため，教育相談室や通級学級，特殊学級の担任との連携がたいせつである。対象児の問題が発達上の一次的問題なのか，二次的問題なのかという評価をふまえて，指導の領域と目標

が立てられる。

　行動面に関しては，失敗経験が多く，**自己効力感**が乏しい子どももいるので，子どもの特性を理解したうえで，対象児に適した課題を呈示し，学習方法を教示する必要がある。なかには，社会的スキルが未発達なためにいじめの対象になりやすい者もいる。友だちの名前を呼んだり話しかけるなどのごく基本的な社会的スキルの獲得によって，少人数でも友人を得ることで，いじめが緩和することがある。努力してもできないことを求める指導ではなく，うまくいく方法を教えることで，必要な社会的スキルをふやしていくことがたいせつである。

　教科の学習に関しては，対象児のレベルや興味に合わせた課題設定が必要である。個別的な観点に立っての指導は，基本的には他の児童・生徒にとっても有効であるので，クラス全体への配慮につながる視点が望まれる。学力面の指導に関しては具体的な提案がなされており，聞く，話す，（鈴村，2000），読む・書く（緒方，2000），算数（篠原，2000），書字（小池，2002，2003）など，領域に分けて具体的に呈示されている。対象児にとって，どの教科が得意で理

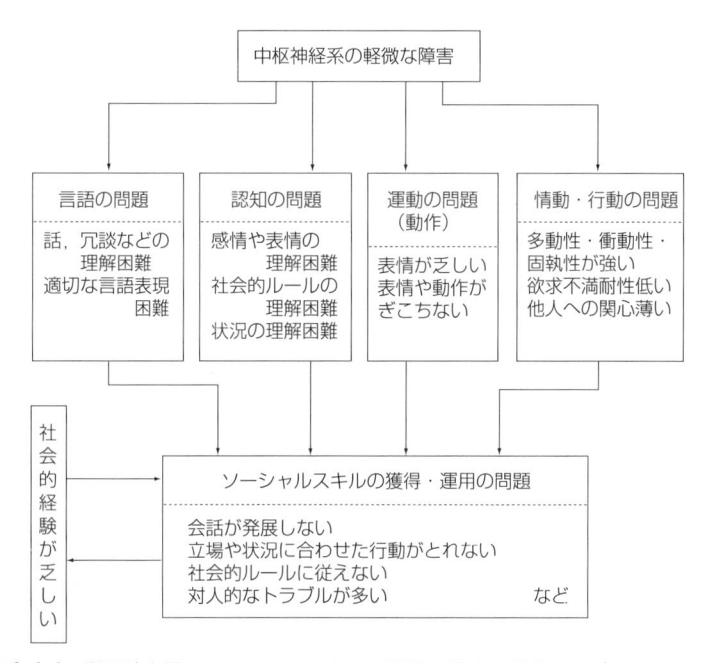

●図 3-4-1　学習障害児のソーシャルスキルの問題に関する発生のモデル（服部，2000）

◆表 3-4-5　ロールプレイを用いた指導内容と経過 (服部，2000より作成)

12回の指導のなかで，第7，8，10回の指導を示した。「自分の意見を主張する」というテーマについて対象児2例の行動特徴を示した。指導者や友だちがモデルとなったり，援助を受けることで，適切な演技ができることがわかる。

指導内容	A　男	B　男
たいせつな物を友だちに取られてしまったとき（第7回指導）	無言で友だち役をけったり，たたいたりして取り返す。援助後，「返してよ」と言えた	「いいよ，もう」と，すぐにあきらめる。友人のモデルおよび援助後，2度演技してはっきり，「返して」と言えた
努力して描いた絵を下手とけなされたとき（第8回指導）	すすんで演技可能。はっきり大きな声で「やめて」	途中笑ってうれしそうに，「やめて」。援助後，はっきりと「がんばって描いたんだよ」と主張
ずるするから仲間に入れてあげないと言われたとき（第10回指導）	怒るのみで言語表現不可。その後，指導者は演技の選択肢を呈示した。児は，その後，「ずるしないから入れて」を選び，演技した	「じゃあいいよ。他の人と遊ぶから」と怒る。選択肢の呈示後，はっきり，「ずるしないから入れて」と主張

解しやすいのかをつかみ，クラスの活動への参加を図ることは，たいせつな配慮である。近年，学習障害の子どもに適した指導の場がふえつつあるので，教育相談室や療育センターなどの専門機関の指導者との連携を取りながら，子どもに合う指導を探っていくことが望ましい。

通常学級以外の指導の場としては，通級による指導や学習障害児を対象とした指導会などがあげられる。これらの場に共通した特徴としては，そこで出会う指導者は，子どもにとって失敗経験や叱られたりしたことのない大人であり，新しい人間関係を作りやすいことが指摘できる。

学習障害児は社会的スキル上のさまざまな問題を示す（図3-4-1）。問題行動は，対象児にとって，環境へ適応するうえでの機能的な意味を持っていることが考えられる。すなわち，環境への誤った適応手段として，問題行動が獲得されたと考えられる。したがってこれらの問題行動の改善を図るためには，有用な適応スキルを新しく学習させることが必要である。通常学級以外の指導の場は，このような新しい適応スキルを獲得するうえで有効であろう。社会的スキルの獲得と運用を学習するうえで，ロールプレイングによる訓練は有効である（表3-4-5）。その際，2章11節の問題解決で指摘したように，問題解決の選択肢を選ぶ方略を獲得させる指導が必要であろう。

事例から学ぶ

◆10 学習障害児のコミュニケーション支援◆

　学習障害児には，自分の意見を主張することが苦手な子どもがいる。よい意見を持っていても唐突に言ったりするので，周囲の子どもたちにきらわれたりもする。話し合いのようなソーシャルスキルでも，身近な題材を選び，スタッフといっしょに困難を乗り越える形式から始めて，徐々に1人で乗り切れるような課題にしていくと，しだいに会話を楽しめるようになっていく。小人数でも友人関係が成立すると，生活場面での力になっていく。

子どものようす　カズ君は，学習障害と診断された元気な5年生でした。私たちは，2週間に1度，土曜日の放課後に，ソーシャルスキルを高める指導会をしていました。カズ君は，そのなかでも，一風かわっていました。活動の説明をしているときに，ポーッとしていることがありました。ときどき，活動のルールがわからずはずれてしまいますが，活動の内容について行けないわけではなく，楽しんでいます。同年齢の男の子との会話を聞いていると，自分の話題を押しつけるわけでもなく，受け答えしていますが，会話が長く続かず気持ちの交流にまで至りません。カズ君の行動はスタッフミーティングで話し合われました。その結果，自分の意見を主張するというソーシャルスキルを，小人数の友だちのなかで獲得することを指導目標にしました。小人数の友だちならば，何とか話せそうです。またきっかけを与えれば，けっこう良い意見を言うことができる彼の良さを生かすことにしました。

教師の取り組み　指導会では，集団活動と個別活動を行っていますが，個別活動の時間を利用して指導を行いました。指導の後で，スタッフと母親は，3つのグループに分かれてミーティングを開いてその日の子どものようすについて話し合います。そのとき使うお菓子を買ってきて，各グループのためにお菓子を3つのお皿に盛りつけるという課題にしました。お菓子の数は3で割り切れることは少ないので，お菓子をうまく配分するには工夫が必要です。それをカズ君が司会をして3人で話し合いながら，うまくお菓子を配分できるのが目標です。2人の友だちは，スタッフといっしょにお菓子を買いに出かけます。カズ君はもう1人のスタッフと，話し合いの準備をします。具体的には，話し合いでキーとして使うセリフがかかれた台紙が6枚，カズ君に呈示されます。カズ君は，話し合いで使えるようにセリフを並べて，表にして書き取ります。スタッフが想定した場面について，カズ君はリハーサルをしました。そして帰ってきた2人を相手に，お菓子を盛りつける活動を話し合いで行っていきました。実際のお菓子の個数は予定できず，想定した場面とはちがったため，ハプニングもありましたが，それも1つのおもしろさでした。話し合いには，できるだけスタッフが関与しないようにしました。この活動を5回行いました。当初は話し合いはぎこちないものでしたが，4・5回目になると慣れてきて，会話がスムーズになり，カズ君らしいアイデアを出すこともあって，スタッフも驚かされました。

子どもの発達　カズ君は6年生になりました。授業中でも積極的な姿勢が出てきて，ちょっと場違いでも意見を発表するようになってきました。このころ，クラスのなかでいじめの対象となる場面も出てきました。同じ時期にカズ君に数人の友だちができてきました。カズ君を理解する小さな集団の存在が，本格的ないじめの対象にならなかった一因のようです。

事例から学ぶ　ソーシャルスキルトレーニングは，効果に直結しないこともありますが，ごく小人数の間でもスムーズなやり取りをした経験は自信につながります。見通しがもてる活動のなかでスタッフも子どもも楽しめる活動を組み立てていくことが重要です。

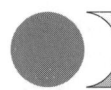

5節　注意欠陥・多動性障害

　近年，小学校の通常学級担任教師から，「落ち着きがない」「集中力がない」といった問題をよく耳にする。心身に明らかな障害があるわけではないので通常学級に在籍して一斉授業を受けているが，学業面でも生活面でも「手のかかる子」である。この節では，このような子どもの問題を注意欠陥・多動性障害に焦点を当てて述べる。

1　注意欠陥・多動性障害とは

　年齢に対して著しく不相応な注意散漫，多動，衝動性がみられる場合，注意欠陥・多動性障害（attention-deficit / hyperactivity disorder：AD/HD）と診断される。このいわゆる多動児の存在は，児童精神医学の領域では古くから知られており，種々の名称のもとに検討が蓄積されてきた（山崎，2000）。近年，とくにAD/HDが注目される理由として，従来さまざまな名称でよばれていたものを注意障害という観点から整理する方向性が，アメリカ精神医学会作成の診断マニュアルの第3版や第4版（DSM-Ⅲ，Ⅳ）で示されたことがあげられる（原，2000）。また，学級・学校崩壊や非行との関連でマスコミがこの診断名を取り上げたこととも関連するだろう。

　現在，DSM-Ⅳでは，①不注意（9項目中6つ以上），②多動性と衝動性（合計9項目中6つ以上）が7歳以前に現れ，それらが2つ以上の場面（たとえば，学校と家庭）で6か月以上認められるものとされている。そのうえで，不注意優勢型，多動性－衝動性優勢型，混合型のいずれかのサブタイプに分類される。多動の原因は注意障害にあるとする考え方や注意障害児の多くが多動であることからAD/HDとしてまとめたうえで下位分類を設けているが，両者はそもそも質的に異なり同じ分類に含めるべきではないとする立場もある。現時点では，正確には注意欠陥／多動性障害（AD/HD）と表記すべきであり，注意障害と多動とは分けて考える必要がある。

　宮本（2000）は，AD/HDの臨床像を表にまとめた（表3-5-1）。AD/HD児の特徴として，学習障害（3章4節）と手先の不器用さ（表中では，発達性協応運動障害）をあわせもつことが多いといわれる。宮本は，AD/HDの基本症状はほとんどの場合，成長とともに自然に改善する傾向にあるが，成長ととも

にむしろ悪化しやすい問題があり，それが一部の予後不良なAD/HD児にみられると述べた。問題となる行動が多いためどうしても年少児期より叱責を受けやすく，反発心が育つと中学生以降，反抗挑戦性障害を示したり，失敗経験による自尊心・自信の低下から抑うつ状態や不安などの神経症的な問題が生じたりするという。福島（2000）は，AD/HDの経過をライフステージにそって図にまとめた（図3-5-1）。この図では，各年齢段階で主症状となる障害が異なり，児童期に顕著なのがAD/HDである。思春期，成人期になって問題が解消する場合もあるが，その他の障害を合併しながら経過する場合もある。福島は，図に示した経過をいかに中断できるかといった点で，早期からの教育的対応の重要性を強調した。杉山（2000）は，自らの資料に基づきAD/HD児の20%が反抗挑戦性障害に移行し，そのうちの30%が行為障害に至っており，いわゆる「非行」への移行は全体的には6%であると述べた。また，この6%には虐待の既往がある児童が少なくないことも指摘した。

◆表3-5-1　AD/HDの臨床像（宮本，2000）

1　基本症状
　脳機能障害を背景とした行動特性としての問題
　　注意力障害，多動・衝動性，固執性，感情易変性
2　基本症状を背景とした問題
　1）社会行動における問題
　　一定の「決まり」からの逸脱行動
　　　集団行動困難，待てない，一方的な対人行動，対人関係形成困難
　2）一般心理特性としての問題
　　自我意識・対人意識の問題
　　　自尊心低下，自信喪失，敏感，対人緊張
3　合併症（（　）は報告された合併頻度）
　1）発達・認知面
　　(1)　発達性言語障害
　　(2)　発達性協応運動障害
　　(3)　学習障害（15～92%）
　2）行動・精神面
　　(1)　反抗挑戦性障害・行為障害（50～60%）
　　(2)　適応障害：不登校など
　　(3)　不安障害（25～40%）
　　(4)　気分障害（15～75%）
　　(5)　反社会的行動：薬物嗜癖，反社会性人格障害
　3）身体面
　　(1)　チック障害（30～50%）
　　(2)　てんかん

　AD/HDは，DSM-Ⅳとの関連で，また，マスコミ報道との関連で，近年，とくに注目される不注意，多動，衝動性を主要兆候とする障害概念である。AD/HD児は，乳幼児期から兆候はみられるが，集団行動からの逸脱として学童期に問題が顕著となる。さきに述べたように，この時期，学習障害や手先の不器用さなど他の合併症をもつことも多い。AD/HD＝問題児＝非行少年といっ

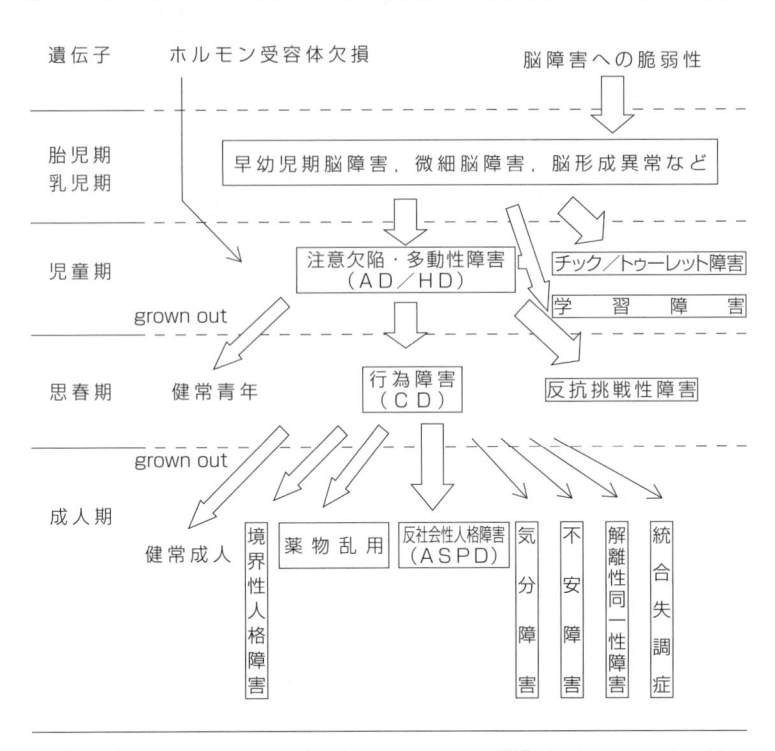

●図3-5-1　ライフステージにおけるAD/HDの経過（福島, 2000より作成）

た連想は誤りである。基本症状から二次的に派生してそのような経過をたどるのはごく一部であり，その経過を家庭，学校，医療の連携のなかでいかにくい止められるかが重要といえる。

2　AD/HD児の特徴

近年，AD/HDの主たる障害は衝動性（行動抑制の弱さ）にあり，注意散漫や多動は二次的に現れたものとする考え方が，「実行機能（executive function）」との関連でAD/HDの理解に利用される。図3-5-2は，この考え方の代表とされるバークレー（Barkley, R. A.）の自己制御モデルを示した。バークレーは，自己制御の大きな構成要素として（A）行動抑制，（B）実行機能，（C）運動制御・流暢性・統語の3つをあげた。実行機能は，さらにB-1からB-4までの4つの要素からなる。

5節　注意欠陥・多動性障害

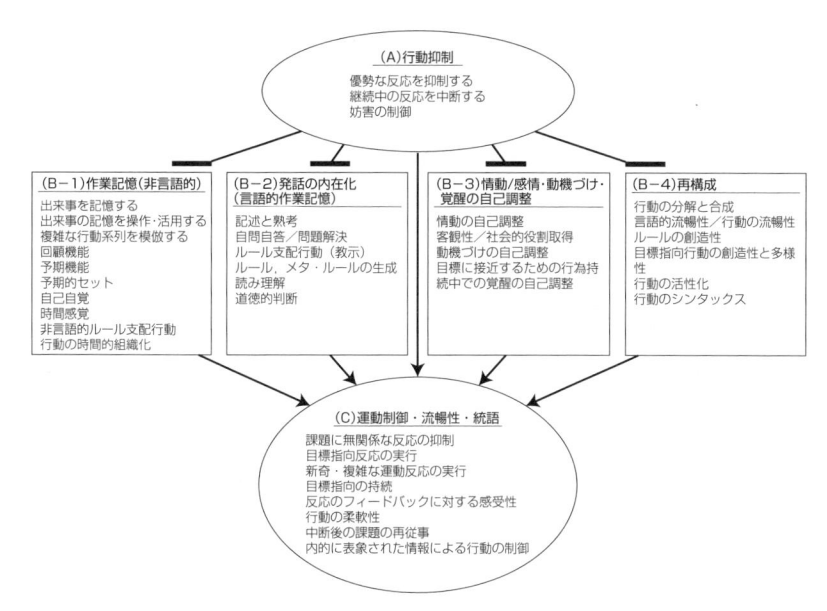

```
                    (A)行動抑制
                 優勢な反応を抑制する
                 継続中の反応を中断する
                    妨害の制御
```

(B-1)作業記憶(非言語的)	(B-2)発話の内在化 (言語的作業記憶)	(B-3)情動/感情・動機づけ・ 覚醒の自己調整	(B-4)再構成
出来事を記憶する 出来事の記憶を操作・活用する 複雑な行動系列を模倣する 回顧機能 予期機能 予期的セット 自己自覚 時間感覚 非言語的ルール支配行動 行動の時間的組織化	記述と熟考 自問自答／問題解決 ルール支配行動（教示） ルール、メタ・ルールの生成 読み理解 道徳的判断	情動の自己調整 客観性／社会的役割取得 動機づけの自己調整 目標に接近するための行為持 続中での覚醒の自己調整	行動の分解と合成 言語的流暢性／行動の流暢性 ルールの創造性 目標指向行動の創造性と多様 性 行動の活性化 行動のシンタックス

```
              (C)運動制御・流暢性・統語
              課題に無関係な反応の抑制
              目標指向反応の実行
              新奇・複雑な運動反応の実行
              目標指向の持続
              反応のフィードバックに対する感受性
              行動の柔軟性
              中断後の課題の再従事
              内的に表象された情報による行動の制御
```

●図3-5-2　バークレーの自己制御モデル（武藤と前川，2000）

　(A)行動抑制は，生じやすい行動や進行中の行動を中断し，(B)の実行機能を作動させる機会をつくる（間をとる）点で，最も重要な要素とされる。AD/HD児は，質問を聞き終わらないうちに答え始めてしまったり，思ったことを即座に行動に移してしまったりするが，このような特徴は行動抑制の弱さの表れと考えられる。(B)実行機能の4つの要素について，近藤（2000）はわかりやすい説明を行っている。近藤は，実行機能を「コトを進める力」とよんだうえで，要素を力として表現した（表3-5-2）。問題に対処する際に必要となる力の異なる側面が，強調して示されている。(C)運動制御・流暢性・統語は，目標に対して最適な方法で統合された状態で行動を順次行う過程（武藤と前川，2000）であり，行動の時間的まとまりに端的に表れる。図3-5-2では，(C)に向かって(A)からの直接の矢印とともに(B)からの矢印も示され，(C)の不全は行動が抑制できない直接の結果として生じると同時に，4つの実行機能が十分に働かない結果としても生じると考えられている。

　このようにAD/HDは行動を抑制したうえで「コトを進める力」の障害であり，知識の障害ではない。知能検査を実施しても数値は標準を示し，一対一

◆表 3-5-2　実行機能の 4 つの要素 (近藤, 2000 より作成)

B-1　作業記憶（非言語的） 　　過去の感覚体験を一時的に思い出して，組み合わせ，行動や決断に生かす力
B-2　発話の内在化（言語的作業記憶） 　　心の中で自分に向けた会話（内言）をする力
B-3　情動／感情・動機づけ・覚醒の自己調整 　　気分を切り換えたりしてやる気を起こし，それを持続させる力
B-4　再構成 　　一連の行動を分解し，再び新しい行動系列を組み立てる力

で日常会話をしているときには問題がみえないことも多い。「知らないからできない」のではなく，「知っていてもできない」ことが基本的な特徴といえる。AD/HD 児の困難は場面に対処する問題解決の力の弱さとして表れ，それは常に事態が流動的に変化し，柔軟な判断が要求される社会的問題の解決に表れやすい。

　自己制御モデルでは，AD/HD の主たる原因を行動抑制の弱さ（衝動性）とし，それにより実行機能の作動不全が生じ，結果として，注意散漫や多動が現れていると考える。AD/HD は知識はあるが，行うことがむずかしい行動の自己制御の障害であり，それは「社会的問題」の解決能力の弱さとして逸脱行動の形で表れやすいといえる。

◇発達支援の視点◇

　AD/HD 児の問題が表面化するのは，多くは学校現場であり，教師の対応が極めて重要となる。

　第 1 に，医療機関との連携があげられる。多動や集中困難な低学年児童への中枢刺激薬（例えば，メチルフェニデート）や，衝動性や興奮を示す高学年児童への抗精神薬の利用が，一部の AD/HD 児に効果的であることが示された（市川，1999，2000）。中枢刺激薬は，服薬後一定時間集中力を高める対症療法的な利用ではあるが，それにより学業成績の低下などを防ぐことが可能であり，学校生活においても薬の管理を含めて配慮を要する。

　第 2 に，これが最も重要な点で，教師はとくにていねいに AD/HD 児の行動の背景を含めて，子どもを理解する必要がある。AD/HD の行動特徴から，教師は子どもを誤って理解しがちなことがあげられる。「わがままな子」「反抗

5節　注意欠陥・多動性障害

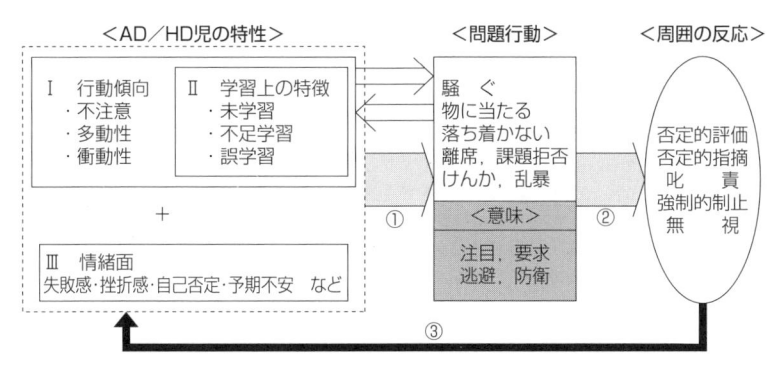

```
＜AD/HD児の特性＞                    ＜問題行動＞      ＜周囲の反応＞
┌─────────────────────────┐         騒ぐ           ┌──────┐
│ Ⅰ 行動傾向   Ⅱ 学習上の特徴 │  →    物に当たる       │否定的評価│
│  ・不注意    ・未学習     │  ←    落ち着かない     │否定的指摘│
│  ・多動性    ・不足学習   │        離席, 課題拒否   │ 叱　責  │
│  ・衝動性    ・誤学習     │        けんか, 乱暴    │強制的制止│
│         ＋              │   ①   ＜意味＞    ②  │ 無　視  │
│ Ⅲ 情緒面                │        注目, 要求      │         │
│ 失敗感・挫折感・自己否定・予期不安 など │        逃避, 防衛      │         │
└─────────────────────────┘                        └──────┘
                              ③
```

●図 3-5-3　AD/HD 児の「問題」行動が強まっていく循環モデル（井上，1999）

的な子」「怠けている子」「乱暴な子」と誤解され，子どもに対して不当な叱責をあびせるばかりでなく，保護者に対しても家庭での接し方やしつけ方の問題として誤った指導を行うこともある。さきに述べた「知っていてもできない」といった特性から，どうしてもこのような誤解が生まれがちだが，この点はとくに注意を要する。

また，AD/HD 児の保護者と学校とは，概して悪い関係に陥ることが多く，子どもに対するかかわり方の配慮のみならず保護者との関係の作り方にも配慮を要する。

井上（1999）は，AD/HD 児の問題行動が強まっていく過程を，悪循環として図に示した（図 3-5-3）。AD/HD の特性として不注意，多動性，衝動性の「行動傾向」が基礎にあり，そのうえに未学習・不足学習・誤学習の「学習上の特徴」があげられた。これらに失敗感や自己否定などの「情緒面」の特性が加わり，結果としていわゆる「問題」行動が生じる（図中矢印①）。それに対して，叱責や強い制止などの否定的な対応が「周囲の反応」として生じ（図中矢印②），ますます特性が強まっていくのである（図中矢印③）。井上は，表面的な「問題」行動を止める対応に終始し，結果として悪循環をくり返すのではなく，背景にある「問題」行動の意味に目を向けるべきことを強調した。井上は，AD/HD 児における「問題」行動の機能や意味を，注目要求，物や事態の要求，逃避，防衛の 4 つにまとめ，それに対応した教育的手立てを例示した（表 3-5-3）。また，教師が心がけるべき全般的な配慮として，6 点をあげた（表 3-5-4）。これらは，AD/HD 児が不適切で問題だとされる行動を，選択す

◆表 3-5-3　AD/HD 児に生じる「問題」行動の機能・意味と教育的手だて　(井上, 1999 より作成)

問題行動の機能 （その意味）	問題行動の例	手だての例
注目要求 （注目やかかわりを得る）	自分に気づいてほしかったり，話したいことがあったりすると，奇声を発したり，物を投げたりすることで手っ取り早く注目を得る（たとえ，注意や叱責を受けても）。	・その場に合った行動をしているとき，活動に参加しているときには，こまめに子どもに注目（うなずき，声かけ，等）を向け，存在を認めていることを伝える。
物や事態の要求 （ものごとや活動を得る）	自分が一番になれるゲームをしたくて，教師や他児が提案したゲームに反対したり，「この間したばかりだ」「簡単すぎておもしろくない」等の理屈をこねたり文句を言ったりして，結局自分の意見を通してしまう。	・適切な要求のしかたを教える。 ・ふさわしい要求のしかたに対しては，すぐに要求に応じる。 ・すぐには応じられない場合，「いつ要求がかなうか」について約束をする。
逃避 （いやなことから逃れる）	独力で課題や役割をこなせないときに，文句を言ったりごねたりすることで，結局，教師や他児の助けを得て，一人では全部やらずにすませてしまう。	・初めは援助を惜しまず，達成できるようにする。 ・援助や助言が必要なときに適切なしかたで援助を求めることができたら，その行動自体を課題の達成とともにほめる。
防衛 （不安から自分を守る）	自信がなく，不安でしかたのないとき，何か特定のものを持っていたり，お気に入りの帽子や手袋を身につけたりしていると，安心して気持ちが落ち着く。	行うべき課題や参加すべき課題に対しては，「逃避」の手立てを行い，それを前提に以下を行う。 ・禁止するのではなく，認めたうえで，課題や活動を行うための条件と，「防衛」行動を自己管理するための具体的方法との2つを呈示し，子どもに選択させることで自分の行動を自己決定させる。

◆表 3-5-4　AD/HD 児が示す「問題」行動への対応における全般的配慮　(井上, 1999 より作成)

配　慮　（理由）
1　肯定的なことばの使い方をする（「～しないと，～できないよ」ではなく，「～できるよ。だから～しようね」など）。
2　すべてにさりげなく対応する（高い理解力と自尊心から，幼児のような対応によって傷ついてしまうことがある）。
3　矢継ぎ早にいろいろと言わないで，落ち着いた調子で声をかける。
4　子どもに関する情報をできるだけ集め，子どもの行動の意味を理解し，子どもが本当に望んでいることを代弁できるよう心がける。
5　何が起こっても驚かず，平然と対応する。
6　良いこととともに，まちがいやいけないことははっきりと伝え，あいまいな態度をとらない。

る必要がないようにするために，教師がとるべき具体的な手立てとして参考になる。

　通常学級に在籍する特別な教育的支援を要する子どものなかで，AD/HD児が注目され，学校教育現場でいかに配慮すべきかについて，取り組みが始まっている。従来の無理解や誤解から脱したうえで，適切な対応が通常学級の教師にとくに強く求められている。

視覚情報処理

視覚情報処理は，近年の認知科学の進展で解明が急速に進んだ領域である。

私たちが事物を見るときには，網膜に像が生じる。明暗の像は，網膜の光受容体を活性化し，視神経に電気的興奮をもたらす。視神経は，眼球を出て2つの経路に分かれることが知られている。ひとつは系統発生的に新しい経路で，霊長類で最もよく発達し，第1視覚系とよばれる。もうひとつは，系統発生的に古い経路で第2視覚系とよばれる。

第1視覚系は，外側膝状体とよばれるニューロン集団へいく。そこは中継地であり，その後，1次視覚野へいく。

第2視覚系は，脳幹の上丘とよばれる部位にいき，そこから頭頂葉を中心とする皮質野にいたる。第2視覚系は形態視に関与せず，1種の早期警戒システムとして働き，方位の判断に関与している。そのため「見えない視覚」ともよばれる。

第1視覚系は，事物の形態の知覚に関係する。1次視覚野では，像の輪郭やエッジに関する処理が進む。その後，情報は，2つの流れに分かれる。1つは，事物の場所に関する「どこ」(localization) 経路であり，もうひとつは事物の認知に関する「なに」(recognition) 経路である。この経路が脳内の異なる部位にあることは，人間のPET（ポジトロンエミッションCT）の測定によって確認された（アトキンソンら，1996）。

「どこ」経路では，背景から事物を分離し，事物との距離を判断し，さらに運動パターンを判断する。この経路の働きによって，事物をよけたりつかんだりする。この経路は，視覚野から頭頂葉へいたる。

他方，「なに」経路では，形，色，テクスチャーなどの視覚情報が，特定化して異なる領域で処理される。1次視覚野での処理に基づいて，複数の視覚野が特定の情報を処理する。この経路は視覚野から側頭葉へ至る。この経路に基づいて，その事物がなんであるかを認知する。代表的な領域として，特定の顔だけに反応する顔細胞群の領域があげられる。側頭葉は記憶に関与し，見たものが何であるかを判断する機能は，「なに」経路で営まれる。

視覚情報処理では，複数の経路が独立に並行して行われ，意味処理にいたる。この並列処理の経過は，文字認知と読みのプロセスにも認められる。

図Fは，単語読みのプロセスに関するモデルを示したものである（スロン，1993）。文字列は，線分の抽出，文字の形態的特性，語の抽出について，段階的な分析がなされる。その後，2つの独立した経路（「意味ルート」と「音韻ルート」）が指摘されている。音韻ルートでは，文字列は字素の単位に分節化され，その後，変換規則の適用で，音素に変換され，音声表象が組み立てられる（この経路では，初めて見た英単語でも，規則語であれば発音することができる）。意味ルートでは，視覚的分析で得られた熟知語の文字形態が，記憶内の既知語のつづり表象を活性化させる。発音する場合には，意味表象を出発点として，音声出力語彙内の音声語の単位が活性化される。

このように，視覚情報処理の異なる経路の分析結果に対応して意味処理が連結することで，自由度の高い単語読みが可能になっていることがわかる。

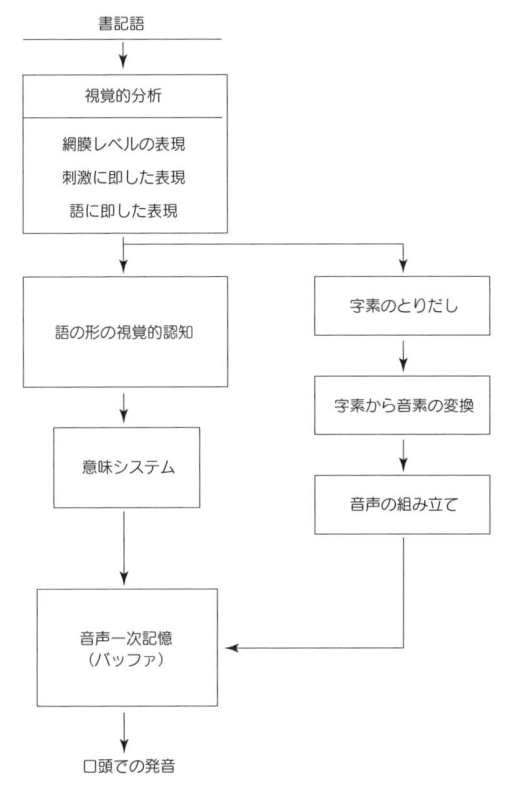

```
                    書記語
                      ↓
        ┌─────────────────────┐
        │     視覚的分析       │
        │                     │
        │  網膜レベルの表現    │
        │  刺激に即した表現    │
        │  語に即した表現      │
        └─────────────────────┘
              ↓              ↓
    ┌──────────────┐    ┌──────────────┐
    │ 語の形の視覚的認知 │    │  字素のとりだし  │
    └──────────────┘    └──────────────┘
          ↓                    ↓
    ┌──────────┐        ┌──────────────┐
    │ 意味システム │        │ 字素から音素の変換 │
    └──────────┘        └──────────────┘
          ↓                    ↓
          │              ┌──────────────┐
          │              │  音声の組み立て  │
          │              └──────────────┘
          ↓                    ↓
    ┌──────────────┐
    │  音声一次記憶   │←─────────────
    │   (バッファ)   │
    └──────────────┘
           ↓
        口頭での発音
```

図F　単語の読みに関する神経心理学的モデル（スロン，1993より作成）
　　　左が意味ルート，右が音韻ルートを示した。

＊Atkinson,R.L.,Atkinson,C.A.,Smith,E.E.,Bem,D.J.& Nolen-Hoeksema,S.1996 *Hilgard's Introduction to Psychology*.Harcourt Brace College Publishers.
＊Seron,X.1993 *La Neuropsychologie Cognitive* Presses. Universitaires de France.　須賀哲夫・久野雅樹（訳）1995　認知神経心理学　白水社

聴覚情報処理

コラム8

聴覚経路は，伝音系（外耳道，鼓膜，耳小骨）と感音系（内耳とそれ以降の経路）とに大別することができる。伝音系では，音は振動として伝わり増幅される。感音系では，振動が活動電位に変換され，情報処理がなされる。内耳は，蝸牛と前庭器官からなる。蝸牛は，骨でかこまれたカタツムリ型の管状器官（骨迷路）であるが，そのなかには，前庭階と鼓室階，膜の迷路（蝸牛管）がある。蝸牛管は内リンパ液，前庭階と鼓室階は外リンパ液に満たされている。耳小骨の振動は，外リンパ液と内リンパ液の振動として伝わり，結果として，基底板の振動をもたらし，進行波が生じる（図G）。基底板の変動は，基底板上の有毛細胞の電気的変化を引き起こし，聴神経の活動電位を発生させる。高い音は耳小骨側で，低い音は蝸牛管の奥の有毛細胞の電気的変化を引き起こすので，蝸牛で周波数分析が行われていることが指摘できる。音の周波数分析は，脳幹の下丘で最も精密になることが指摘されている。

感音系に由来する聴力障害（感音性難聴）は，聞こえに周波数のひずみを伴うために，語音の識別が悪くなり，補聴器による感覚代行がむずかしい場合がある。このような特徴は，伝音系由来の障害（伝音性難聴）とは異なる。

聴覚受容は，音声言語の発達にとって重要な要因である。聴覚受容が困難な場合には，自身の発声の聞き取りができないので，構音の調整が困難になる。音声表出のない重度知的障害では，聴覚受容の障害をもっている可能性があり，聴覚の評価が必要である。聴覚の評価としてはオージオメータによる検査が一般的であるが，重度知的障害児への適応は困難である。被験者の言語応答に基づかない検査（他覚的検査）は種々工夫されたが，代表的な方法として聴性脳幹反応（ABR）が利用されている。聴性脳幹反応は，持続時間0.1msのクリック音を連続呈示し，約1000回の加算平均によって検出する。反応は睡眠状態で記録することができるので，脳波検査と合わせて行うことができる。反応成分は，刺激開始から10msにかけて認めることができ，7つの成分から構成される（図H）。各成分は，脳幹の中継核での電気的活動が頭皮上に波及したものである。そのため，ABR波形を調べることで，聴覚経路を診断することができる。通常，十分大きな音刺激（約80dB）を用いて刺激を行い，各成分の潜時が正常範囲内であることを調べる。また刺激強度をしだいに小さくして記録を行い，V波（下丘の電気的活動）の出現閾値を調べることによって，ABR閾値を測定する。

語音をスペクトル分析し，ソナグラムとして表示すると，エネルギーの大きい周波数成分を，複数観察できる。図Iは，分析結果の一例であり，黒はエネルギーの大きい個所を表す。エネルギーの大きい周波数をホルマント周波数とよび，下の周波数から順に数字をつけてよぶ。図Jは，日本語の5種の母音の位置を，第1ホルマント周波数をx軸，第2ホルマント周波数をy軸としてプロットしたものである。1つの記号は1つの事例を表す。第2ホルマント周波数を含む高い帯域で聴覚障害が発生した場合には，第1ホルマント周波数が近似している母音の識別が困難になり，異聴が生じやすくなることが指摘できる（／i／と／u／，／e／と／o／の区別が困難になる）。したがって，ホルマント周波数は，語音を識別する際に重要な役割をもつ物理量で，母音と子音を識別するうえでの重要な弁別素性を形成する。

聴取された語音のもつ意味が認知される情報処理プロセスについては，データ推進型処理と概念推進型処理とが考えられている（図K）。データ推進型処理とは，聴覚情報の分析と統合によって語音を識別する過程である。図中では，感覚貯蔵庫，短期記憶，作業記憶，長

期記憶の経路がそれにあたる。一方，概念推進型処理とは，文脈や場面・状況からの概念を参照しながら，認知を行う。図中では，長期記憶から短期記憶，感覚貯蔵庫への経路が相当する。概念推進型処理は，不明瞭に発話された語音の判断を可能にする。両処理に相当するプロセスは，視覚認知においても指摘されている。

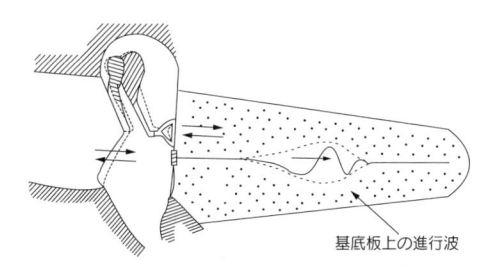

図G　蝸牛内の進行波（須藤ら，1997）
耳小骨の振動は進行波をもたらす。

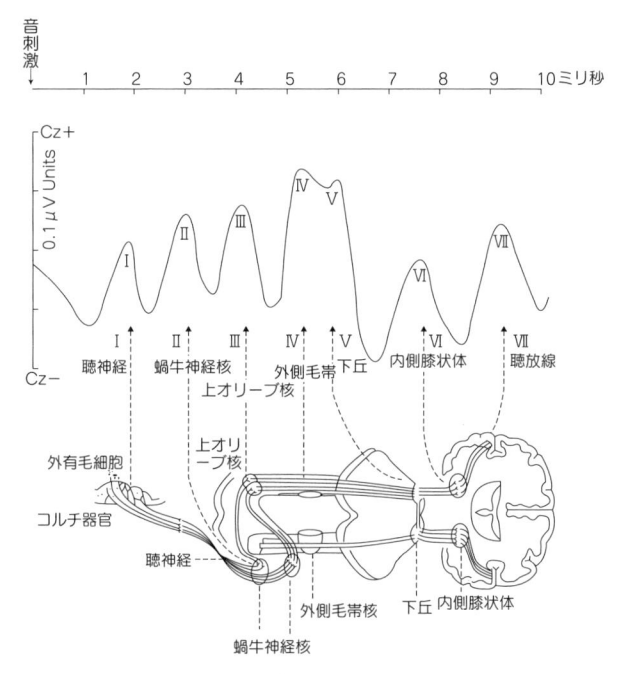

図H　聴性脳幹反応と聴覚伝導路（ストッカートら，1977より作成）

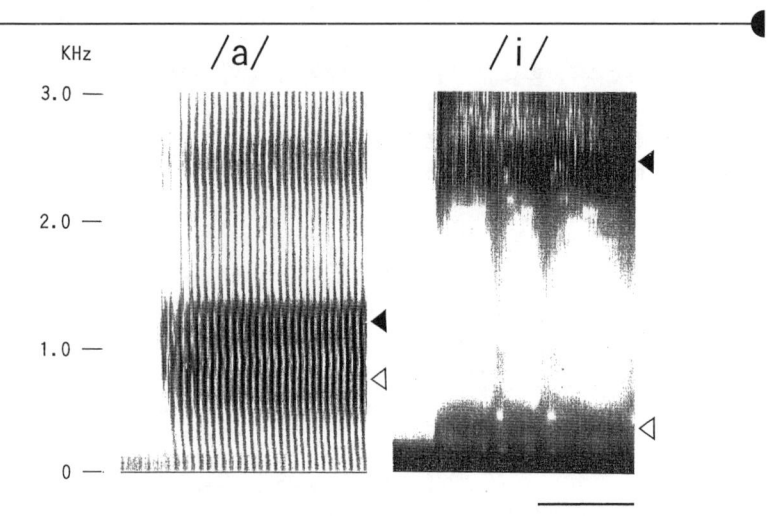

図Ⅰ 母音／a／（左）と／i／（右）のソナグラム 500ms
／a／と／i／では，第1ホルマント周波数（◁）と第2ホルマント周波数（◀）が異なることがわかる。

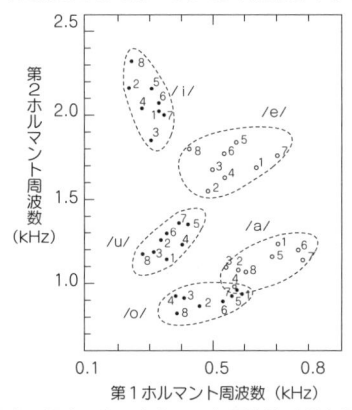

図J 5母音の個人ごとのホルマント周波数（松本ら，1973）

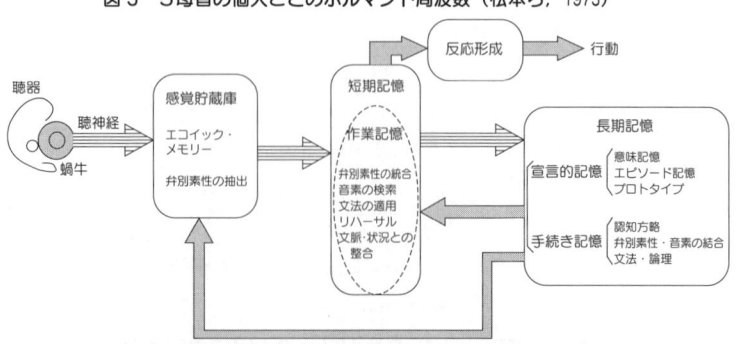

図K 語音聴取における情報処理モデル（須藤ら，1997）

＊松本弘・曽根敏夫・二村忠元　1973　母音の個人性の聴覚による識別と音響的特徴　比企静雄（編）
　音声情報処理　東京大学出版会　Pp.249－264.
＊Stockard, J. J. & Rossiter, V. S. 1977 Clinical and pathologic correlates of brainstem auditory response abnormalities. *Neurology*, 18, 177-209.
＊須藤貢明・濱田豊彦・荒木紫及　1997　聴覚障害児の残存聴力活用　教育出版

事例から学ぶ

◆11 注意欠陥・多動をもつ子どもの発達◆

注意欠陥・多動障害をもつ子どもの多くは，通常学級に在籍し友だち関係でトラブルをおこして仲間はずれになる場合が少なくない。「ルールが守れない，自分勝手にルールを変えてしまう，順番が守れない，一番になりたい病，カッとなるとつい手が出てしまう」などトラブルの原因をあげればきりがないほどで，仲間はずれになってもやむを得ないかとも思える。しかし，本人は，けっして友だちぎらいではなく仲間に入りたくてうずうずしている。また，自分のやったことが良くないことだともわかっている。このような子どもの特性を理解したうえで，問題に対処する指導・支援が求められている。

子どものようす マー君は，注意欠陥・多動性障害といわれる元気な3年生でしたが，さまざまな活動を通してソーシャルスキルを高める指導会に参加していました。ある日，みんなで「ボーリングゲーム」を楽しみました。さまざまな役割を順番に行いながらみんなで競い合う活動でした。マー君は，それには参加しないで「せんせー，ごめんねー」と言いながら，三輪車に乗り廊下を走っていきました。そのうち部屋に入ってくると，順番を無視して友だちのボールを奪って転がしてしまったり，ピンに向かってスライディングして全部倒してしまったりと，やりたい放題をしていました。マー君の行動はその後のスタッフのミーティングでも話題になりましたが，マー君のことばが耳に残っていました。

マー君も，よく言われる「一番になりたい病」で，勝敗を競うゲームにはとくに強い関心を示します。でも，関心の示し方が仲間には理解しがたいものがあります。たとえば，「だるまさんが転んだ」ではどうしても鬼になりたくて，ジャンケンで決めるときに「あとだし」をして勝とうとしました。何度も注意されると，「なんでだよー」と大声をあげて逃げていってしまいました。サッカーは好きですが，パスを回すと「シュート」と言って，思いっきりどこかへ蹴ってしまいます。ボールが回ってこなくなると，ゲームの途中でもフィールドから出てしまいました。けっして1人を好んでいるわけではないのですが，同年齢の子どもにとっては，いっしょに遊ぶことがむずかしい，いっしょに遊びたくない行動をしてしまうマー君でした。

教師の取り組み 私たちは，マー君の担当スタッフを決めました。終わりの会では，作品や感想をみんなで発表します。そこで，彼が集団から出ていくことがあっても，終わりの会で，自信を持って発表できるよう，配慮した活動を組み立てました。マー君は，集団での活動がむずかしくとも，終わりの会での発表は毎回欠かさず参加しました。

子どもの発達 今，マー君は6年生になりました。2週間に1回の指導会にも，ほとんど休まず参加して，少しずつですが友だちとの遊び方を学んでいるようです。最近は，低学年の子どもには配慮して接する高学年らしさもみられるようになりました。マー君の育ちを今後も見守っていきたいと思います。

事例から学ぶ 事例の子どもは，けっして友だちぎらいではなく仲間に入りたくてうずうずしているのに，集団活動に入れませんでした。この子の場合，短時間でも，場を共有でき，自分を主張できる場をつくることがたいせつであったことがわかります。仲間はずれになってしまえば，かかわり方を学習する機会自体が奪われてしまい，生活自体も楽しくなくなります。指導では，集団活動になかなか入れないことも含めて，その子の良さを周囲が理解することが，とくにたいせつです。

アセスメントにおける検査の手続き

コラム9

診断（diagnosis）は臨床医学で用いられる概念で，疾患単位を明らかにする過程をさしている。疾患単位を知ることは，患者の発病や病理の機制を知り，適切な治療方針につながるため，治療計画を立てる前提となる。教育診断も，最適な教育計画や指導プログラムを作成するために行うものであり，個人の独自性や固有の構造を解明することを目的とする。「診断」には病理的診断のイメージが強いので，アセスメント（assessment）という用語が用いられている。一方，個人の外にある基準に照らして個人の位置づけを行う作業は，評価（evaluation）とよばれる（伊沢，1980）。

アセスメントで用いる検査の多くは，個人を母集団に位置づけることにより評価を行うので，アセスメントとは評価であると考えがちだが，両者の作業は同じでないことに留意すべきである。したがって，個人の機能や特性を明らかにし，教育計画や指導プログラムとの関係を明確にするためには，適切な検査を組み合わせ，アセスメントを個人に適合させていくプロセスが重要である。ここでは，知能検査についてその手順をみていこう（田中教育研究所，1987；ウェクスラー，1998；松原ら，1993）。

1 田中ビネー式検査

この検査では，一般知能を測定するとされているが，言語概念の発達評価の傾向が強い。療育手帳や就学相談などで使用される機会が多い。適用年齢は2歳から成人までである。

〈測定の実際〉
・通常，実際の年齢（生活年齢）より1歳下あたりから始めて，順次上の年齢に進めていく。
・全問合格（＋）の年齢段階，全問不合格（－）の年齢段階および，その間の年齢段階の問題を実施する。対象児によっては，何歳段階から始めたらよいか迷うことがあるが，日常生活のようすから判断して，無理のないように実施する。

〈結果の整理法〉
① 全問合格の年齢に1歳を加えた年齢を基底年齢とし，それに合格した問題数に相当する精神年齢（1歳～3歳は1問あたり1か月，4歳より上の年齢は1問あたり2か月）を合算する。
② IQは，生活年齢を分母，精神年齢を分子として算出する。その際，月齢に換算して行う。1歳級の不合格が1問から6問までなら基底年齢を1歳と定め，1歳級以上の合格問題数を換算することで精神年齢を算出できる。

〈結果の解釈〉
解釈の前提：一般知能のレベルに遅滞があるのか，その程度について評価する。平均IQは100，1標準偏差（SD）は15であることを利用する。測定している一般知能は，言語概念の発達を中心としているので，知能構造に偏りを示す者や，受容言語と表出言語に遅れの偏りを示す者に対しては，田中ビネー式検査は適さない。

問題のなかには，各年齢段階をよく特徴づける問題も認められる。言語発達（「名称による物の指示」，「身体各部の指示」，「物の名称」など），関係概念の理解（「簡単な命令の実行」），記憶（「数詞の復唱」）などである。問題が測定している心理機能を理解することで，対象児の言語発達を中心とした知能構造の大まかな把握が可能である。

解釈の注意：ビネー式検査のIQについて調査した結果によれば，小学1年生で測定した

IQ の変化幅が±5の者は，1年以内では約67%であった。3年から5年にかけての変化幅が±5の者は約50%であった。また±6〜15は約40%であったので，適当な時期をみての再検査が必要である。

他の検査との併用：適用年齢の範囲が広いため，重度知的障害児を対象として使用することが多いが，言語活動を中心とした評価であることを常に念頭におかないと，誤った判断をすることがある。また1種類のIQのみが算出されるので，アセスメント上の意味が乏しい場合がある。アセスメントの観点からは，他の検査との併用が必要である。言語理解を必要としない場面で，認知的に高いレベルの行動を示す子どもについては，WISC-Ⅲ検査を実施する必要がある。田中ビネー式検査が測定困難な場合には，言語の記号機能の評価が重要となる。この点について，国リハ式＜S-S法＞言語発達遅滞検査の利用は有効である。

2　WISC-Ⅲ検査

WISC-Ⅲは WISC-R の改訂版である。13の下位検査から構成されており，「記号探し」が新たに加わった。言語性検査と動作性検査に分かれている。表Cに，下位検査の概略を示した。適用年齢は5歳0か月から16歳11か月である。精神年齢を算出せず，偏差値IQを算出する点で，ビネー式検査と異なる。

WISC-Ⅲで測定される知能には因子が4種類あるとされている。第1因子は言語理解，第2因子は知覚統合因子，第3因子は注意記憶因子とよばれる。第4因子は処理速度の因子である。WISC-Ⅲでは各因子は群指数として評価される。群指数の値は，IQと同じで平均が100，1標準偏差が15となっている。群指数は認知的特徴を評価する際に有効である。

〈測定の実際〉

・下位検査の実施順序は決められている（表Cの中の数字）。下位検査の問題の上限と下限は，記録用紙に簡略に記されている。下限とは，やさしすぎる問題をしなくてすむように与えられた限界である。上限とは，むずかしすぎる問題をしなくてすむように与えられた限界である。知的障害を示す子どもは，問題1から始める。

・下位検査には，年齢別に開始問題が決められている検査があるが，それらの検査は，①最初の2問で連続正解のときにそれ以前を満点とし，連続正解でないときには逆の順序で連続正解までさかのぼる検査（「絵画完成」，「知識」，「単語」），②最初の問題で満点を取らなければ問題1または例示問題までさかのぼって実施する下位検査（「絵画配列」，「積み木模様」，「迷路」），③年齢により条件の異なる下位検査（「算数」）に分類できる。

・中止条件は記録用紙に記されている。

・子どもにやり方を理解させるために，例示問題，練習問題，教習問題が用意されている。例示問題と練習問題は，採点の対象にならない。教習問題は，誤答の場合に正答や回答のしかたを教えるが，採点ははじめの回答について行う。「符号」，「記号探し」，「数唱」を除く下位検査に用意されている。

〈結果の整理法〉

① 記録用紙に記入した得点を合計し，粗点として記入する。次に粗点から評価点換算表により，評価点を求め，プロフィールとして記入する。

② プロフィールページの指示に従い，評価点合計を，言語性，動作性，群指数（言語理解，

知覚統合，注意記憶，処理速度）について算出し，換算表でIQと群指数を算出する。

〈結果の解釈〉

　解釈の前提：IQの平均は100，標準偏差は15であり，評価点の平均は10，標準偏差は3である。2標準偏差を超えている場合（IQであれば70，評価点であれば，4以下）には，指導上の注意を要する。

　WISC-Ⅲでは，言語性IQと動作性IQの差のように，尺度間の差を評価することが可能である。すなわち，IQ間，および群指数間で統計的に有意であるために必要な差の値が，各年齢段階で示されている。下位検査間での評価点の差についても統計的検定が可能である。さらに，全下位検査の評価点平均と当該下位検査の評価点の間の差について，統計的検定が可能である。これによって，子どもの達成レベルにおいて，とくに強い下位検査や弱い下位検査を指摘でき，指導上有効な知見となる。

　解釈の注意：低年齢での言語性検査は，動作性検査と比べて，わずかな粗点の変化で評価点が変動する傾向が高いので，測定に留意すべきである。また粗点0でも統計的理由で評価点に1が与えられるので，評価点1の解釈には注意を要する。

　他の検査との併用：WISC-RやWISC-Ⅲは，言語性と動作性について評価できるため，自閉症児や学習障害児のアセスメントに多く用いられてきた。次に述べるK-ABCとの併用が有効であろう。

3　K-ABC検査

　K-ABCは，認知処理尺度と習得度尺度とに分かれており，WISC-Ⅲとは異なるしかたで知的発達のアセスメントが可能である。適用年齢は2歳6か月から12歳11か月であり，低年齢群では，実施する下位検査が異なる（表D）。IQを使わず，標準得点という用語を用いるが，平均100，標準偏差15であるので，偏差値としては同じである。

　認知尺度は継次処理と同時処理について評価が行われるので，処理の特性を理解することが必要である。

　継次処理の課題では，情報を継次的に，順番に操作することが求められ，記憶や，音声言語の聞き取りや表出と関連している。日常生活の知的活動のなかでは，算数の知識や，単語のつづり，文字とその文字の表す音声の結びつきに関する記憶，一連の手続きの実行（たとえば「くり下がり」の計算など）が含まれている。

　同時処理の課題では，多くの刺激を同時に処理し，全体像を構成することが求められ，視覚的イメージや，空間的記憶と関連する。日常生活の知的活動としては，文字や数字の形の学習，絵などの視覚的刺激の意味づけ，情報の統合に関係する。

〈測定の実際〉

・下位検査の実施順序は決められている（表Dの中の数字）。下位検査の問題はユニットという単位によって区分されている。

・子どもの生活年齢に合わせて開始問題が決められている。開始問題はユニットのはじめの問題になっている（知的障害を示す子どもは，問題1から始める）。開始したユニットで1問でも正答した場合には，次のユニットへ進む（それ以前の問題は正答とみなされ，粗点を与える）。

・子どもが同一ユニット内のすべての問題で失敗したときには，次の2つの場合のいずれかをとる。すなわち，①開始問題が第1問であるときには，その下位検査を中止し，次の下位検査に進む，②開始問題が第1問でないときには，第1問にもどり，そこから問題を実施し，開始問題の前まですべての問題を実施する（途中で，あるユニットの全問題を失敗したときはそこで中止する）。子どもの年齢に応じた中止問題があり，記録用紙に記されている。この問題は，ユニットの最後の問題になっている。ただし，子どもがその年齢の最後のユニットで全問正解したときには，次のユニットへ進み，1問失敗するまで続行する。
・認知処理過程尺度の全下位検査では，採点の対象とならない例題から開始する。例題に失敗した場合には，正答を示し，課題を教えるなどの援助を必要に応じて行い，2度目を実施する。習得度尺度には，例題はない。認知処理過程尺度の下位検査では，その子どもに実施する最初の2つの問題がティーチングアイテム（教習問題）として用いられる。ティーチングアイテムで失敗した場合，採点は0点とするが，課題について説明し，正答を教えてから次の問題へ進む。「模様の構成」「視覚類推」「手の動作」は，課題を教える必要が多い下位検査である。

〈結果の整理法〉
① 粗点は1点か0点で採点される。記録用紙に記入した得点から合計により粗点を算出する。次に換算表により，粗点から評価点ないしは標準得点（習得度尺度）を求める。継次処理，同時処理，認知処理，非言語性について評価点合計を算出する。認知処理は，継次処理と同時処理の和となる。
② 評価点合計から，換算表によって総合尺度（継次処理尺度，同時処理尺度，認知処理尺度，非言語性尺度）の標準得点を算出する。習得度尺度は下位検査の標準点の和から求める。標準得点については，信頼水準を選ぶことで測定誤差の範囲を求めることができる。最後にプロフィールとして表示する。

〈結果の解釈〉
解釈の前提：標準得点の平均は100，標準偏差は15であり，評価点の平均は10，標準偏差は3であるので，2標準偏差を超えている場合（標準得点であれば70，評価点であれば，4以下）には，指導上の注意を要する。

K-ABCでは，継次処理と同時処理の標準得点の差のように，総合尺度間の差を評価することが可能である。すなわち有意差の値が，各年齢段階で示されている。全下位検査の評価点平均と当該下位検査の評価点の間の差について，検定ができるので，子どもの達成レベルを平均とした場合に，強い下位検査や弱い下位検査を明らかにすることが可能である。なお，WISC-Ⅲとは異なり，評価点間の差の統計的検定はできない。

解釈の注意：低年齢では，粗点0でも統計的理由で評価点に7以下の数が与えられることがあるので，解釈には注意を要する。

他の検査との併用：K-ABCは認知処理と習得度の評価ができるので，学習障害児とともに軽度知的障害児の学業達成のアセスメントにも利用できる。その点で，上記の2つの検査のいずれとも併用しやすい検査である。

表C　WISC-Ⅲの下位検査と実施順序（ウェクスラー，1998より作成）

実施順序		検査内容
	言語性検査	
2	知識	一般的な知識に関する質問をしてそれにことばで答えさせる。
4	類似	共通のもの，あるいは共通の概念を持つ2つの刺激語を口頭で呈示し，どのように類似しているか答えさせる。
6	算数	算数の問題を口頭で呈示し，暗算で答えさせる。
8	単語	単語（刺激語）を口頭で呈示し，その意味を答えさせる。
10	理解	日常的な問題の解決と社会的なルールなどについての理解に関する一連の質問をして，それに口頭で答えさせる。
12	数唱	数系列を聞かせ，それと同じ順序（順唱）あるいは逆の順（逆唱）でその数系列を言わせる。
	動作性検査	
1	絵画完成	絵カードを見せ，欠けている重要な部分を指さしかことばで答えさせる。
3	符号	幾何学図形（符号A）または数字（符号B）と対になっている簡単な記号を書き写させる。
5	絵画配列	短い物語を書いた何枚かの絵カードを決められた順で並べて見せ，物語の意味がわかるように並べ替えさせる。
7	積み木模様	モデルとなる模様（実物またはカード）を呈示し，同じ模様を決められた数の積み木を用いて作らせる。
9	組み合わせ	ピースを特定の配列で呈示し，それを組み合わせて具体物の形を完成させる。
11	記号探し	左側の刺激記号が右側の記号グループの中にあるかどうかを判断させ，回答欄に○をつけさせる。
13	迷路	子どもは，迷路の中央にある人の印から始めて，袋小路に入ったり，壁を突き抜けたりしないようにして出口まで鉛筆で線を引いていく。

表D　下位検査の実施順序と適用年齢（松原ら，1993）

下位検査の種類	年齢					
	2-6〜2-11	3-0〜3-11	4-0〜4-11	5-0〜5-11	6-0〜6-11	7-0〜12-11
イーゼル1：認知処理過程						
1. 魔法の窓	■	■	■			
2. 顔さがし	■	■	■			
3. 手の動作	■	■	■	■	■	■
4. 絵の統合		■	■	■	■	■
5. 数唱	■	■	■	■	■	■
6. 模様の構成			■	■	■	■
イーゼル2：認知処理過程						
7. 語の配列			■	■	■	■
8. 視覚類推				■	■	■
9. 位置さがし				■	■	■
イーゼル3：習得度						
10. 表現ごい	■	■	■			
11. 算数		■	■	■	■	■
12. なぞなぞ		■	■	■	■	■
13. ことばの読み				■	■	■
14. 文の理解				■	■	■

＊伊沢秀而　1980　教育と診断　藤永　保・三宅和夫・山下栄一・依田　明・空井健三・伊沢秀而（編）　障害児心理学　有斐閣　p.66.
＊松原達哉・藤田和弘・前川久男・石隈利紀　1993　K-ABC 実施・採点マニュアル　丸善メイツ
＊田中教育研究所　1987　田中ビネー知能検査法　田研出版
＊Wechsler, D. 1998 Wechsler Intelligence Scale for Children–Third Edition. 日本版 WISC-Ⅲ知能検査刊行委員会（訳編著）　日本版 WISC-Ⅲ知能検査法　日本文化科学社

引用文献

●1章

1節／
American Association on Mental Retardation 2002 *Mental retardation ; Definition, classification, and systems of supports*（10 th ed.）Washington, DC : AAMR.
文部科学省初等中等教育局　2002　障害のある児童生徒の就学について（通知）
文部科学省　特別支援教育の在り方に関する調査研究協力者会議　2003　今後の特別支援教育の在り方について（最終報告）
文部省初等中等教育局特殊教育課　1981　心身障害児就学指導資料
斎藤義夫　1984　精神薄弱の定義・概念　宮本茂雄（編）　精神薄弱児の心理　学芸図書　Pp.7－22.
佐藤久夫　2000　人間と環境の相互作用モデルへ―WHO 国際障害分類の改正とその教育への活用―　全体会講演報告　東京学芸大学附属養護学校研究紀要, **44**, 137－163.
障害者福祉研究会　2002　ICF 国際生活機能分類―国際障害分類改訂版　中央法規
The American Association on Mental Retardation 1992 *Mental retardation*（9 th ed.）; *Definition, classification, and systems of supports.* 茂木俊彦（監訳）　1999　精神遅滞―定義・分類・サポートシステム（第9版）　学苑社
上田　敏　1996　目で見るリハビリテーション医学（第2版第2刷）　東京大学出版会
WHO　2001　ICF. http://www3.who.int/icf/icftemplate.cfm

2節／
Fisher, M. A. & Zeaman, D.　1970　Growth and decline of retardate intelligence.In N.R.Ellis（Ed.）*International Review of Research in Mental Retardation*, **4**, 151－191.
水谷　徹　1980　障害児の病理　藤永　保ほか（編）障害児心理学　有斐閣　Pp. 27－42.
Penrose, L. S.　1963　*he biology of mental defect*（3 rd ed.）London : Sidgwitch & Jackson.

3節／
赤塚光子・石渡和美・大塚庸次・奥野英子・佐々木葉子　1999　社会生活力プログラム・マニュアル―障害者の地域生活と社会参加を支援するために―　中央法規出版
旭出学園教育研究所・日本心理適性研究所　1980　新版 S-M 社会生活能力検査　日本文化科学社
岩永竜一郎・川崎千里・横尾佳奈子・土田玲子　1998　幼児期に高機能自閉症の診断を受けた児の学齢期の状態について　小児の精神と神経, **38**, 207－215.
小寺富子・倉井成子・里村愛子ほか　1987　国リハ式記号形式－指示内容に基づく＜S-S 法＞言語発達遅滞検査マニュアル　言語発達遅滞検査法作成委員会　エスコアール
松原達哉・藤田和弘・前川久男・石隈利紀　1993　K・ABC 実施・採点マニュアル　丸善メ

引用文献

イツ

長崎　勤・小野里美帆　1996　コミュニケーションの発達と指導プログラム　日本文化科学社

長田洋和・加藤星花・長沼洋一・瀬戸屋雄太郎・久保田友子・渡邊夕香・立森久照・栗田広・太田昌孝　2000　広汎性発達障害の診断補助尺度としての小児行動質問表（CBQ）の有用性に関する研究　精神医学, **42**, 527-534.

小田兼三・杉本敏夫・久田則夫　1999　エンパワメント―実践の理論と技法―　中央法規出版

P & A Japan　2001　立ち向かおう！　自分の力で　P & A Japan.

田中教育研究所　1987　田中ビネー知能検査法　田研出版

Wechsler, D　1998　*Wechsler Intelligence Scale for Children-Third Edition.* 日本版 WISC-Ⅲ 知能検査法　日本版 WISC-Ⅲ 刊行委員会（訳編著）　日本文化科学社

上野一彦・撫尾知信・飯長喜一郎　1991　絵画語い発達検査　日本文化科学社

●2章

1節／

足立正常・神田利和　1974　精神薄弱児の図形知覚　広島大学教育学部紀要, **1**, 23, 277-287.

足立正常・木村敦子　1993　精神遅滞児の知覚・特性　小宮三弥・山内光哉（編著）　精神遅滞児の心理学　川島書店　Pp.19-33.

小宮三弥　1982　ダウン症児の異なる知覚様相間の弁別反応についての実験的研究―刺激提示による弁別反応の効果―　特殊教育学研究, **19**, 26-35.

Lewin, K.　1935　*A dynamic theory of personality* : Selected papers. New York : McGraw-Hill.　相良守次・小川　隆（訳）　1960　パーソナリティの力学説　岩波書店

三塚好文　1994　健常児における書字能力と形態認知との関連について―精神遅滞児の書字能力を高めるための基礎的検討―　特殊教育学研究, **31**, 37-43.

Silverstein, A. B., Ulfeldt, V. & Price, E.　1970　Clinical assessment of visual perceptual abilities in the mentally retarded. *American Journal of Mental Deficiency*, **74**, 524-526.

田中敏隆　1969　精薄児の図形認知に関する研究―普通児との比較において―　教育心理学研究, **17**, 156-164.

山下　勲　1969　精神薄弱者における知覚の問題　教育心理学研究, **17**, 52-60.

四日市ゆみ子　1992　精神薄弱児のフロスティッグ視知覚発達検査結果の分析とその進路指導への活用　特殊教育学研究, **29**, 119-124.

2節／

Durand, V. M.　1990　*Functional communication training : An intervention program for sever behavior problems.* NewYork : Guilford.

浜重多美恵　1975　精神薄弱児の弁別学習に関する研究―刺激次元への注意の効果を中心と

して― 特殊教育学研究, **13**, 1 – 9.

平澤紀子・藤原義博 1995 発達遅滞児の課題場面における問題行動への機能的コミュニケーション訓練―置換条件のもつ伝達性の検討― 特殊教育学研究, **33**, 11 – 19.

平澤紀子・藤原義博 1997 問題行動を減らすための機能的コミュニケーション訓練 小林重雄（監修） 応用行動分析学入門 学苑社 Pp.210 – 220.

House, B. J. & Zeaman, D. 1962 Reversal and nonreversal shifts in discrimination learning in retardates. *Journal of Experimental Psychology*, **63**, 444 – 451.

藤原義博 1997 応用行動分析学の基礎知識 小林重雄（監修）応用行動分析学入門 学苑社 Pp.26 – 39.

井上雅彦・飯塚暁子・小林重雄 1994 発達障害児における料理指導―料理カードと教材ビデオを用いた指導プログラムの効果― 特殊教育学研究, **32**, 1 – 12.

Kendler, T. S. & Kendler, H.H. 1959 Reversal and nonreversal shifts in Kindergarten children. *Journal of Experimental Psychology*, **58**, 56 – 60.

小島哲也 1999 AACの臨床に求められるもの：行動分析学における最近の研究動向から 聴能言語学研究, **16**, 26 – 31.

松村多美恵 1981 精神薄弱児の弁別学習に及ぼす種々の訓練効果 心理学研究, **52**, 120 – 123.

望月 昭 1997 "コミュニケーションを教える"とは？―行動分析学によるパラダイム・チェンジ― 小林重雄（監修）応用行動分析学入門 学苑社 Pp.2 – 25.

坂上貴之・山本淳一・実森正子 1994 実験的行動分析の展開―"選択", "認知", "言語"をめぐって― 心理学研究, **65**, 395 – 411.

Sanders, B., Ross, L. E. & Heal, L. W. 1965 Reversal and nonreversal shifts learning in normal children and retardates of comparative mental age. *Journal of Experimental Psychology*, **69**, 84 – 88.

Sidman, M. 1971 Reading and auditory – visual equivalences. *Journal of Speech and Hearing Research*, **14**, 5 – 13.

Sidman, M., Wynne, C.K., Maguire,W. & Barnes, T. 1989 Functional classes and equivalences relations. *Journal of the Experimental Analysis of Behavior*, **52**, 261 – 274.

鶴巻正子 1995 精神遅滞児における同時視覚―視覚見本合わせ法による読字行動の獲得 特殊教育学研究, **32**, 39 – 47.

山本淳一 1992 刺激等価性―言語機能・認知機能の行動分析― 行動分析学研究, **7**, 1 – 39.

山崎百子 1996 発達遅滞児における貨幣価の理解 特殊教育学研究, **33**, 1 – 13.

Zeaman, D. & House, B. J. 1963 The roll of attention in retardate discrimination learning. In N. R. Ellis (Ed.) *Handbook of mental deficiency*. New York : McGraw – Hill.

3節／

天野 清 1983a 言語―言語発達と言語教育― 小出 進・堅田明義・氏森英亜（編） 精神薄弱研究の方法 教育出版 Pp.35 – 67.

引用文献

天野　清　1983b　発達遅滞児に対する動詞述語構文の形成教育実験　昭和57年文部省科学研究費（一般B）研究成果報告書（代表研究者　天野　清），1-22.

Bernstein, D. K. & Tiegerman, E. (Eds.) 1993 *Language and communication disorders in children*. Macmillan. 池　弘子・山根律子・緒方明子（訳）1994　子どもの言語とコミュニケーション―発達と評価―　東信堂

伊藤友彦　2000　音声言語の発達とその障害　久保田　競（編）　ことばの障害と脳のはたらき　ミネルヴァ書房　Pp. 126-173.

Karlan, G. R., Brenn-White, B., Lentz, A., et al. 1982 Establishing generalized, productive verb-noun phrase usage in a manual language system with moderately handicapped children. *Journal of Speech and Hearing Disorders*, **47**, 31-42.

小寺富子・倉井成子・山田麗子　1991　言語発達遅滞児の予後について（第1報）―62例の中・重度の言語発達遅滞児の言語理解と音声表現の発達―　国立身体障害者リハビリテーションセンター研究紀要，**12**, 9-20.

Mein, R. & O'Connor, N. 1960 A study of the oral vocabularies of severely subnormal patients. *Journal of Mental Deficiency Research*, **4**, 130-143.

二宮　昭　1983　精神遅滞児の言語発達過程―語彙の発達に関する縦断的研究―　昭和57年文部省科学研究費（一般B）研究成果報告書（代表研究者　天野　清），67-79.

大木文子・池田由紀江　1985　精神発達遅滞児の統辞的2語発話に関する研究　特殊教育学研究，**23**, 26-35.

大伴　潔　1998　絵カード配列とサインによる2語文形成効果の検討　聴能言語学研究，**15**, 4-12.

4節／

Bates, E., Camaioni, L. & Volterra, V. 1975 The acquisition of performatives prior to speech. *Merrill-Palmer Quarterly*, **21**, 205-226.

Bruner, J. S. 1983 *Childs' talk*. Oxford University Press. 寺田　晃・本郷一夫（訳）1988　乳幼児のはなしことば　新曜社

日笠摩子　1982　乳児後期の要求行動の発達　心理科学，**6**, 1-16.

枡蔵千恵子　1992　生徒のコミュニケーションにおける自発性を引き出すための教師の効果的なアプローチについて―INREAL 適用による実践分析―　特殊教育学研究，**29**, 91-98.

McLean, J. & Snyder-McLean, S. 1987 Form and function of communicative behavior among persons with severe developmental disabilities. *Australia and New Zealand Journal of Developmental Disabilities*, **13**, 83-98.

長崎　勤・佐竹真次・宮崎　真・関戸英紀（編著）　1998　スクリプトによるコミュニケーション指導　川島書店

長崎　勤・吉村由紀子・土屋恵美　1991　ダウン症幼児に対する共同行為ルーティンによる言語指導―「ドースト作り」ルーティンでの語彙・構文，コミュニケーション指導―　特殊教育学研究，**28**, 15-24.

竹田契一・里見恵子　1990　言語発達の遅れの指導法（1）　INREALによる指導　坂本龍

生ら（編）　障害児指導の方法　学苑社　Pp. 312－322.
綿巻　徹　1983　統語発達に遅れのある就学前精神遅滞児の言語―会話構造と一語発話の実用機能―　昭和57年度科学研究費（一般B）研究成果報告書（代表研究者　天野　清），81－98.

5節／
小池敏英　1984　精神遅滞児の注意に関する生理心理学的研究　東北大学　博士論文
黒田吉孝・神　常雄　1977　重い知恵おくれの子の意識的行為の発達　障害者問題研究, **9**, 37－49.
黒田吉孝　1981　ルリアの幼児期前半における言語の行動調節機能の研究とその問題　滋賀大学教育学部紀要，人文・社会・教育科学, **31**, 57－68.
Luria, A. R.　松野　豊・関口　昇（訳）　1969　言語と精神発達　明治図書
Luria, A. R.　松野　豊・関口　昇（訳）　1976　人間の脳と心理過程　金子書房
諸岡美佳・谷口　清・神　常雄・松野　豊　1998　健常幼児及び知的障害児における言語の行動調整機能　特殊教育学研究, **36**, 11－21.
Zigler, E. & Balla, D. 1971 Luria's verbal deficiency theory of mental retardation and performance on sameness, symmetry, and opposition tasks: A critique. *American Journal of Mental Deficiency*, **75**, 400－413.

6節／
Bruner, J. S., Olver, R. R. & Greenfield, P. M. 1966 *Studies in cognitive growth*. New York: Wiley.　岡本夏木ほか（訳）1968・1969　認識能力の成長（上・下）　明治図書
Butterworth, G. & Harris, M. 1994 *Principles of developmental psychology*.　村井潤一（監訳）1997　発達心理学の基本を学ぶ　ミネルヴァ書房
小寺富子・倉井成子・佐竹恒夫　1987　国リハ式〈S-S法〉言語発達遅滞検査マニュアル　エスコール
小寺富子　1996　精神遅滞児のコミュニケーション支援　発達障害研究, **18**, 21－31.
小山　正　1994　精神発達遅滞児の早期言語指導における療育手段として象徴遊びの適用に関する一考察　音声言語医学, **35**, 19－28.
Macpherson, F. & Butterworth, G. 1988 Sensorimotor intelligence in severely mentally handicapped children. *Journal of Mental Deficiency Research*, **32**, 465－478.
McCune-Nicolich, L. 1981 Toward symbolic functioning: Structure of early pretend games and potential parallel with language. *Child Development*, **52**, 785－797.
村田孝次　1975　教養の心理学　培風館
佐々木恵子　1986　精神遅滞児における自然概念の特徴　東京学芸大学教育学部　特殊教育学科卒業論文
鴫原征子　1996　ダウン症幼児におけるふり行為へのモデリング効果―表出言語発達との関連で―　特殊教育研究施設研究報告, 23－30.
清水美智子　1962　概念化の発達過程の実験的研究―精薄児における概念化と知能（MA）との関係について―　心理学研究, **33**, 71－83.

引用文献

Spradlin, J. E. & Dixon M.H. 1976 Establishing conditional discriminations without direct training: Stimulus classes and labels. *American Journal of Mental Deficiency*, **80**, 555-561.
菅井邦明　1996　初期言語指導研究の知識世界―日本の現状―　特殊教育学研究, **34**, 69-75.
谷　晋二　1992　自閉的精神発達遅滞児の概念学習―大小概念の形成の試みから―　特殊教育学研究, **30**, 57-64.
寺田　晃　1969　精神薄弱児における等価性の認知に関する研究―発達的特性と教示の効果を中心として―　神戸大学教育学部研究集録紀要, **42**, 9-27.
若林節子　1994　ことばのない精神遅滞児の言語発現と象徴的行動　教育心理学研究, **42**, 373-382.

7節／

赤塚めぐみ　2000　知的障害児におけるカウンティング操作の特徴と行動調整機能―カウンティング操作に関する発達援助との関係―　東京学芸大学教育学研究科修士論文
Baroody, A. J. 1986 Counting ability of moderately and mildly handicapped children. *Education and Training of the Mentally Retarded*, **21**, 289-300.
Baroody, A. J. 1999 The development of basic counting, number, and arithmetic knowledge among children classified as mentally handicapped. *International Review of Research in Mental Retardation*, **22**, 51-103.
Bruner, J. S., Olver, R. R. & Greenfield, P. M. 1966 *Studies in cognitive growth*. New York: Wiley.　岡本夏木ほか（訳）1968・1969　認識能力の成長（上・下）　明治図書
Caycho, L., Gunn, P. & Siegal, M. 1991 Counting by children with Down syndrome. *American Journal of Mental Retardation*, **95**, 575-583.
江尻実加　2000　重度知的障害児における初期数概念の発達援助に関する研究―ドットカードによる見本合わせ課題での数操作の指導―　東京学芸大学特殊教育特別専攻科修了論文
Gast, D. L., VanBiervliet, A. & Spradlin, J. E. 1979 Teaching number-word equivalences: A study of transfer. *American Journal of Mental Deficiency*, **83**, 524-527.
Gelman, R. & Gallistel, C. R. 1978 *The child's understanding of number*. Cambridge: Harvard University Press.　小林芳郎・中島　実（訳）1988　数の発達心理学　田研出版
金子　健　1974　精神薄弱児の保存概念に関する研究　精神薄弱児研究, 48-55.
小池敏英　2000　生理的指標の実時間評価による CAI 個別学習の最適化に関する研究　平成11年度科学研究費（基盤（c）（2））研究成果報告書（代表研究者　小池敏英）
Mehler, J. & Bever, T.G. 1967 Cognitive capacity of very young children. *Science*, **158**, 141-142.
三宅信一・清水貞夫・及川克紀　1985　Ordering theory の諸手法の比較（3）　いわき短期大学紀要, 180-190.
Mix, K. S. 1999 Preschooler's recognition of numerical equivalence: Sequential sets. *Journal of Experimental Child Psychology*, **74**, 309-332.
Piaget, J. & Szeminska, A. 1941 *La genèse du nombre chez l'enfant*. Delachaux & Niestlé.　遠山　啓・銀林浩・滝沢武久（訳）　1962　数の発達心理学　国土社

Spradlin,J.E.,Cotter,V.W.,Stevens,C. & Friedman,M. 1974 Performance of mentally retarded children on pre-arithmetic tasks. *American Journal of Mental Deficiency*,**78**, 397 – 403.

寺田　晃　1969　精神薄弱児における数概念の発達に関する研究：Ⅱ―教示効果を中心として―　教育心理学研究,**17**, 102 – 117.

寺田　晃　1982　数概念の形成と指導　宮本茂雄（編著）　概念形成　学苑社　Pp. 171 – 198.

Wynn,K. 1992 Children's acquisition of the number words and the counting system.*Cognitive Psychology*,**24**,220 – 251.

8節／

Baddeley,A.D. & Hitch,F.J.　1974　Working Memory.In G.Bower （Ed.） *The psychology of learning and motivation*.New York： Academic Press.Pp. 47 – 90.

Belmont,J.M. & Butterfield,E.C.　1969　The relations of short-term memory to development and intelligence.*Advances in Child Development and Behavior*, **4** ,29 – 82.

Borkowski,J.G. & Varnhagen,C.K. 1984　Transfer of learning strategies： Contrast of self-instructional and traditional training formats with EMR children. *American Journal of Mental Deficiency*,**88**,369 – 379.

Brown,A.L. 1978 Knowing when,where,and how to remember： A problem of metacognition.Glaser,R. （Ed.） *Advances in instructional psychology*.Hills-dale,N.H.：Erlbaum.　湯川良三・石田裕久（訳）　1984　メタ認知―認知についての知識―　サイエンス社

Brown,A.L. & Lawton,S.C. 1977　The feeling of knowing experience in educable retarded children.*Developmental Psychology*, **13**,364 – 370.

Butterfield,E.C. & Wambold,C. 1973　On the theory and practice of improving short-term memory. *American Journal of Mental Dificiency*,**77**,654 – 669.

Ellis,N.R. 1963 The stimulus trace and behavioral inadequacy.Ellis,N.R. （Ed.） *Handbok of mental deficiency*.New York： McGraw-Hill.

Ellis,N.R. 1970 Memory processes in retardates and normals.*International Review of Research in Mental Retardation*, **4** , 1 – 32.

Ellis,N.R. & Wooldridge,P.W.　1985　Short-term memory for pictures and words by mentally retarded and nonretarded persons.*American Journal of Mental Deiciency*, **89**,622 – 626.

Ellis,N.R.,Woodley-Zanthos,P. & Dulaney,C.L.　1989　Memory for spatial location in children,adults,and mentally retarded persons.*American Journal on Mental Retardation*,**93**,521 – 525.

Flavell,J.H. 1970 Developmental studies of mediated memory.In H.W.Reese & L.P.Lipsitt （Eds.） *Advances in child development and behavior*,vol.5.New York： Academic Press.

Jarrold,C.&Baddeley,A.D.　1997　Short-term memory for verbal and visuospatioal information in Down's syndrome.*Cognitive Neuropsychiatry*, **2** ,101 – 122.

Justice,E.M. 1985 Metamemory： An aspect of metacognition in the mentally retarded.*Internatioal Review of Research in Mental Retardation*, **3** , 79 – 107.

引用文献

松村多美恵・小川弘美　1983　精神薄弱児の自由再生記憶におよぼす分類作業の効果　特殊教育学研究, **21**, 7 – 14.

松村多美恵　1984　精神薄弱児の観察学習―対連合学習に及ぼす効果―　心理学研究, **55**, 51 – 55.

松村多美恵　1995　記憶と学習　清野茂博・田中道治（編著）　障害児の発達と学習　コレール社　Pp. 195 – 216.

松村多美恵・木村裕子　1986　精神薄弱児における記憶属性の研究　茨城大学教育学部紀要（教育学）, **35**, 99 – 104.

Mosley, J. L. 1985 High – speed memory – scanning task performance of mildly mentally retarded and nonretarded individuals. *American Journal of Mental Deficiency*, **90**, 81 – 89.

佐藤克敏・前川久男　1996　精神遅滞児における空間的位置の記憶―自動的符号化との関連による―　特殊教育学研究, **33**, 39 – 44.

Spitz, H.H. 1963 Field theory in mental deficiency. Ellis, N. R. (Ed.) *Handbook of mental deficiency*. New York : McGraw – Hill.

9節／

Castles, E. E. & Glass, C. R. 1986 Training in social and interpersonal problem – solving skills for mildly and moderately mentally retarded adults. *American Journal of Mental Deficiency*, **91**, 35 – 42.

Ferretti, R. P. & Cavalier, A. R. 1991 Constraints on the problem solving of persons with mental retardation. *International Review of Research in Mental Retardation*, **17**, 153 – 192.

Hickson, L. & Khemka, I. 1999 Decision making and mental retardation. *International Review of Research in Mental Retardation*, **22**, 227 – 265.

Jenkinson, J. & Nelms, R. 1994 Patterns of decision – making behaviour by people with intellectual disabilities : An exploratory study. *Australia and New Zealand Journal of Developmental Disabilities*, **19**, 99 – 109.

Minsky, S. K. Spitz, H. H. & Bessellieu, C.L. 1985 Maintenance and transfer of training by mentally retarded young adults on the Tower of Hanoi problem. *American Journal of Mental Deficiency*, **90**, 190 – 197.

野口和人　1996　知的障害児・者を対象とした問題解決研究の課題　特殊教育学研究, **34**, 41 – 46.

野口和人・松野　豊　1991　精神遅滞児の思考活動とその改善について　発達障害研究, **12**, 248 – 253.

Short, E. J. & Evans S. W. 1990 Individual differences in cognitive and social problem – solving skills as a function of intelligence. *International Review of Research in Mental Retardation*, **16**, 89 – 123.

Spitsz, H. H., Webster, N. N. & Borys, S. V. 1982 Further studies of the Tower of Hanoi problem – solving performance of retarded young adults and nonretarded children. *Developmental Psychology*, **18**, 922 – 930.

Tymchuk, A. J., Yokota, A. & Rahbar, B. 1990 Decision-making abilities of mother with mental retardation. *Research in Developmental Disabilities*, **11**, 97-109.

Whitman, T.L. 1990 Self-regulation and mental retardation. *American Journal on Mental Retardation*, **94**, 347-362.

10節／

Clausen,J. 1973 Arousal theory in mental deficiency. In M. Hermner et al. (Eds.) *Psychopathology*. New York: John Wiley and Sons. Pp.285-303.

Kirby, N. H., Nettelbeck, T. & Thomas, P. 1978 Vigilance performance of mildly mentally retarded adults. *American Journal of Mental Deficiency*, **82**, 394-397.

Kirby, N. H., Nettelbeck, T. & Thomas, P. 1979 Vigilance performance of mildly mentally retarded children. *American Journal of Mental Deficiency*, **84**, 184-187.

近藤文里　1978　精神薄弱児の反応時間に及ぼす手がかり刺激の効果——時間的要因，空間的要因の検討——　心理学研究, **49**, 123-130.

Logan, G. D. 1979 On the use of a concurrent memory load to measure attention and automaticity. *Journal of Experimental Psychology : Human Perception and Performance*, **5** ,189-207.

Mackworth, N. H. 1948 The breakdown of vigilance during prolonged visual search. *Quarterly Journal of Experimental Psychology*, **1** , 6 -21.

Merrill, E. C. 1990 Attentional resource allocation and mental retardation. *International Review of Research in Mental Retardation*, **16**, 51-88.

Rosvold, H. E., Mirsky, A. F., Sarason, I., Bransome, E. D. & Beck, L. N. 1956 A continuous performance test of brain damage. *Journal of Consulting Psychology*, **20**, 343-350.

Semmel, M. I. 1965 Arousal theory and vigilance behavior of educable mentally retarded and average children. *American Journal of Mental Deficiency*, **79**, 44-51.

Tomporowski, P. D. & Allison, P. 1988 Sustained attention of adults with mental retardation. *American Journal on Mental Retardation*, **92**, 525-530.

Tomporowski, P. D. & Harger, L. D. 1992 Sustained attention in mentally retarded individuals. *International Review of Research in Mental Retardation*, **18**, 111-136.

Ware, J. R., Baker, R. A. & Sipowicz, R. R. 1962 Performance of mental deficients on a simple vigilance task. *American Journal of Mental Deficiency*, **66**, 647-650.

11節／

Achenbach, T. & Zigler, E. 1968 Cue-learning and problem-learning strategies in normal and retarded children. *Child Development*, **3** , 827-848.

Collins, H., Burger, G. K. & Doherty, D. 1970 Self-concept of EMR and nonretarded adlescents. *American Journal of Mental Deficiency*, **75**, 285-287.

Green, C. & Zigler, E. 1962 Social deprivation and the performance of retarded and normal children on a satiation type task. *Child Development*, **33**, 499-508.

Harter, S. & Zigler, E. 1974 The assessment of effectance motivation in normal and retarded children. *Developmental Psychology*, **10**, 169-180.

引用文献

木村健一郎　1979　精神遅滞児における外的志向性に関する研究（Ⅰ）─普通児との比較─　北海道教育大学紀要, 29, 139-149.

今野和雄　1977　施設精神薄弱児の動機づけに関する研究─学習行動との関連性をめぐって─　特殊教育研究, 15, 17-29.

Kounin, J. 1941 Experimental studies of rigidity. Ⅱ The explanatory power of the concept of rigidity as applied to feeblemindedness. *Character and Personality*, 273-282.

Kreitler, S. & Kreitler, H. 1988 The cognitive approach to motivation in retarded individuals. *International Review of Research in Mental Retardation*, 15, 81-123.

Lewin, K. 1935 *A Dynamic theory of personality*. New York : McGraw-Hill.　相良守次・小川隆（訳）1960　パーソナリティの力学説　岩波書店

大谷博俊・小川　厳　1996　精神遅滞児の自己概念に関する研究─自己能力評価・社会的受容感と生活年齢・精神年齢との関連性の検討─　特殊教育学研究, 34, 11-19.

Stevenson, H. & Zigler, E. 1957 Discrimination learning and rigidity in normal and feebleminded individuals. *Journal of Personality*, 25, 699-711.

田中道治　1979　精神薄弱児の動機づけに関する研究─成功の期待に関する動機づけ仮説の実験的検討─　教育心理学研究, 27, 47-56.

Zigler, E., Butterfield E., C. & Goff G. 1966 A measure of preinstitutional social deprivation for institutionalized retardates, *American Journal of Mental Deficiency*, 70, 855-873.

Zigler, E. & Balla, D. 1972 Developmental course of responsiveness to social reinforcement in normal children and institutionalized retarded children. *Developmental Psychology*, 6, 66-73.

Zigler, E. & Balla, D. 1989 *Mental retardation*.Laurence Erlbaum.　田中道治・清野茂博・松村多美恵（訳）1990　精神遅滞とはなにか　明治図書

Zigler, E., Balla, D. & Watson, N. 1972 Developmental and experimental determinants of self-image disparity in institutionalized and noninstitutionalized retarded and normal children. *Journal of Personality and Social Psychology*, 23, 81-87.

12節／

Francis, R. J. & Rarick, G.L. 1959 Motor characteristics of the mentally retarded. *American Journal of Mental Deficiency*, 63, 792-811.

壹岐博彦・草野勝彦　1994　精神薄弱養護学校における2年間の持久走トレーニングの効果　特殊教育学研究, 31, 11-18.

国分　充　1994　精神遅滞児・者のバランスの多要因的・多水準的解析　風間書房

国分　充・葉石光一・奥住秀之　1994　知能障害学童及び成人のバランス行動と行動調整能力　特殊教育学研究, 31, 27-35.

McConaughy, E. K. & Salzberg, C. L. 1988 Physical fitness of mentally retarded individuals. *International Review of Research in Mental Retardation*, 15, 227-258.

Milani-Comparetti, A. & Gidoni, E. A. 1967 Routine developmental examination in normal and retarded children. *Developmental Medicine and Child Neurology*, 9, 631-638.

七木田　敦　1991　精神遅滞児における運動スキーマの形成　特殊教育学研究, **29**, 45－51.
大高正樹・小池敏英・国分　充・雲井未歓　1997　精神遅滞児・者における動的平衡機能の特徴とその改善過程について　第35回日本特殊教育学会大会発表論文集, 352－353.
Rarick, G.L.,Widdop, J.H. & Broadhead, G. O. 1970 The physical fitness and motor performance of educable mentally retarded children. *Exceptional Children*, **36**, 509－519.
Londeree, B.R. & Jhonson, L.E. 1974 Motor fitness of TMR vs.EMR and normal children. *Medicine and Sience in Sports*, **6**, 247－252.
Schmidt, R. A. 1975 A schema theory of discrete motor skill learning. *Psychological Review*, **82**, 225－260.
鈴木宏哉　1985　反射と運動　鈴木宏哉（編）　人間発達の生理と障害　第Ⅰ部　身体機能と発達　青木書店　Pp.112－147.

●3章

1節／

岩崎裕治　1999　子どもを理解するための医学講座──てんかんと学校生活（その2）──　養護学校の教育と展望, **112**, 50－53.
三宅捷太　1991　てんかん児の医学と教育　発達障害医学の進歩, **3**, 76－90.
三宅捷太　1995　てんかん児の日常生活の過ごしかたとライフサイクル　発達障害医学の進歩, **7**, 69－75.
森川建基　1996　てんかんについて1　みんなのねがい, **344**, 58－63.
森川建基　2000　難治てんかん　尾崎　望・出島　直（編）　新版子どもの障害と医療　全国障害者問題研究会出版部　Pp.46－52.
中井　幹・高井作之助　1985　脳波　高木俊一郎（編）　目で見る障害児医学　第2章　脳・神経系とその障害　学苑社　Pp.94－103.
大沼悌一　1994　てんかんと行動障害　発達障害医学の進歩, **6**, 16－21.
渡辺一功　1990　発達障害児におけるてんかん　発達障害医学の進歩, **2**, 23－32.

2節／

Fein, D. 2000 The nature of communication in individuals with autism. 特殊教育学研究, **37**, 151－153.
Happé, F. 1994 Autism. 石坂好樹・神尾陽子・田中浩一郎・幸田有史（訳）1997　自閉症児の心の世界　星和書店
松永しのぶ・太田昌孝・永井洋子・金井由紀子　1997　自閉症児のシンボル機能獲得を3歳台で予測する発達因子　小児の精神と神経, **37**, 281－292.
太田昌孝・永井洋子　1992　自閉症治療の到達点　日本文化科学社
氏森英亜・小池敏英　2000　自閉症を理解する　鮫島宗弘（監修）　障害理解への招待　日本文化科学社　Pp.80－88.

3節／

長谷川知子　1998　ダウン症乳幼児の健診とフォローアップについて　発達障害研究, **19**, 271-277.

橋本創一　1992　運動発達の特徴と指導　池田由紀江（編）　ダウン症児の発達と教育　明治図書　Pp.81-102.

日暮　眞　1995　ダウン症候群のライフサイクル　発達障害医学の進歩, **7**, 20-26.

日暮　眞・飯沼和三・池田由紀江　1983　ダウン症　医歯薬出版株式会社

飯沼和三　1993　染色体異常と精神遅滞　発達障害研究, **15**, 14-21.

池田由紀江　1984　ダウン症児の早期教育プログラム　ぶどう社

池田由紀江　1985　知的発達の障害　鈴木宏哉（編）　人間発達の生理と障害　第Ⅱ部　障害の病理と療育　青木書店　Pp.238-264.

池田由紀江　1996　ダウン症児（者）のコミュニケーション支援　発達障害研究, **18**, 42-48.

菅野　敦　1992　認知発達とその指導　池田由紀江（編）　ダウン症児の発達と教育　明治図書　Pp.58-80.

中込弥男　1976　染色体異常による疾患　村上氏廣・馬場一雄・鈴木雅洲（編）　出生前の医学―先天異常の基礎と臨床―（第2版）　医学書院　Pp.232-266.

鈴木康之　2000　ダウン症　尾崎　望・出島　直（編）　新版子どもの障害と医療　全国障害者問題研究会出版部　Pp.96-101.

4節／

服部美佳子　2000　ソーシャルスキル　有馬正高（監修）発達障害の臨床　第9章　学習障害児の治療的アプローチ　日本文化科学社　Pp.205-213.

川村秀忠　1992　学習障害の鑑別診断手続きの開発　秋田大学教育学部研究紀要, **43**, 59-76.

熊谷恵子　1999　算数障害の概念―法的定義, 学習障害研究, 医学的診断基準の視点から―　特殊教育学研究, **37**, 97-106.

Kirk, S. A. 1962 *Educating exceptional children*. Boston: Houghton Mifflin.

小池敏英・雲井未歓・渡邉健治・上野一彦　2002　LD児の漢字学習とその支援――一人ひとりの力をのばす書字教材（CD-ROMつき）　北大路書房

小池敏英・雲井未歓・窪島　務　2003　LD児のためのひらがな・漢字支援―個別支援に生かす書字教材（CD-ROMつき）　あいり出版

緒方明子　2000　読む・書く　有馬正高（監修）　発達障害の臨床　第9章　学習障害児の治療的アプローチ　日本文化科学社　Pp.167-175.

尾崎洋一郎・草野和子・中村　敦・池田英俊　2000　学習障害（LD）及びその周辺の子どもたち―特性に対する対応を考える―　同成社

篠原吉徳　2000　算数　計算・論理思考　有馬正高（監修）発達障害の臨床　第9章　学習障害児の治療的アプローチ　日本文化科学社　Pp.176-186.

鈴村健治　2000　聞く・話す　有馬正高（監修）発達障害の臨床　第9章　学習障害児の治療的アプローチ　日本文化科学社　Pp.156-166.

高達光子　1999　学習困難を示す児童における認知の発達的特徴と援助　東京学芸大学大学

院　教育学研究科修士論文
上野一彦　1991　学習障害の概念・定義に関する考察　東京学芸大学紀要　1部門, **42**, 111-117.
上野一彦　1996　学級担任のための LD 指導 Q&A　教育出版
山口　薫　1995　わが国における学習障害（LD）の概念　発達障害研究, **17**, 161-172.
山口　薫　2000　学習障害・学習困難への教育的対応―日本の学校教育改革を目指して―　文教資料協会

5節／

福島　章　2000　ライフサイクルにおける AD/HD　精神療法, **26**, 238-245.
原　仁　2000　注意欠陥・多動性障害の概念と診断　発達障害研究, **21**, 159-170.
市川宏伸　1999　AD/HD の薬物療法　精神療法, **26**, 253-259.
市川宏伸　2000　注意欠陥多動性障害の薬物療法―AD/HD の生物学的背景―　発達障害研究, 21, 182-191.
井上とも子　1999　注意欠陥・多動性障害への教育的アプローチ―情緒障害通級指導教室での指導を中心に―　発達障害研究, **21**, 192-201.
近藤文里　2000　注意欠陥多動障害―AD/HD について―　心理学ワールド, **10**, 13-16.
宮本信也　2000　通常学級にいる軽度発達障害児への理解と対応―注意欠陥多動障害・学習障害・知的障害―　発達障害研究, **21**, 262-269.
武藤　崇・前川久男　2000　発達障害児（者）における自己制御機能の研究動向―Barkley(1997)のモデルとそのモデル化に対する行動分析学的補完―　特殊教育学研究, **38**(1), 91-96.
杉山登志郎　2000　注意欠陥多動性障害（AD/HD）　尾崎　望・出島直（編）　新版子どもの障害と医療　全国障害者問題研究会出版部　Pp.64-68.
山崎晃資　2000　AD/HD（注意欠陥多動性障害）の概念　精神療法, **26**, 227-237.

あとがき

　おわりにあたって,「子どもを理解する」ということについて考えてみたい。知的障害をもつ子どもと,遊びや生活の時間を共有したことがあるだろうか？
　もしなければ,その時間を確保してほしい。ことばが未表出の子どもであっても,やり取りをしたり,要求をかなえるなかで,しだいに気持ちがわかり,理解が形成されていく。このように,「心理学を勉強しなければ,子どもを理解できない」というわけではない。
　しかし,子どもに対して指導や教育的働きかけをしようとした場合に,心理学が必要となってくる。これには,2つの大きな理由があげられよう。
　第1に,教育的働きかけには,見通しや予測が必要である。見通しをもたずに働きかけることは教育や指導の範疇からはずれよう。指導の見通しをもつためには,先人の知見が参考となり,その大きなひとつに心理学的知見があるといえる。
　第2に,「指導が,子どものどのような心理的側面に働きかけているのか」を知るためである。現在,教育者や指導者は,働きかけの内容と見通しを,子どもの親や保護者に説明できることが強く求められている。心理学は,説明のことばを提供するといえる。
　しかし,心理学的知見を用いる際には,注意が必要である。
　第1に,「知的障害の平均的特徴を,知見としてきた」ことである。個々の子どもの情報は,平均的特徴からのちがいや隔たりに存在する。したがって平均的特徴を熟知したうえで,平均的特徴からの相違を,個々の子どもについて深く考慮し,働きかけに結びつけることがたいせつである。
　第2に,従来,障害を,集団のなかに位置づけて（偏差値として）とらえてきたが,近年,障害を,社会参加のうえで「制約を受けている状態」ととらえる考え方が重視されるようになってきたことがあげられる。個人の社会参加の具体的あり方は多様であるので,多様な支援に結びつくしかたで,障害内容を

あとがき

理解することがたいせつであろう。

　障害が環境との接点で生じることを考慮すると，環境をどのように変えるべきか，明らかにすることが必要である。この点について，心理学的知見の蓄積は十分とはいえず，これからのアプローチに求められている部分が大きい。本書が，教育的働きかけの見通しをたてるうえでの一助となり，また，教育や研究的アプローチの展望を得るのに資するならば，幸いである。

　末尾ながら，「事例から学ぶ」で実践記録を紹介していただいた東京都心障学級担任小池えり子教諭に感謝いたします。また，的確な示唆とご助言をいただいた北大路書房編集部の田中美由紀氏に深謝いたします。

　　　2001年2月

著者

■人名索引 (50音順) ■■■

● あ 行

赤塚光子　*18*
足立正常　*24，25*
天野　清　*54，57，58，59*
アメリカ精神遅滞学会　*5，6，7，8*
アリソン（Allison, P.）　*132，133*
飯沼和三　*184*
壹岐博彦　*156*
池田由紀江　*56，57，183，188*
市川宏伸　*204*
伊藤友彦　*56，59*
井上とも子　*205，206*
井上雅彦　*35，36，37*
岩崎裕治　*170，171*
岩永竜一郎　*18*
ウィン（Wynn, K.）　*104*
ウェクスラー（Wechsler, D）　*13*
上田　敏　*2，3*
上野一彦　*17，193，194，195*
氏森英亜　*179*
ウッドリッジ（Wooldridge, P.W.）　*110，111*
エイケンバックス（Achenbach, T.）　*146*
エバンス（Evans, S.W.）　*128*
エリス（Ellis, N. R.）　*108，110，111，112，114*
大木文子　*56，57*
太田昌孝　*178*
大高正樹　*160，161*
大谷博俊　*148，149*
大伴　潔　*59，60，61*
大沼悌一　*167，170*
緒方明子　*197*
小川　嚴　*148，149*

オコナー（O'Connor, N.）　*54*
尾崎洋一郎　*195，196*
小田兼三　*18*

● か 行

カーク（Kirk, S.）　*192*
カービー（Kirby, N. H.）　*130，131*
カーラン（Karlan, G. R.）　*58*
ガスト（Gast, D. L.）　*106*
カナー（Kanner, L.）　*174，176*
金子　健　*99，104，107*
ガリステル（Gallistel, C. R.）　*100，101，103*
川村秀忠　*193*
神田利和　*24，25*
菅野　敦　*188*
木村敦子　*25*
木村健一郎　*146，147*
木村裕子　*108*
キャスル（Castles, E. E.）　*126，128，129*
クーニン（Kounin, J.）　*140*
熊谷恵子　*193*
クライトラー（Kreitler, S.）　*148，149，151*
クラウゼン（Clausen, J.）　*130*
グラス（Glass, C.R.）　*129*
グリーン（Green, C.）　*140，141*
クレッチマー（Kretschmer, E.）　*169*
黒田吉孝　*72，73，75，76，78，79，81*
ケイチョー（Caycho, L.）　*102，103*
ケムカ（Khemka, I.）　*121，122，123*
ゲルマン（Gelman, R.）　*100，101，103*
ケンドラー（Kendler, mizT. S.）　*38，39*
小池敏英　*77，78，106，107，179*
国分　充　*154，155，157，160，161*
小島哲也　*42*
小寺富子　*17，52，53，90，93*

235

索引

小宮三弥　28, 29
小山　正　90
コリン（Collins, H.）　148
近藤文里　136, 137, 139, 203, 204
今野和雄　142, 143

● さ　行

斎藤義夫　5
サイモン（Simon, T）　11
坂上貴之　42
佐々木恵子　86
佐藤克敏　114, 115
佐藤久夫　3, 4
里見恵子　70, 71
サンダース（Sanders, B.）　38, 41
ジーマン（Zeaman, D.）　11, 40, 41
ジェンキンソン（Jenkinson, J.）　122, 123, 124, 125
ジグラー（Zigler, E.）　78, 140, 141, 142, 144, 145, 146, 147, 148
七木田　敦　158, 159
シドマン（Sidman, M.）　40, 41, 43
篠原吉徳　197
鴫田征子　90
清水美智子　84, 85, 87
ジャスティス（Justice, E. M.）　114
ジャロルド（Jarrold, C.）　116
シュミット（Schmidt, R. A.）　158, 159
ショート（Short, E. J.）　128
ショプラー（Schopler, E.）　178
シルバースタイン（Silverstein, A. B.）　26
神　常雄　72, 73, 75, 78, 79, 81
菅井邦明　90
杉山登志郎　201
鈴木宏哉　153
鈴木康之　186
鈴村健治　197

スティーブンソン（Stevenson, H.）　140,
スピッツ（Spitz, H. H.）　108, 120, 121, 123
スプラドリン（Spradlin, J. E.）　88, 89, 100, 102
ゼンメル（Semmel, M. I.）　130, 131

● た　行

ターマン（Terman, L）　11
タイムチャク（Tymchuk, A. J.）　122
ダウン（Down, J. L. H.）　183
高井作之助　167
高達光子　193
竹田契一　70, 71
田中教育研究所　13
田中敏隆　24, 25, 26, 27
田中道治　144, 145
谷　晋二　90, 93
WHO　2, 3
鶴巻正子　44, 47
ティガーマン（Tiegerman, E.）　53
ディクソン（Dixon, M. H.）　88, 89
デュランド（Durand, V. M.）　42
寺田　晃　86, 87, 99, 100, 101, 104, 105
トンポロスキ（Tomporowski, P. D.）　132, 133, 135

● な　行

中井　幹　167
永井洋子　178
中込弥男　184
長崎　勤　17, 66, 67, 68, 69, 70
長田洋和　18
二宮　昭　54, 55
ネルムス（Nelms, R.）　122, 123, 125
野口和人　120, 124, 126, 127

236

は　行

バークレー（Barkley, R.A.）　202
ハーター（Harter, S.）　144, 145, 147
バーンスタイン（Bernstein, D. K.）　53
ハウス（House, B. J.）　40, 41
橋本創一　187
長谷川知子　189
バターフィールド（Butterfield, E. C.）　113, 116, 117
バターワース（Butterworth, G.）　83, 84, 85
服部美佳子　197, 198
バッドリィ（Baddeley, A. D.）　116
ハッパ（Happe, F.）　175
浜重多美恵　44, 45
バラ（Balla, D.）　78, 140, 141, 142
原　仁　200
ハリス（Harris, M.）　83
バルーディ（Baroody, A. J.）　100, 102
ピアジェ（Piaget, J.）　64, 82, 83, 84, 98
ヒール（Heal, L. W）　38, 41
日笠摩子　63, 64
ヒクソン（Hickson, L.）　121, 122, 123
日暮　眞　183, 185, 186
ビネー（Binet, A）　11
平澤紀子　42, 43, 44
フィッシャー（Fisher, M. A.）　11
フィットマン（Whitman, T. L.）　124, 128
フェイン（Fein, D.）　175
フェラティ（Ferretti, R. P.）　128
福島　章　201, 202
藤原義博　35, 42, 43, 44
フラヴェル（Flavell, J. H.）　116
ブラウン（Brown, A. L.）　114, 115
フランシス（Francis, R. J.）　152
ブルーナー（Bruner, J. S.）　66, 82, 84, 98
ベイツ（Bates, E.）　62
ベーベル（Bever, T. G.）　100, 101
ベルモント（Belmont, J. M.）　112, 113
ペンローズ（Penrose, L. S.）　12
ボウコウスキー（Borkowski, J. G.）　117, 118, 119
ボルテラ（Volterra, V.）　62

ま　行

マイン（Mein, R.）　54
前川久男　114, 115, 203
マクリーン（McLean, J.）　64, 65
マコナギィ（McConaughy, E.K）　156
枡蔵千恵子　70, 71
マッキン-ニコリッチ（McCune-Nicolich, L.）　88
マックファーソン（Macpherson, F.）　84, 85
マックワース（Mackworth, N. H.）　130
松永しのぶ　179
松原達哉　13
松村多美恵　44, 108, 109, 111, 112
水谷　徹　9, 10
ミックス（Mix, K. S.）　104
三塚好文　30, 31
三宅捷太　168, 169, 170, 171
宮本信也　200, 201
ミラニー-コンパレティ（Milani-Comparetti, A.）　153
ミンスキー（Minsky, S. K.）　124, 125, 126, 127
武藤　崇　203
村田孝次　83
メーラー（Mehler, J.）　100, 101
メリル（Merrill, E. C.）　134, 137
モスレイ（Mosley, J. L.）　110, 111

望月　昭　　36
森川建基　　168，169，171
諸岡美佳　　78，79

● や　行

山口　薫　　192，193
山崎晃資　　200
山崎百子　　42
山下　勲　　24
山本淳一　　42
四日市ゆみ子　　28，29，31

● ら　行

ラリック（Rarick, G. L.）　　156

ルリア（Luria, A. R.）　　72，75，76，78
レヴィン（Lewin, K.）　　25，140
レジョーヌ（Lejeune, J.）　　183
ローガン（Logan, G. D.）　　134
ロンデル（Londeree, B. R.）　　156

● わ　行

ワーレ（Ware, J. R.）　　136，137
若林節子　　88，89，91
渡辺一功　　170
綿巻　徹　　64，65

事項索引（50音順）
太字は用語解説掲載ページ

● あ　行

異化　　82，91
意思決定　　120，122，124，129

ヴィゴツキーの発達理論　　126，133
ヴィジランス　　130，132，138
運動スキーマ　　158，161

映像的表象　　84，95
ABAデザイン　　44，47
エコラリア　　171，174

● か　行

外的指向性　　146，150
学習性無力感　　146，150
課題　　38
硬さ　　139，140，148
硬さ仮説　　140
感覚情報貯蔵　　108，109

記憶方略　　114，116，129
基数　　98，99，100，102
共同注意　　66，69
共同動作　　66，69
緊張性伸張反射　　154，157

ゲシュタルトの法則　　24，25
原因帰属　　146，150

言語性学習障害　　191，195
原叙述　　62，66
原命令　　62，66

心の理論　　171，176
語用論　　62，63

● さ　行

サリーとアン課題　　171，176
三項随伴性　　34，35

シェマ　　82，85
刺激性制御　　34，37，50，51
刺激等価性　　40，47，106

自己効力感　*146*, 150
自然カテゴリー　　*86*, 95
始歩期　　*154*, 160
社会的スキルトレーニング　　*126*, 135
就学相談　　12, *13*
受動的注意　　*130*, 138
条件性弁別　　34, *39*
象徴的表象　　*84*, 95
所記　　*82*, *83*, 89
序数　　*98*, *99*, *100*
シンタグマ的連鎖　　*58*, 60

推移律　　*43*, *46*, *106*, 109
スクリプト　　17, *66*, *68*, *70*, 71
スターンバーグ課題　　*110*, 129

選択的注意の障害　　*40*, 46

操作的定義　　*11*, 12

●た　行

対称律　　*43*, *106*, 109
達成動機　　*144*, *146*, 150
短期記憶　　*108*, 109, *110*, 114

チャンク　　*110*
注意説　　*40*, *46*, *130*
長期記憶　　*108*, 109, *110*

TEACCH　　*178*, 182

同化　　*82*, 91
動機づけ仮説　　*139*, *140*
動作の表象　　*84*, 95

●な　行

認知資源　　*132*, *134*, *136*, 139

能記　　*82*, *83*, 89
能動的注意　　*130*, 138

●は　行

パラディグマ的成分　　*58*, 59
反応クラス　　*34*, 39

非言語性学習障害　　*191*, *195*
微細脳障害　　*191*, *192*

符号化　　*108*
ブラウン–ピーターソン課題　　*110*, 129
フリーオペラント技法　　*178*, *182*
プローブ　　*35*, *36*, *43*, *88*, 90
プロンプト　　*36*, 41, *46*, *94*

平衡反射　　*154*, 157
弁別性分化　　34, *39*

ポズナーの同一判断課題　　*134*, 139
保存概念　　*98*, *103*, *104*

●ま　行

見本合わせ課題　　17, *38*, *40*, 45, *96*

メタ記憶　　*108*, 109, *114*

モデリング　　*90*, 95

●ら　行

リハーサル　　*108*, 110
療育手帳　　12, *13*

●わ　行

ワーキングメモリ　　*102*, 109, 114, 120, 128

執筆者

小池敏英（こいけ　としひで）

　　1953年生まれ
　　現在　東京学芸大学教育学部教授（特別支援科学講座）
　　1章，2章，3章2節，4節

北島善夫（きたじま　よしお）

　　1963年生まれ
　　現在　千葉大学教育学部教授（特別支援教育教員養成課程）
　　3章1節，3節，5節

知的障害の心理学
――発達支援からの理解――

2001年 4 月20日　初版第 1 刷発行	定価はカバーに表示
2001年11月10日　再版第 1 刷発行	してあります。
2016年 3 月20日　再版第13刷発行	

著　　者　　小　池　敏　英
　　　　　　北　島　善　夫

発　行　所　　(株)北大路書房
〒603-8303　京都市北区紫野十二坊町12-8
　　　　　　電　話　(075) 431-0361(代)
　　　　　　FAX　　(075) 431-9393
　　　　　　振　替　01050-4-2083

Ⓒ 2001　　印刷／製本　亜細亜印刷㈱
検印省略　落丁・乱丁本はお取り替えいたします
ISBN978-4-7628-2215-5　　　　Printed in Japan

・ JCOPY 〈(社)出版者著作権管理機構 委託出版物〉
本書の無断複写は著作権法上での例外を除き禁じられています。
複写される場合は，そのつど事前に，(社)出版者著作権管理機構
（電話 03-3513-6969,FAX 03-3513-6979,e-mail: info@jcopy.or.jp）
の許諾を得てください。